開業臨床心理士の仕事場

PRIVATE PRACTICE OF CLINICAL PSYCHOLOGISTS

渡辺雄三　亀井敏彦　小泉規実男　編

Ψ
金剛出版

目次

開業臨床心理士の仕事場

序　章　臨床心理士の個人開業

渡辺雄三

はじめに

二〇一一年一月に刊行された『臨床心理学』誌第十一巻第一号（通巻六十一号）は、「今、臨床心理学に求められていること」を特集している。この特集を編集し、冒頭に「特集にあたって」を書いている下山晴彦は、これに先駆けて前年にも、村瀬嘉代子との共編になる『今、心理職に求められていること』（誠信書房）を編集、出版し、現在の臨床心理学もしくは臨床心理士に求められていることについて、同様の趣旨のことを主張している（下山、二〇一〇・二〇一一）。

下山は、我が国における臨床心理学の発展をおおよそ四つの年代に分けると共に、今の時代の要請として臨床心理学が目指さなくてはならないものは、従来のような面接室内の個人心理療法をモデルにするのではなく、「コミュニティモデルに基づく活動を新たに構成して行かなくてはならない」「個人心理療法モデルではなく他職種が協働して問題解決を図るチーム活動において適切な役割をとることが専門技法として求められる」と主張し、「個人心理療法モデル」に固執することは、「尊王攘夷のごとき時代錯誤の行動にもなりかねない」とまで、言葉を強めている（下山、二〇一一）。

下山は、臨床心理学が、教育領域中心だけではなく医療領域にも展開していくためには「コミュニティモデル」が不可欠だ、ということを主張したいようである。しかし、一九六〇年代から精神科病院に常勤で勤め始め、三十年近くにわたって医療現場で心理臨床家として働いた経験のある筆者からすると、我が国の臨床心理学が教育領域を中心に発展してきたという理解は、非常に一面的に思われる。また、精神科医、精神保健福祉士、看護師、ときには薬剤師とも協働してケースを担当してきた筆者には、「他職種が協働して問題解決を図るチーム活動」は、いまさら、言うまでもないことである。下山は、「生物－心理－社会モデル」を強調しているが、そもそも、名古屋大学医学部精神医学教室が、まさに「生物－心理－社会モデル」によって、精神科医、心理臨床家、ケースワーカーのプロフェッショナル・チームを精神科医療に導入しようと研究と訓練を始めたのは、半世紀以上も昔の一九五〇年代のことであり、そこから、村上英治、星野命、秋谷たつ子を初めとして、日本の臨床心理学をその黎明期からリードしてきた多くの心理臨床家を輩出している。筆者が精神科医の総田純次と共に編集、執筆した『臨床心理学にとっての精神科臨床』（人文書院）は、執筆者の多くがこの伝統と臨床現場の中で育った臨床心理士であり、長年にわたって医療領域で地道に実践してきた彼らの奮闘が語られている。

「臨床心理士の個人開業」というテーマとは一見無関係な、下山の論から序章を始めたのは、「臨床心理士の個人開業」について考えるにあたって、また二十年以上にわたって開業心理臨床において個人心理療法を実践してきた者としても、下山の「個人心理療法モデルへの固執は時代錯誤」などという挑発的な主張を、看過することができなかったからである。それが本書を企画、編集することになった点火剤にもなっている。

結論を先取りすることになるが、筆者は、下山の主張に反して、臨床心理士の個人開業にとどまらず、臨床心理学という学問、そして臨床心理士という仕事は、何よりも、臨床心理学的に配慮されたアプローチによる心理面接にこそ、またそれに支えられた心理療法（カウンセリング）や心理検査の実践にこそ、その基本モデルがあると、そしてそのモデルをもっともシンプルに具現しているのが、個人開業心理臨床の領域であると、主張したい。その具体的な実践の様子は、第一章以下、各執筆者によって生き生きと語られる。

ただし、誤解がないように言い添えておくが、筆者は、下山の言う「コミュニティモデル」を決してないがしろに思っているのではない。先にも述べたように、精神科臨床での実践において、筆者自身も精神科医、看護師はもとより多くの他職種の専門家と協力してクライエント・患者の手助け（心理療法）を果たしてきた。また、開業心理臨床においても、心理面接、心理療法を中心軸にしっかり据えた上でのことだが、筆者を含めほとんどの個人開業臨床心理士は、心理療法室の中だけでことが済むなどと考えているわけでは決してない。精神科医を初めとする医師、教師、看護師、保健師、また地域のコミュニティの方々と、密接な連携の上で、仕事をしている。

また、臨床心理士の「心理面接・心理療法モデル」をもっともシンプルな形で具現しているとはいえ、個人開業心理臨床が、臨床心理士の仕事の模範、最も優れた仕事の典型などと、主張しようとしているのでも、考えているのでもない。医療の現場で働こうと、スクールカウンセラーであろうと、企業の中でカウンセリングに従事しようと、開業心理臨床で心理療法に取り組もうと、臨床心理士の仕事に優劣は決してない。ただ、他の臨床現場では、さまざまな複雑な問題がどうしても入り込んでくるが、個人開業心理臨床では、臨床心理学的に配慮されたアプローチによる「心理面接・心理療法モデル」を、他と比較して、もっともシンプルな形で見ることはできる。個人開業心理臨床は、臨床心理士の仕事としての、もっとも素朴な原型を表現している。だからと言って、シンプルであるから、クライエントの手助けに対してプラスであると単純に主張しているわけでもない。かえってマイナスのこともありうる。例えば、シンプルであるが故に、心理療法室内だけのクライエント－セラピスト関係だけに目を奪われてしまうこともあるかもしれない。また、これは単純にマイナスというのではないが、組織に属さない個人の無防備な姿でクライエントと向かい合わなくてはならない問題や危険性もあろう。あるいは、他の職場では、国家（国民）からの支出とか、病院や企業や学校からの給与とかで相殺され、曖昧にされ、ときに搾取されている心理面接や心理療法の費用が、開業心理臨床では、そのような覆いが外されて、とてもシンプルな裸の姿になってしまうので、一時間七千円とか一万円という生々しい形で（生臭い形で）、クライエント、セラピスト双方の目の前に現われ出て、ときに、クライエントから、また臨床心理士側からさえ、反発や批判を受けてしまう。

以上のことに注意を促しておいた上で、本論に入って行くことにする。

一　臨床心理士の職業的専門性

下山の論を読んでいて、よく分からなかったのが、「（臨床心理士の専門性は）他職種が協働して問題解決を図るチーム活動において適切な役割をとること」とあるが、そもそも、「適切な役割をとる仕事」を果たすためには、臨床心理士はどのような独自の専門性を持つのか、その基本モデルはどこにあるのか、という点である。下山は、「コミュニティモデル」と言うだけで、その点を明確にしていない。

臨床心理士が、たとえ「コミュニティモデル」に倣って、他職種に心理学的な資料や情報を提供するにしても、またそれをもとにして自らがクライエントの手助け（心理療法）を実践するにしても、まず何よりも、その資料や情報の手に入れ方、収集の方法、そしてその資料や情報の使い方、実践方法には、医師とも、看護師とも、教師とも、精神保健福祉士・社会福祉士とも異なる、また基礎的学術的な心理学者とも異なる、臨床心理士ならではの独自の方法があり、臨床心理士独自の職業的専門性があろう。そして、筆者自身は、その臨床心理士独自の職業的専門性とは、「臨床心理学的に配慮されたアプローチを通して」ということに尽きるのではないかと、考えている。

では、「臨床心理学的に配慮されたアプローチ」とは、どのようなことを指しているのか。筆者は、学問としての臨床心理学の原則を七つ挙げて提起したことがある（渡辺、二〇一一）。それに従って言うのだが、「臨床心理学的に配慮されたアプローチ」とは、第一には「一人一人のクライエントを確かな対象として」、第二には「クライエントと直接かかわることによって」、第三は「クライエント自身の表現を通して」、第四は「クライエントと臨床心理士との関係の中で」、第五には「臨床心理士自身のこともつねに含み込んで」、第六は「自らの臨床心理学の理論や方法を少し冷ややかに見ながら」、そして第七は「何よりもクライエントのために」という原則に則ったアプローチであり、そのアプローチを通してクライエントの「こころ・からだ」を理解し、手助けしようとする方法論である（もちろんここで言う「からだ」とは医学的対象としての肉体ではなく、心理的にもさまざまな反応を示し臨床心理学的にも手助け可能な身体のことである）。言葉を足しておけば、第四の「クライエントと臨床心理士との関係の中で」とは、心理面接・心理療法・心理検査のいずれにしろ、クライエントから示されるものに対して、例えばクライエントが緊張していたり機嫌が悪かったりするならば、もしかして臨床心理士との関係や臨床心理士側にも要因があるのではないかなどと、臨床心理士との相互作用、相互関係としてつねに見ていこうとする学問的、職業的視点を言う。その次に「臨床心理士自身のこともつねに含み込んで」を挙げたように、そこでは、臨床心理士自身の人間性、人格、性格傾向、コンプレックス等についても、クライエントにかかわるときには決して無視できない要素として、学問的、職業的につねに考えざるを得ないことになる。また、第六の「自らの臨床心理学の理論や方法を少し冷ややかに見ながら」とは、自らが応用しようとしている臨床心理学の理論や方法をあくまでも「仮説」として扱っていこうとする学問的、職業的態度を言う。

臨床心理士に課せられた仕事が、医師からの心理アセスメントの指示であろうと、教師からの知能検査の依頼であろうと、企業の相談室での復職可否の資料作成であろうと、他職種へのガイダンスであろうと、そして継続的な心理療法やカウンセリングの要請であろうと、また技法的には精神分析療法的であろうと認知行動療法的であろうと、いずれにしても、その根底にあるべき臨床心理士独自の専門性は、こうした「臨床心理学的に配慮されたアプローチ」を通して実践されるところにあると、主張したい。もちろん臨床現場が理屈通りにいかないことは、筆者自身、身に染みて分かっている。乱暴な医師から、「三十分でロールシャッハ法の検査をして所見も出してくれ」と命令されたことさえある。不条理な指示にも対応しなくてはならないことも、原則通りにはいかないことも、臨床現場には無数にある。しかし、たとえそのような場合にしても、われわれ臨床心理士の独自の専門性、他職種の専門家には実践できない専門性は、「臨床心理学的に配慮されたアプローチ」を通して実践する、もしくはできる限りそのように努めて実践しようとするところにある、と考える。

単純な知能検査にしても、クライエント（子ども）の性格やその場の雰囲気やテスターの態度などを考慮しない機械的な検査の結果と、臨床心理士の充分な配慮の下で行われた検査結果とは、まるで異なってしまうことは、往々にして経験することである。あくまでも理念として言うのだが、心理検査一つにしても、臨床心理士独自の専門性、専門家としての態度、姿勢がつねに籠められていなくてはならない。

また、例えば、臨床の現場で、「ただクライエントの話を聞くだけなら臨床心理士でなくても看護師でもケースワーカーでも誰でもできる」「臨床心理士より上手に話の聞ける人は他にもいる」という批判は、よく耳にする。しかも、臨床心理士自身が、（若い頃の筆者も同様で偉そうなことは言えないが）それにきちんと反論できる学問的、職業的理論と誇りを持たず、自身の職業に対する無意味感と無力感に打ちのめされていたりする。しかし、「臨床心理学的に配慮されたアプローチ」を通して、一人一人のクライエントの話に耳を傾けることは、誰にでもできることでは決してない。それは長年の訓練と高度の技術の習得によって、ようやく獲得できる職業的専門性である。筆者自身、精神科医とのつきあいも少なくなく、心理療法家として非常に優れた、あるいは臨床心理士よりも臨床心理士らしい精神科医も少なからず知っている。しかしそれは例外的で、大多数の精神科医にとっては、「臨床心理学的に配慮されたアプローチ」をしっかり心して、一人一人のクライエントの話に三十分なり一時間ていねいに耳を傾ける、しかもそのような面接を、一回限りではなく、毎週、毎週、一年、二年、ときに三年も五年も続けることは、まったくの難事で、ほとんど不可能なことであろう。「忙しくてそんな時間はない」と言われてしまうだろうが、しかし、これは決して「時間」や「余裕」の問題ではない。それが可能なのは、臨床心理士が臨床心理士である限りは、長年の訓練と技術によって「臨床心理学的に配慮されたアプローチ」を専門的職業として身につけている（身につけようと必死に努めている）からであって、たとえ精神科医であろうと他職種の専門家であろうと、容易に実践できることではない（試しにたった一例にしてもそのような（診察ではない）「面接」を一年間続けてみればそれを持続する難しさが身に染みて実感できるだろう）。

ちなみに、「臨床心理学的に配慮されたアプローチ」は、個人だけを対象に限っているのではない。たとえグループによって心理検査を実施したり、心理療法を行うにしても、臨床心理学的行為であり、臨床心理士独自の職業的専門性であると主張するならば、適用されるべきだと、筆者は考えている。対象をマスとして扱う心理学はあろう。しかしわれわれの拠って立つのが臨床心理学である限りは、またその独自の方法論が「臨床心理学的に配慮されたアプローチを通して」ということにあるならば、グループとして実践するにしても、全体を単なるマスとして扱うのではなく、メンバー一人一人に対してそれぞれ固有の名前を持った確かな対象としてかかわり、一人一人の動きや表現にも気を配り、臨床心理士との相互関係や臨床心理士自身の問題にも注意を払いながら、そして何よりもグループ全体だけでなく一人一人のクライエントの役に立つようにアプローチすることが、欠かせないだろう。

二　臨床心理学行為の原点

臨床心理士の職業的専門性は、「臨床心理学的に配慮されたアプローチ」を通して、心理面接・心理療法・心理検査を実践することにあり、またそれに拠ってこそ他職種との協働、協力も初めて可能になると、主張してきた。

論理の展開が逆になってしまったが、改めて、「臨床心理学行為の原点」について、少し振り返っておきたい。「臨床心理学行為の原点」は、そもそも、次のような人間と人間との出会いにあるのだろう。「こころ・からだ」に何らかの苦しみや悩みを抱え、傷つき、助けを求めている一人の人がいる。その人に対して、その救助の求めに応じて、手助けしようとする人がいる。

いつの時代にも必ず存在したであろう、また、この先どのような時代になろうとも決して「時代錯誤」的にはならずに存在するであろう、こうした二人の人間の出会いの中に、臨床心理学的な行為の原点があり、根源的なモデルがあろう。助けを求める者と、手助けしようとする者、それは、人間という存在にとって、普遍的、元型的な関係である。

助けを求めている人に対する、手助けの方法には、医学的、身体的、社会的、経済的、教育的、哲学的、宗教的等々さまざまな助け方があろう。とくにその中で、苦しみ悩む人の訴えに耳を傾け、話を聞き、相談に乗り、対話し、助言し、その人との人間的関係の中で手助けしていこうとする心理的、精神的方法がある。人間が他者を手助けするこの方法もまた、人類の歴史以来、苦しみ、悩み、助けを求める人間がおり、その人を手助けしようとする人間がいる限り、必ず、普遍的に存在したのであろう。

　そして、その方法を、精神医学、心理学、教育学などの学問の成立と発展の歴史の中で、しだいに洗練させ、独立した学問として成立させてきたのが「臨床心理学」という学問であり、職業として社会的に明確に示したのが（我が国で言う）「臨床心理士」という仕事なのであろう。この発展の背景には、歴史的には、大規模な世界的な戦争による「こころ・からだ」の傷つきが大きな学問的契機になっているようだが、それにとどまらず、古来、「神懸かり」「狸・狐憑き」「悪魔・魔女」「天罰」「罪業」「怨念」などとして、またあるいは「狂人」「変人」「変わり者」「異常性格者」などとして、「助けることのできないもの」「助けてはならないもの」などとして扱われ、差別、忌避、排除、ときに殺害までされてきた人々の「こころ・からだ」の問題が、初期では（残念ながら「心理学」の力というよりも）ことに医学、精神医学の発達、貢献により、やがては精神分析学、臨床心理学、心理療法学などの発展により、徐々に、手助けの手を広げ、手助けの技術を高めてきた。筆者の周囲でも多くの臨床心理士が、精神科病院、精神科クリニックを初めとして多くの臨床現場において日夜励んでいるように、「精神病水準」や「境界例水準」のクライエントについても、手助けの役を果たせるまでになってきた。

　しかし、一方で、人と人とのかかわりや関係によって心理的、精神的に手助けしようとする方法は、大きな困難と危険もまた孕んでいた。この手助けは、ことにごく当初は、手助けしようとする者の愛情、慈善、信仰心などによってもっぱら実践されてきたのであろうが、初期の頃はもとより、福祉、医療として手助けするようになっても、助けを求めるものの訴えが、重篤で複雑なものであればあるほど、不可解なものであればあるほど、その時代の道徳や常識に反していればいるほど、あるいはまた、時代や社会自体が進歩し人間関係の質や規範が変化していけばいくほど、助けを求める者（クライエント）と、手助けしようとする者（セラピスト）との間の、齟齬、矛盾、お互いの不満、反発は、（「転移／逆転移」が生じざるを得ないために）どうしても避けられない。離反や嫌悪、排斥はまだしも、ときに激しい対立や憎悪までも引き起こすことになってしまった。このことは、「精神病水準」や「境界例水準」のクライエントに対する確かな治療戦略を、精神医学も臨床心理学もまだ用意することのできなかった一九六〇年代から、すなわち「神経症の時代」から「境界例の時代」への移行期の頃から精神医療現場で働いてきた筆者には、他人ごとでなく身に染みて実感できることである。また最近、手助けをする側から助けを求める側に対して非常に無神経に使われる「モンスター（ペイシェント／ペアレント）」という表現は、その嫌悪、排斥を示している。

「モンスター」という言葉に象徴されているように（無意識裡に現われ出てしまっているように）、未だにその仕事は、ことに「精神病水準」「境界例水準」のクライエントに対しては、大変に難しく、非常に厄介な仕事である。しかし、それをなんとか克服してきた大きな要因の一つは、精神科医療における薬物療法とその急速な進歩、発展であることは、医師でない筆者も否定はしない。ただ、精神科医が楽観しているほどにはそれが十全のものとは思われず、臨床心理学が果たしてきた役割も決して小さいものではない。臨床心理学、心理療法学自体も、「精神病水準」や「境界例水準」などの治療的に難しいクライエントに対する確かな戦略を構築してきた。むしろ精神医学が生物学的アプローチに傾斜していく中で、臨床心理学は、その補完の大役を果たしてきた。筆者が「臨床心理学的に配慮されたアプローチ」を示し、中でも、「クライエントと臨床心理士との関係の中で」「臨床心理士自身のこともつねに含み込んで」を挙げたのも、（精神分析学的用語で表現すれば「転移／逆転移を観察し、自覚して、治療関係を生き続ける」ということになるが）そのアプローチでこそ、臨床心理士は、助けを求める者に付き添い続けるという、臨床心理学的行為の根源モデルを、悪戦苦闘しながらもなんとか、実践することができるからである。また、それ故に、さまざまな性向や病態のクライエントの訴えに真摯に耳を傾け続けることは、先に触れたように、誰にでもできることでは決してなく、長年の臨床心理学的訓練と職業的専門性とを必要とするのである。

薬物療法が発達し、流行りの技法や最新の心理学理論があれこれ言われる中でも、精神科医療現場のクライエント（患者）が本当に求めているのは、そして逆にそれが満たされないことが現在の精神科医療に対する大きな不満になっているようだが、クライエントはとにかく、自分の訴えについてていねいに耳を傾けて欲しい、話を聞いて欲しいと、切に願っている。その治療的重要性について、精神科医療スタッフも充分に理解していない気がする。それこそ、いつの時代においても決して変わらない、助けを求める者と手助けしようとする者との間に生じる根源的な（ユング心理学的に言えば元型的な）関係への、すなわち「人が人として人に助けを求める・人が人として人を手助けする」ことへの、人間としての普遍的な（渇望とさえ言える）希求なのであろう。

そして、個人開業臨床心理士は、助けを求める者と手助けしようとする者の根源的な関係モデルをシンプルに受け継ぎ、臨床心理士の仕事の原型とも言える作業を、日々の地道な実践の中で、果たそうとする。

三　個人開業臨床心理士の形態

「臨床心理士の職業的専門性」「臨床心理学行為の原点」という臨床心理学、臨床心理士にとっての基本的問題に、序章の原稿のほぼ半分を割くことになってしまった。下山の論などが無視できない影響を及ぼしている現在の臨床心理学の世界においては、臨床心理士の個人開業について語るために、残念なことではあるが、これだけの前置きやエネルギーを必要としなければならない。

この無視できない影響、筆者には反動的とも思える昨今の臨床心理学界の風潮とも関連することだが、「個人開業臨床心理士の形態」について述べるにあたり、まず、「開業」という言葉の使用に対する「圧力」について触れておく。

本書では一貫して「開業」という言葉を使用している。また、本書の執筆者の一人でもある栗原和彦（第三章担当）が、臨床心理士の個人開業について、記念碑的とも言える大部の著作を刊行しているが、その書名も『心理臨床家の個人開業』（遠見書房）である（栗原、二〇一一）。

しかし、現在の日本臨床心理士会の理事の一部には、「開業」という言葉の使用に対する強い批判や抵抗があるらしい。筆者は、二〇〇三年度より二〇〇九年度まで日本臨床心理士会「開業領域委員会」委員を務めたが、二〇〇六年度からはこの会を「私設心理相談領域委員会」に改称するようにと、上層部よりの指示があった。「開業」という言葉に思い入れのある筆者は、この指示に誰よりも強く反対したが、しかし、当時の河合隼雄日本臨床心理士会会長の政治的決断により理事会で決定され、結局、改称されることになった。筆者の知る限りでは、この背後には、「開業」という用語使用に対して強い不快感を持つ精神科医・精神医療サイドを代弁するグループがあり、そして、現在も続いている臨床心理職の国家資格化実現を推進するためには精神科医・精神医療サイドと対立するのは好ましくなく、妥協もやむを得ないという政治的判断があったと聞いている。この情報は当時の担当理事からのものであり真偽は確かと思われるが、筆者が拘るのは、「開業」という個人開業臨床心理士のアイデンティティを成す言葉を、しかも決して医学・医療の独占物ではない言葉を、精神科医・精神医療サイドからの強い反対によって変更せざるを得なかった経緯に対してである。

「開業」という言葉は、ここでわざわざ国語辞典などを持ち出すのも滑稽なほどだが、『広辞苑』（第六版　岩波書店）には、「①営業をあらたに始めること。みせびらき。②営業をしていること。開店していること」とあり、また『大辞林』（第三版　三省堂）には、「商売や事業を始めること。またそれをしていること」とあり、例として「弁護士を開業する」「銀座で貴金属店を開業している」が挙げられているように、言うまでもなく医学・医療の独占用語では決してない。

臨床心理士が「開業」という言葉を使用することに対して，また臨床心理士の世界で「開業」という言葉が市民権を持つことに対して，精神医学・精神医療サイド，ことに精神科クリニックや病院の経営者が，ひどく抵抗し，強い不快感を持ったのは，まずは何よりも，経済的に脅かされるという不安だったらしい。筆者には，被害妄想的と言いたくなるような危機感，恐怖感に思われるが，逆に，それまでは社会的に一人前の職業として認められていなかった臨床心理士の仕事が，ようやく独立した職業として名乗りを上げて精神医療を（一匹の小さな蟻に大きな象が動転するが如きのことだが）脅かすところまで成長してきた証しとも言える（精神医学・精神医療サイドが経営的な面から怖れているのは，個人開業よりも，大勢の臨床心理士を雇用したもっと大規模な開業形態が拡大することに対してなのかもしれないが，だからといって「開業」という言葉を制限しようとするのはまったく不当なことである）。また，本章の文脈に沿って深読みすれば，これは単に経営的な危機意識や被害感にとどまらず，臨床心理士が，「こころ・からだ」について苦しみ悩む人々を手助けする根源的なモデルを，医療制度や教育機関，社会的組織などに頼らずに「開業」という形で独立して実践することに対する苛立ち，不快感，もっと立ち入れば，現在の精神医療がそれを果たしていないことへの後ろめたさが，潜在しているのではないかという気もする。いずれにしろ，われわれは，精神医学・精神医療サイドからの「圧力」に抗して，「自分の店を持つ・自分の店を開く」の原義的な意味で，「開業」という言葉にアイデンティティと誇りをもって使用していきたい。

さて，個人開業臨床心理士とは，原則的には，次のような形態，構造で仕事をしている臨床心理士を指すのであろう（以下の項目にも示されているが，「個人開業」の「個人」とは，「たった一人」というよりも「国家または企業，社会集団に対する私人」「個人経営」の意味で使用されている）。

（一）臨床心理士資格を持ち、臨床心理士としての社会的、倫理的責任を負っている。
（二）自身の所有にしろ賃貸にしろ、臨床心理士自身の権限と責任によって運営、使用のできる施設（オフィス・店）を持ち、心理臨床実践のために開業している。
（三）その施設は臨床心理士（単独もしくはグループ）による私設であり、公的機関や会社組織等に従属するものではない。
（四）その施設は、常設され、継続的に心理臨床実践を行っており、パンフレットなどの形で対外的に開業とその内容が明らかにされている。
（五）その施設の運営責任者・管理者である臨床心理士自身が、その施設での心理臨床実践行為のすべてを行っているか、もしくはその大半の、中心的な役割を担っている（臨床心理士が経営者となって大勢の臨床心理士を雇用して心理臨床行為を行うのは「個人開業」には含めない）。
（六）その施設開業における心理臨床実践が、臨床心理士自身の職業生活の主たるものであり、主にその収入によって生活を営んでいる。

これらは一応の原則である。本書執筆者の中でも、例えば、大場登（第十一章担当）や筆者（序章担当）は、（六）の点で大学教員が主たる職業であり、この原則からは外れている。また、早川すみ江（第九章担当）と浅井真奈美（第十章担当）は、大場・渡辺同様大学の教職員であると共に、（二）の点でも、個人開業臨床心理士（第四章担当、小泉規実男）のオフィスの一室を借りる形で心理臨床実践を行っており、第九章、第十章ではそうした立場での開業臨床心理士のあり方が報告されるが、厳密な原則を当てはめるならば外れるだろう。

個人開業臨床心理士の中でも、とりわけ、我が国におけるこの分野の草分け的存在である佐藤紀子が「一人一寺」と表現したような（一九九五）、その施設での心理臨床実践のすべてをたった一人の単独で行い、しかもそれを主たる職業としている臨床心理士が、その中核的存在と考えられるが、それでは、この時代、この社会において、臨床心理士が個人開業することには、どのような意義があるのだろうか。下山が「今、心理職に求められていること」を問いかけていることでもあり、それについて最後に考えておきたい。

四　臨床心理士が個人開業することの意義

あくまでも、二十一世紀の初頭という時代と、現代の日本という社会に限ってのことだが（「フクシマ」以後の日本とそこでの学問、科学という問題意識も頭の片隅に置きながら）、この時代、この社会において、臨床心理士が個人開業することの意義について、筆者は、次のように考えている。

臨床心理士が個人開業することの、第一の意義として、公共機関や医療機関、学校、企業などの上部組織の管理、支配、権限、政治的経済的動向に左右されず、独立して安定した心理面接・心理療法をクライエントに提供できることを、まず挙げておく。筆者自身も経験したことだが、医療内部では、主治医の意向や主治医の交代によって心理療法が継続できなくなったり、病院の管理体制や物理的構造によって面接時間や面接場所などの治療構造もクライエントのために安定して提供できないことがある。経営者、管理者が代わることによってそれまでの心理療法が一切できなくなった病院さえある。またスクールカウンセラーであれば、生徒や父兄に対して、心理療法（カウンセリング）の必要性を痛感しても管理者の意向によって実施できなかったり、進学や卒業によって心理面接・心理療法の継続が困難になったりする。「臨床心理学的に配慮されたアプローチ」の最初に、「一人一人のクライエントを確かな対象として」を挙げたように、臨床心理士がもっとも向かい合わなくてはならないのは、誰よりもクライエント個人である。そのために、できる限りは、周囲の状況に影響されないクライエントと臨床心理士の関係の独立性と安定性を確保したい。その点、個人開業臨床心理士は、この独立性と安定性を守ることで、信頼できる恒常的な場所、時間、関係をクライエントに提供することができる。また独立性を確保してこそ、医師や教師など他職種との真に対等の協働、協力も可能になろう。ただ一方で、こうした独立性は、往々にして、密室的、独善的、自己愛的にもなりやすい。実際、そのような問題や批判を耳にすることも少なくない。それを防ぐためには、自身にできないことは他職種の助力や協力を求めたり、ケース発表や実践報告の形で仕事内容の透明性に努めたり（本書もその試みの一つである）、スーパービジョンを受けたり、また自由に討議、批判しあえる臨床家仲間を持つことが、個人開業臨床心理士には、ことに必要であろう。

第二に挙げておきたいのは、地域社会や周辺の人々とのかかわりが少なくなり、核家族化や高齢化が進み、親類や家族との関係も希薄になりがちで、また昔ほどには伝統や規範、そして宗教や信仰が強い力を持たなくなっている時代における、すなわち、筆者は否定的にだけ考えているのではないが、共同体や他者に頼ることができず、個人が個人として生きることを迫られる中での、加えて社会学者の小熊英二の言葉を借りれば（小熊、二〇〇九）、「近代的不幸」（飢餓・戦乱・貧困）から「現代的不幸」（無意味感・無力感・虚無感）へと、人々の苦しみ、悩みが変化していく時代における、臨床心理士が個人開業することの意義についてである。こうした時代、社会の中で、多くの人々は、漠然とした不安、孤独感、無力感、虚無感、抑うつ感などを抱えて生きている。人生の意味を見失い、生き甲斐をなくしている人も多い。ますます進む高齢化社会においては、老いていくこと、別れていくこと、独りになっていくこと、死んでいくことなどの不安に晒されている人も少なくなかろう。このような医学的なレベルには至らない、もしくは（単純に「うつ症状」などとして）医学的にのみ対処されている、現代という時代や社会の中で生きている人間としての、普遍的とも言える「こころ・からだ」の問題に対して、きちんと対応し、時間をかけて話を聞き、手助けしようとする場所は、決して多くはない。多分、代替的には、われわれが想像する以上に、現代社会の巷には、さまざまなものが存在していよう。科学的と言われる時代においても、「スピリチュアル」と称されるものや民間信仰、祈祷師、占い師などに頼る人も珍しくない。また、オレオレ詐欺や催眠商法、霊感商法などが後を絶たないのは、社会的法律的問題だけでなく、他者との親密な関係への希求、裏を返せば人間関係の希薄さや孤立感が深くかかわっている気がする。このような社会において、臨床心理士の個人開業は、心理的、精神的手助けの一つのモデルを、医療や企業や学校内部ではなく、社会に対して開かれた独立した専門的職業として提示し、提供しようとする。しかしそれだけに、現代に生きる人々の問題を手助けできるように、広い視野と深い人間理解を培い、たゆまぬ研鑽と精進が、個人開業臨床心理士には欠かせない。

第三としては、これは第一に示した「独立性」とも関連するが、臨床心理士が個人開業によって仕事を行うことで、手助けを受けようとするクライエントの秘密性、秘匿性、すなわちプライバシーの保護や相談内容の守秘に対して、ことに繊細な配慮や注意を払うことができる意義を、挙げておく。筆者自身、精神科病院勤務を離れて「一人一寺」の個人開業をしてみて、臨床心理士や精神科医も含め医師、看護師、教師などの方から自分自身や家族の「こころ・からだ」の相談を多く受けるようになった。そしてその多くの方に継続的な心理療法を行ったが、来室された理由の一つが、「ここならばセラピスト以外に誰とも顔を合わせることもないし、自分や家族のことを誰にも知られない」ということであった。情報化社会の中で、個人のプライバシーなども簡単に暴かれ踏みにじられる危険も大きいし、またその侵害、漏洩に強い不安を抱く人も少なくない。また、単にプライバシーの保護だけでなく、「こころ・からだ」の深層的な問題に関しては、注意して取り扱われるべき「秘密」「秘事」として、少々ユング心理学的な表現になるが「秘儀」として、クライエントとセラピストの間で秘かに実践されることが、重要になろう。「秘匿性」「秘儀性」は、クライエントの手助けのために、すなわちその成長、成熟、アイデンティティの形成、自己実現（ユング）などのために、欠かせない。しかし、そのためには、個人開業臨床心理士自身が、クライエントやその心理療法について、秘密性、秘匿性をしっかり守ることができると共に、プライバシーの保護などの外的な問題としてだけでなく、その内的な重要性も深く認識している必要がある。この点に関して、また独りで開業、実践する形態からも、個人開業臨床心理士には、（孤立、独善に陥らない）孤独に耐える力、独りでいられる能力も、資質として大切になろう。

第四には、現代の精神医学、精神医療に対する補完的かつ警鐘的意義を言っておきたい。現在の精神医学、精神医療について、決してすべてを否定的に見ているわけではない。しかし、良心的に思われる精神科医自身から、それも複数の精神科医から、精神医学、精神医療の現状についてかなり悲観的、絶望的とさえ言える不満を聞かされることもあり、またその内部においても一時は世界的でさえあった精神病理学や精神療法（心理療法）学の衰退は明らかであり、あまりに生物学的アプローチに偏向し、「病気」という概念だけに閉じこめ、「こころ・からだ」の苦しみ悩みを、人間という存在の総体的問題として理解し、手助けしていこうとする視点が欠けていることに、やはり疑問を持たざるを得ない。例えば「うつ病・うつ症状」にしても、単に生物学的身体的医学的問題だけでなく、クライエントを取り囲む社会や会社や家族の状況とか、その人が生きてきた歴史（生活史）とか、幼少期からの両親を中心とする家族との関係なども、さまざまな形で影響を与えている。またそれらに対する関心や配慮もなければ、クライエントへの充分な手助けができない。その点、臨床心理士の個人開業は、精神医学や精神医療、また広く医学や医療の外部に独立して存在することによって、その補完的な役割を果たすと共に、「こころ・からだ」の問題を、すべて「病気」として扱うこと、すなわちあまりに医学化、精神医学化することへの、警鐘を鳴らす役割も持つ。むしろ、それ故にこそ、精神科医や医師との（従属ではない）真の協働、協力が果たされよう。筆者自身も、精神医療から独立して開業して、かえって、病院勤務時代よりも精神科医と自由で対等な、真の協働、協力的関係を持てるようになったと思う。ただし、「こころ・からだ」の問題については、医療内部でしか対応できない医学的な、また重篤な病いや症状があるから、ことに医療から独立して仕事をする個人開業臨床心理士は、その仕事の限界と（医学的な）非専門性を充分に自覚し、必要があれば直ちに医師の協力や支援を得られる態勢を整えておかなくてはならない。そのためにも、個人開業臨床心理士には、精神科医療での（できる限りは常勤での）経験と、精神医学的精神病理学的知識とが欠かせない。

第五として挙げるのは、個人開業臨床心理士の存在が、臨床心理士やその世界に与える、「希望」「目標」の意義である。と言っても、最初に断ったように、個人開業臨床心理士が、理想であるとか、臨床心理士全員の目標にすべきなどと、言いたいわけでは決してない。ただ、臨床心理士が独立して個人で開業する道が可能性として開かれていること、そのこと自体が、臨床心理士に与える意義についてである。ほとんどの職人的仕事に言えることだろうが、厳しい修行に耐え、腕を磨きながら、「いずれは自分の店を持って独立する」ことが、大きな支えになり、励みになり、希望になることがある。たとえそれが現実には実現しないとしても、また退職後の夢だとしても、そのような確かな「目標」「モデル」が存在するだけで、厳しい現実を耐え抜いていく力になろう。筆者自身にしても若い頃、重篤な精神病者への心理療法に悪戦苦闘しながら、また待遇的に決して恵まれているとは言えない私立単科精神病院の厳しい状況の中で、ごく少数にしてもわれわれの先達が、独立して開業し、心理療法の仕事をしていることは、荒海の中に遠く微かに光る灯台であり、希望であった。いずれそのようになれるほどにと、心理療法に励み、心理療法家としての腕を磨いた。筆者は幸運にも実現できたが、たとえ現実にならなかったとしても、その希望、目標があったからこそ、非常に厳しい精神科医療の状況にも耐え、諦めずに精進することができたと思う。ただし、最近は、遠い目標と言うよりも、資格取得後間もない臨床心理士が、安易な形で開業する例が、ことに大都市周辺では起きている。これまでに何度も述べていることだが、臨床心理士の仕事は（医師にしても教師にしても同様だが）、資格取得後、臨床現場においてまずは十年間はひたすら研鑽、実践して、ようやく一人前になれる仕事なのであろう。その「一人前」の確かな「モデル」としても、個人開業臨床心理士の存在意義があろうし、そのためには、個人開業臨床心理士自身に、専門的職業人としての自覚と、弛まぬ研鑽、精進が必要になろう。

この節の最初に、「『フクシマ』以後の日本とそこでの学問、科学という問題意識も頭の片隅に置きながら」と記した。大袈裟な政治的すぎることを言い出したと思われたかもしれない。しかし、現在の臨床心理学、そしてそれに大きな影響を与えている心理学や精神医学の現状を見るとき、東日本大震災、ことに福島原子力発電所の事故によって明るみに出た、机上の（もしくは実験室・研究室での）理論、学問と、それが応用、実践される現場との、深刻な「ズレ」「乖離」「断裂」の問題が、臨床心理学の世界でも進行しているように思われてならない。この問題が、クライエント（患者）側と学問する側との間に、破壊的な作用を及ぼして、臨床心理学や精神医学が危機に瀕したのは、小熊の大著『１９６８』の書名通り（小熊、二〇〇九）、一九六八年を中心とする六〇年代後半から七〇年代の初めの頃であった。臨床心理学も精神医学も、その深傷をまるで否認しているかのような昨今、再び、その「亀裂」が、（政治的には無風状態のようだが）どこかで大きな「地震」「津波」「事故」を引き起こすのではないかと、筆者は危惧している。こうした、学問、理論と、その実践現場との大きな「断裂」に対する修復の道として、哲学者の中村雄二郎は、「科学の知」に対する「臨床の知」の重要性を提唱した（中村、一九九二）。しかし、まるで完全に旧に復したかのように、（四十年前のトラウマに対する「反動形成」かとつい解釈したくなるが）「普遍主義」「論理主義」「客観主義」を旨とする「科学の知」が、心理学や医学の世界を支配し、それに臨床心理学や精神医学さえ大きく影響されて、何よりも対象とすべき一人一人のクライエントのことはなおざりにされがちである。この現状にあって、筆者の「臨床心理学的に配慮されたアプローチ」にほとんど重なり合うが、中村の言う「臨床の知」すなわち、均質の時間・空間を前提とするのではなく個別のクライエントの独自のあり方とその世界を理解することから始める「コスモロジー（宇宙論的な考え方）」、論理的明快さや一義的意味の追求よりもクライエント独自の多義的な象徴的表現や無意識的な表現を理解しようとする「シンボリズム（象徴表現の立場）」、客観性・中立性の保持よりもセラピスト側の身体や主観・感覚をも用いたクライエントとの相互性、相互関係の中で考える「パフォーマンス（身体的表現の重視）」の三つを柱とする「臨床の知」の回復、復権こそが、（下山には「尊王攘夷のごとき時代錯誤」と揶揄されるだろうが）臨床心理学という学問に、また臨床心理士の職業的専門性に、今、改めて、求められているのではないだろうか。

個人開業臨床心理士は、権威や体制や組織に支配されずに、自立した日々の地道な臨床実践を通して、臨床心理学や心理療法学を深め、研究する自由と独立を確保することができる。そして、それは結果的に、大学や研究の場の「科学の知」への偏向を正し、実践現場における「臨床の知」の重要性を確認し、主張することができよう。大震災や原発事故に触発されて、ちょっと大上段に振りかぶった気もするが、権威や体制に管理され、従属しがちな現代の学問や科学、大学や研究組織に対する対抗文化（counter-culture）的役割も、臨床心理士（臨床心理学徒）が個人開業に根拠地を置いて実践し、研究する意義の一つとして、最後に挙げておいて、「序章」の務めを終えることにする。

おわりに

下山の論に刺激され、それへの反論を意図したこともあって、「序章」では、少々大きな見取り図に終始したかもしれない。実際的なことよりも、理念的な話に傾きすぎた気もするが、個人開業臨床心理士の仕事場の具体的な様子については、第一章以下第十二章まで、十二人の個人開業臨床心理士による、実践に即した生き生きした表現に期待したい。

臨床心理士の個人開業については、総論的な問題から各論的な点に至るまで、詳細に記述し考察した力作として、先にも紹介した栗原の書がある（栗原、二〇一一）。精神分析学的な立場からの書ではあるが、どのような立場に拠ろうが、これから個人開業を志す臨床心理士には、目を通しておくべき書として薦めたい。また筆者自身にも、ユング心理学に拠る「夢分析による心理療法」に焦点を当ててではあるが、個人開業に至る経過や個人開業の具体的内容について、自身の体験に基づいて著わした書がある（渡辺、一九九五・二〇〇七）。

なお、本書の企画が、静岡・愛知・岐阜・三重の東海四県の個人開業臨床心理士の集まりである「東海開業臨床心理士協会」内部の話し合いから始まった経緯もあり、執筆者は、「東海開業臨床心理士協会」のメンバーに加えて、全国的に活躍されている個人開業臨床心理士の方に参加していただくという構成になっている。しかし、いずれも現場で地道に実践している優れた個人開業臨床心理士であり、このような現場の臨床心理士によってこそ、臨床心理学は支えられている。このことは、個人開業臨床心理士に限らない。さまざまな臨床現場で実践し、日夜奮闘している現場の臨床心理士によってこそ、臨床心理学という学問は成り立っている。そのことを、とりわけ大学の研究者には知っておいていただきたい。クライエントの手助けに役立つ学問であると共に、実践現場の臨床心理士を支援する学としても、臨床心理学があり続けることを、願ってやまない。

文献

栗原和彦（二〇一一）『心理臨床家の個人開業』遠見書房
中村雄二郎（一九九二）『臨床の知とは何か』岩波新書
小熊英二（二〇〇九）『1968』（上・下）新曜社
佐藤紀子（一九九五）「オフィス」大塚義孝他編『臨床心理士職域ガイド』日本評論社
下山晴彦（二〇一〇）「今、心理職に求められていること」下山晴彦・村瀬嘉代子編『今、心理職に求められていること――医療と福祉の現場から』誠信書房
下山晴彦（二〇一一）「特集にあたって」『臨床心理学』第十一巻第一号、三－八頁
渡辺雄三（一九九五）『夢分析による心理療法――ユング心理学の臨床』金剛出版
渡辺雄三（二〇〇七）『開業心理療法家の仕事場とその時代――「渡辺雄三分析心理室」開設20周年記念誌』私家版
渡辺雄三（二〇一一）『私説・臨床心理学の方法――いかにクライエントを理解し、手助けするか』金剛出版

第一章　開業精神分析的心理療法実践

――臨床心理士・平井正三の仕事場

平井正三

一　私の仕事場

私の仕事場は、京都の中心部にある烏丸御池駅のすぐ近くに位置している。周辺はオフィス街であるが、少し歩けば繁華街という、いわゆる「にぎやかで便利な」ところにある。しかし、大都市のそうした場所にありがちなせわしなさとは比較的無縁な雰囲気を持つ場所である。周辺には、大企業の入るビルやトレンディなレストランだけでなく、創業何百年の老舗や町屋が点在しており、また最近家族向けのマンションが目に付くようになっている。それこそ「戦前」、すなわち応仁の乱以前から何世代もこの土地に住み着いているような人たちが老舗の暖簾を上げているそばを、遠くの地方出身のサラリーマンが出勤を急ぎ、外国からの観光客がうろうろしている中を、小学生が登校しているような光景が普通に見られる。私の仕事場、御池心理療法センターがあるのも、こうした烏丸御池近辺の裏通りである。すぐ近くに平安歌人で有名な在原業平の屋敷跡があり、おそらく御池心理療法センターのある建物もその敷地の一部にあるのではないかと私は踏んでおり、ひそかに誇りに思っている。

一見近代的な建物のすぐ横に江戸末期の古い建物、そしてその地下に千年以上の歴史を刻んだ地層が潜んでいることを考えると不思議な気持ちになる。

御池心理療法センターは、精神分析的心理療法を専門とする、子どもと大人を対象にした相談機関である。日本の古いものを詰め込んだような街とみなされる京都の町と、西欧文化の一つの結晶であるように思われる精神分析とは水と油のように相容れないもののように思われるかもしれない。確かに、私自身精神分析がこの街にどう受け入れられていくかは、まだまだ予断を持てないと考えているが、実のところ新しいもの、異質なものを他に先駆け取り入れ続けてきたのもこの街であることは、この街を少し詳細に見ていけば見えてくる。また、ものごとの目に見える表層の背後に重層的に拡がる目に見えない現実の重要性、さまざまな角度からものごとを見ていくことの意義を私たちに示し続けてきたのは、他ならない精神分析であり、それはこの街が自らの姿そのものによって伝えているメッセージのようにも思われる。心を病む人は、自分が「自分」と思っているものの殻によって自らが縛られている。「自分」というものは、それまでの自分が出会ってきた出会いの重層的な地層の連なりの一部に過ぎないという認識、また多様な複合体の一部に過ぎないという認識を、新たな出会いの中から体得していくのが精神分析のエッセンスであると私は理解している。こうした認識は、人を頚木《くびき》から解放し、人生のさまざまな可能性に目を向け、主体的に選択し、それを実践していくことを可能にしていくのである。

二　御池心理療法センター

御池心理療法センターには、三つの面接室とスタッフ室があり、私以外に、現在非常勤の八人の臨床心理士がほぼ日替わりで勤務している。全員が精神分析的心理療法の訓練を受けており、それを実践している。対象年齢層は、幼児から老年期のクライエントまでかなり幅が広い。週一回の心理療法が最も多いが、週二回から週四、五回までの高頻度の心理療法も実践している。また、子どもへの遊戯技法、成人への対面による面接、そして寝椅子を用いた自由連想法も実践している。さらに、専門家へのスーパービジョンやグループスーパービジョン、セミナー、ワークショップなどの研修も重要な業務となっている。後者の方は、主に次に述べるNPO活動によって担われている。

週六日の御池心理療法センターでの私の仕事は、こうした心理療法センターの管理業務や専門家向けの研修に加えて、個人心理療法を行っていくことが中心になっている。成人のクライエント層は、学生、研究者、専門職、大学や教育関係者、大企業の社員、芸術家、引きこもりで無職の人などであり、比較的時間があり、かつ経済的に裕福な人が多い。私の面接料金は一般的な開業臨床心理士の基準からするとさして高いとは言えないが、それでも月に数万円の面接料金を支払える人は現在の経済情勢では比較的余裕のある人ということになる。こうしたクライエントが心理療法を求める理由はさまざまである。職場での不適応、うつ状態、人間関係がうまくいかない、強迫観念、漠然とした不安や不適切感などである。最近の傾向として、うつ状態の訴えの背景にパーソナリティの全体的な問題を抱えている人、そして昔は主にヒステリーと呼ばれていた解離傾向のみられる人が増えており、境界例と呼ばれる人間関係や情緒状態の激しい変動を特徴とする人は少なくなってきていることが挙げられるかもしれない。もちろん、開業臨床心理士として、行動化が激しいと見込まれるクライエントは原則引き受けないようにしているので、こうした傾向がより顕著なのかもしれない。

子どものケースについても、自費で面接料金を支払うことのできるのは、やはり比較的裕福な家庭が中心になっている。子どもたちの訴えはさまざまで、場面緘黙やチックなど比較的症状がはっきりしているものから、不登校や集団不適応や暴力などより全般的な不適応問題、そして自閉症などの発達障害などがある。私は自閉症やその関連領域の問題に関心を持ち続けてきたので、このグループのケースが最も多い。こうしたグループのケースはほぼ終わりがない（発達に終わりはない）ので、かなり長期にわたり何年も心理療法に通い続けるのでケース数としては累積する傾向があるのがその一因でもある。そのほかのケース、特に明確な症状がある場合、症状が消失すると、親の意向で心理療法は終結する場合がしばしばである。こうしたケースの多くは、私自身子どもの内的問題はまだ残されており、心理療法の継続が望ましいと考えるのであるが、症状が消失すれば継続の必要がないとする親の意向を翻すことは困難である。そのために、親面接等で私たち臨床心理士の問題の理解と親の理解とのすり合わせの作業を積み重ねていくわけであるが、親が自費を払い続ける個人開業の場合、これが困難な場合が多いように思うのが私の現在の実感である。その一因は、こうした「すり合わせの作業」すなわち親との話し合いをじっくりとしていくというプロセスそのものに対する対価を親に支払ってもらわないといけないという現実を挙げることができるように思う。これには、今の日本社会の文化環境においては、子どもの心の成長という目に見えないものにお金を支払うこと、そして専門家との間にこうした話し合いを積み重ねることにお金を支払うことを当然とする意識があまりないことも大きいのかもしれない。私は、こうした問題に取り組む試みとしてＮＰＯ活動を始めており、この点については後述する。

三　開業心理療法の仕事についての私の認識

私は、開業心理療法は、心理臨床活動の一つの範型と見ることはできるのではないかと考えている。「心理臨床」というもの自体は、現代社会の中で必要な専門領域として認められてきているのは確かである。しかし、それでは心理臨床の仕事を担うはずの私たち臨床心理士はそれをどのようなものと捉えていくか、という点になるととたんに不確かになる。心理臨床をめぐる専門家の間の言説をよく見ればそのほとんどが、二つのグループに分かれているように見える。

一つは、「ユーザーをいかに満足させるか」という表現に端的に表されているように心理臨床実践者を現代のグローバル資本主義社会の中で働く「心理技術者」として位置づける見方である。「ユーザー」を病院、大学、公的機関に置き換えていけば、多くの臨床心理士にとって、こうした「ユーザー」を満足させることがその行動原理の最優先事項であると考えてもよいであろう。こうした問題は、より広くグローバル資本主義の時代に生きる私たち一人一人に突きつけられている問題であり、私たちは誰しも自分自身の仕事の意義そのものを突き詰め、それを実現すべく最大限に努力することとはかけ離れた、別の原理、すなわち「市場原理」という名前の功利主義的論理に翻弄されている。日本社会に生きる私たちには、これに加えて、自分自身の信じるところではなく、「職場」の論理に従って生きていくことを余儀なくされる圧力を受けている。つまり、多くの臨床心理士は、臨床心理士である前に、大学職員であり、病院職員であり、公務員なのである。こうした現実は、端的に「正規雇用」という制度によって具現化されているわけである。

さて、冒頭の話に戻って、京都という街はこうした「グローバル資本主義社会の日本社会」という現実とは別の現実が存在することを示してくれる。茶道や華道、能や狂言などよく知られたものの他にも、何代にもわたり扇子だけを扱う店、日本手拭だけを扱う店、檜風呂の改修だけを専門にする職人などありとあらゆることを専門とする職業が長い年月の間受け継がれている。また外食産業の一環である「ファーストフード」店とは別に、京料理の伝統を引き継ぐ「スローフード」店がたくさん存在する。私たちの心理臨床は、まだまだ大変浅い歴史しか持たないが、長い紆余曲折の歴史を経た街のこうした多層的な現実が教えてくれることも多いように思う。現在の心理臨床の世界には、「ユーザーになるべく効率よく満足してもらう」ことをよしとする論調が暗黙のうちに、あるいは公然と肯定されているように思われる。「満足」の質そのものを問わないことは、どこか「ファーストフード」的な態度と言えないだろうか。しかしながら、仮に先に述べたようなスタンスを「ファーストフード」として否定したとして、それでは「スローフード」にあたるような「良質の何か」というものを私たち心理臨床家は提供しうるのかという問いに果たして答えられるかという問題に私たちは突き当たる。

こうした問いに答えているように思われるのが、先に述べた心理臨床をめぐる言説の二つのグループのうちの二つ目のものである。これらのグループは、先の「ユーザーを満足させる」というスタンスと対極をなし、心理臨床は「クライエントとの人間的出会い」や「深い変化」と関わることを強調する。しかし、こうした立場の表明者の多くは、大学などに雇用されており、こうしたより人間主義的言説は大学産業の一環に過ぎず、「臨床の現場」と遊離しているかもしれないという批判に弱い。私自身は、こうしたグループの言説により親近感を抱くが、「心理技術者」以上の何かを、心理臨床実践にもたらすのは、まさしく精神分析であると確信している。

私の理解では、精神分析は、何よりも内省を主軸に据えた心理臨床活動であり、内省的な生き方を手助けしていくことがその介入の目的である。先に述べた「自分」の多層性や多様性の認識、そして自己選択と自由という精神分析的達成は内省的態度を通じて可能になるし、また内省的態度そのものでもある。精神分析の考えでは、内省力の基盤は、早期乳幼児期において養育者に自分自身のことを考えてもらうという経験にある。精神分析実践においては、そうした乳児期の関係性を乳児的転移という形で治療関係の中に具現化して、それに取り組んでいくことで、クライエントは自分について考えていく力、すなわち内省力を育んでいく。セラピストはクライエントのことを考え続けるわけであるが、そうした考えることのできる部分（考えることのできる内的対象）をクライエントは自らの心のうちに安定した形で培うことを手助けすることになるのである。

このように自分自身や人について考えていけるようになることを精神分析は志向している。クライエントの大半は、「自分」とはこんなものであるとか、こうあるべきであるとか、人はこうだとかあるべきであるとか、自分で本当に考えることもなく確信してしまっている。その大半は、それまで生きていく中で人との出会いの中で無批判に抱いてしまった考えにその起源がある。私たちセラピストの務めは、クライエントが抱いている、こうした自分自身を縛る考えを明るみに出し、それから自由になり、クライエントが自分自身で考えていけるように手助けすることである。このような活動をしていくためには、精神分析の臨床家は何よりもまず、自分自身があらゆる制約からなるべく自由に、独立して考えることができなければならない。こうしてみると、精神分析の臨床家の理想は独立していること（independent）であり、そうした意味で、開業（independent practice）がその理想の実践形態なのである。

このようなわけで私は開業心理療法実践が心理臨床活動の範型であると考えている。しかしながら、実際は、先に述べたように私の開業実践は、面接料金を支払うことをめぐって、やはり資本主義や日本社会の文化環境に依存せざるをえないのも現実である。実際、見方によれば、開業実践の現実は、完全に独立したものではなく、むしろ「お金の論理」にもっと支配された「ユーザーの満足」志向の権化、すなわち「心理的便利屋」となりうる。こうした現実に部分的に取り組むことを目的として、私はＮＰＯ活動にも携わるようになった。

四　ＮＰＯ法人子どもの心理療法支援会

二〇〇五年、私は、子どもの心理療法支援会というＮＰＯ団体を立ち上げた。これは子どもの精神分析的心理療法実践の普及を使命とする非営利組織であり、その活動は専門家の研修と実践の支援に分けられる。

専門家の研修活動に目を向けてみよう。先に述べたように現在わが国の文化環境の中では心理療法の専門家と話をするということにお金を払うということは必ずしも一般的ではない。簡単に言えば、平均的な日本人の意識の中で心理療法にお金をかけるという発想自体が彼らの価値観の中にないのである。世の中には、お茶を飲むこと、花を生けることに多額のお金を支払うことは当然と感じる人が少なくないが、自分自身の子どもの心の問題を克服し、情緒的成長を手助けする心理療法という仕事の専門家にお金を支払うのは当たり前だという認識を持つ人はごく少数しかいない。それは一言で言えば、心理療法がわが国の文化の中にまだまだ受け入れられていないからであり、その価値が十分広く認められていないからである。その理由の一つは、専門家の行う心理療法の質がまだまだ低く、向上する必要があるからであると私は考えている。したがって、専門家の質を向上することこそ、この問題を解決する重要な方策ということになる。

すでにイギリスを始めヨーロッパやアメリカ合衆国などでは精神分析的心理療法は一定の社会的位置づけを獲得している。もちろん、認知行動療法その他の「エビデンス・ベース」のより「効率」的な療法により圧迫を受けてはいるが、例えばヨーロッパに目を向ければ、一九九七年にはヨーロッパ精神分析的心理療法連盟（ＥＦＰ）が結成され、ヨーロッパという枠組みの中で共通の資格要件によって構成される精神分析的心理療法の共通資格を作り出す方向に動いており、二〇一一年現在、二十六カ国が加盟し一万三千人程度の資格を持つ会員を有している。この共通資格を得るには、週三回以上の訓練分析、週二回以上の訓練ケースを二例といった条件が必要であり、同等の訓練を受けた心理療法士が数えるほどしかいない、わが国の精神分析的心理療法の実情からすれば、ヨーロッパ社会の中で精神分析的心理療法が一定程度根付いている現実があることが分かる。実際、私自身がロンドンに滞在したときの印象でも、一般の人の間でも分析を受けたことのある人は多かった。これは日本の現状とまだまだ大きく異なっている。

ＮＰＯ法人子どもの心理療法支援会では、こうした現状を少しでも改善するために、専門性の向上を目指す臨床心理士や精神科医に精神分析的心理療法の研修を提供する試みを続けており、精神分析的心理療法を行うために必要な知識と技量を培うために必要な要素を網羅したカリキュラムを作成し、ＮＰＯ認定資格制度を作っている。

一方、心理療法実践の支援活動としては、ＮＰＯ法人子どもの心理療法支援会は、児童福祉領域の子どもの心理療法の支援と発達障害の子どもの心理療法の支援を行っている。児童福祉領域の子どもの心理療法支援は、例えば、児童養護施設に入所している子どもの精神分析的心理療法を無料で提供できるようなシステムを作っている。現在、厚生労働省によって児童養護施設が心理士を雇用することが促進されているのは周知の通りである。しかしながら、こうした心理士の大半は、十分な給与を保障されているとは言いがたく、また研修も不十分なことが多い。こうした状況と、児童養護施設の子どものケースの多くが虐待を受けており、その心の援助には高度な専門性が必要とされるという現実とあいまって、大半の心理士は数年で離職してしまっている。これらの現状をみると、結局はこうした子どもたちの心の援助というきわめて重要な社会的要請が十分に満たされていないと言えないのではなかろうか。逆に、精神分析的心理療法の十分な訓練を受け、経験を積み重ねている臨床心理士が、その専門的技量をこうした分野の子どものケースに遺憾なく発揮し、かつ相当な報酬を受け取る制度的枠組みが現在のところ整っているとは言いがたい。児童福祉領域の子どもの心理療法の支援という、ＮＰＯの試みはそのような制度的欠陥の隙間を少しでも埋めるささやかな試みである。

五　実践の一コマ

それでは以下に御池心理療法センターでの私の精神分析的心理療法実践の一端を紹介しよう（以下の事例記述

の中では、プライバシーの保護のため、いくつかの事実が曖昧にされているか、変更が施してある)。

【事例1：子どもの現実的不安と無意識的空想】

[概要]

小学三年生になるA子さんは、祖母と父親の三人暮らしである。母親は数年前に家を出て行き両親は離婚したが、A子さんの監護権をめぐり両親は裁判で係争するようになり、その過程でA子さんは大変情緒不安定になり、私のところに父親が相談に連れてきた。A子さんは、祖母を離れて母親のところに行きたくなく、父親が裁判に負けてそうなることをとても恐れていた。

心理療法の最初の数回、A子さんは非常に礼儀正しく話し、学校の勉強のことなど表面的なことに終始し、「A子さんにとって、何でも知っているということがとても大切なのかな」といったような私の解釈に対しては、そんなことありませんと拒絶するだけで深まらなかった。しかし、セッションを積み重ねていくと、次第に彼女の「地が出る」ようになってくる。彼女はセッションの始まりにいつも私のほうをまるで蛇に睨まれた蛙のように固まったままじっと見続け、おもむろに例えば「(折り紙の折り方の)新しいの考えてきました」と言ってあらかじめ考えてきたことから始めることが続いていた。しかし、私が、その不安を取り上げていってもなかなか変化が見られなかった。

[五回目のセッション]

A子さんは、いつものような固まった様子を少し見せたのち、粘土を出してきて、小さな固まりで何か丸いものを作り私の前に置き、「これは何でしょう?」と言う。A子さんが、クイズを出す人で、私が答える人という設定が始まる。「間違えると大人失格」と言い、私にプレッシャーをかけてくる。答えは、ミミズの卵と判明する。私は、「あなたの好きなミミズのことをよく知らないのは、あなたのことを考えるはずの大人として失格ということかな」と言う。その後に、彼女は粘土でミミズを作り、「ミミズはどこから卵を産むか答えてください」と言う。そして今度はもっと私にプレッシャーをかけてくる。間違えると、五個ある「命」が一つずつ減っていき、なくなると「おしおき」が待っている、と彼女は言う。「おしおき」は、蛇やクマに噛まれたりすることになっている。私は、卵がどこから生まれてくるかということは、人間はどこからどういうふうにして生まれてくるかということと似ていること、A子さんは自分がどういうふうにして生まれてきたか知りたいと思っているかもしれないことを指摘する。それにはA子さんは「ちがいます」とだけ答え、私に答えを迫ってくる。私は、とにかく「正しい答え」を探さないとひどい目にあうことになっているのに、どう考えていいかも分からず怖い目にあうというのはどんな気持ちか考えることになっているようだという話をする。

【六回目のセッション】（一緒に来た祖母が、先週末に母親に会って以来、A子さんの様子が変で、母親に連れて行かれることをとても心配しているようだと話す）

私が祖母の話を話題にするが、A子さんは「全然心配していない」とその話を打ち切る。前回と同じような遊びが始まる。今度は団子虫の卵はどこから生まれるのかと彼女は問いかけてくる。答えられない私に対して、「おしおき」係の熊はウンコやおならで作った爆弾（粘土のかけら）を私の体の上に落としてくる。もう一匹の「おしおき」係であるライオンは、私に噛みつこうと私の顔の前に来て威嚇する。私が、ウンコ爆弾や噛みつかれそうになるのはどんなに怖いことか考えることになっているように思うという話をする。また、A子さんは、粘土でトンカチのようなものをつくり、裁判官のようにトンカチを打ち鳴らす。さらにそのトンカチを振り回し、トンカチの先にギザギザをつけて私を威嚇する。時間の終わりに、A子さんは、怪談のアニメが今晩あるから私に見るように、と言う。私は、A子さんがどんな怖い思いをしているか私にちゃんと知ってほしいという気持ちではないかと伝える。

【考察】

A子さんの不安は主に現実において、祖母と父親から引き離され、母親に連れて行かれるのではないかということに起因していると考えることができる。クライエントの中には、このように現実的な不安を前面に打ち出して相談にやってくる場合がある。セッションでA子さんが示す不安はそのように捉えることができるであろう。「何かわからないのに正しい答えを出さなければひどい目にあう」「何をしても解決にはならない無力感」などもそのような現実状況とのつながりで考えることができよう。

しかしながら、A子さんの不安には、別の層もあることが心理療法を通じて浮かび上がってくる。それは、「蛇に睨まれた蛙」のように見える恐怖であり、その恐怖には、メラニー・クライン（Klein, M., 1932）の述べる口愛サディズム（噛みつく、貪り食う）や肛門サディズム（ウンコとおならの爆弾）が大いに関係していることが見て取れる。さらに、裁判官は悪いペニスによる迫害と感じていることもうかがわれる。さらに、ミミズや団子虫の卵はどこから生まれるのか、という問いは、早期エディプス状況（Klein, 1932）における知ることとの関連を考えさせる。赤ん坊は口から生まれ、排泄される存在なのか（お尻から生まれるのかということは、自分が両親の悪い結びつきから生まれるのか、おなかから生まれるのか、お尻から生まれる＝低い自己評価と追放される不安）ということと関わるように思われる。これらは、A子さんの持つ、迫害不安を表現しており、彼女がクラインの言う妄想分裂ポジション（Klein, M., 1946）の心の状態にある側面を明瞭に示している。こうした迫害的な心の状態は、裁判という現実状況によって刺激されていることは間違いないであろう。一方、問題を解きさえすればなんとかなるのに、何をしてもそれはかなえられない、という不安も一連の遊びの中で、私への投影という形で表現されているとみることもできる。ここで表現されている、自分が不十分であることによって大切なことが失われてしまうかもしれないという主題は、クライン（Klein, M., 1935：1940）の言う抑うつ不安にあたり、抑うつポジション的な心の状態の表れとみることができる。

このように両親が裁判で争うという現実的に大変不安を喚起する状況の中にある子どもを心理療法でみていくと、いわゆる現実的な不安の背後に、クラインが記述したような原始的な空想や不安が活性化していることが見えてくる。A子さんの祖母や父親は、彼女のことをとても心配しているが、彼女のこうした空想や不安を抱えることはできないでいた。心理療法を通じて、A子さんがこのような空想を私との遊びの中に表現し、そして不安を私の心に投影していくこと、すなわち彼女の内的世界を外在化し展開できる心理療法のスペース（そして私の心のスペース）を提供することはとても役に立っていると思われた。A子さんは、そのような恐ろしい空想を私との間で外在化することを通じて、それらの空想と現実とを参照して修正することができ、不安は緩和されていっているようであった。

【事例2：対象関係の変容と自我の強化】

【概要】

小学二年生のB男君は、学校で暴れたりして手がつけられないということで紹介されてきた。B男君の家庭は、母子家庭であるが，彼は母親との折り合いが悪く祖母のもとで育てられていた。保護者である母親と祖母は心理療法には同意しているが面接料金を支払うことはできないので，NPO法人子どもの心理療法支援会がB男君のアセスメントと心理療法の料金を全額負担するということで私はB男君の治療を引き受けた。B男君にはまた，母親による身体的虐待とネグレクトの疑いがあった。

B男君は，全体として，ストリートチルドレンもしくは捨て猫のような印象を与える男の子であった。最初のほうのセッションでは，やって来ると「俺，残酷なこと好きやねん」と言い，彼のために用意した家族人形をひどい目にあわせた。投げ飛ばし，たたきつけ，踏みつけたり，あるいは，首をねじったりした。そのうち，人形の手をハサミで切ったり，足を切ったり，ついには首を切ってしまった。特に，母親人形への憎しみはすさまじいものがあった。赤ん坊人形も切り刻まれた。これらの一連の遊びは，誰もが互いに残酷なことをしあい，弱い者や小さい者は単に踏みつけられひどい目にあわされるだけであり，どこにも安全な場所がない世界にB男君は住んでいるように感じていることを示しているようであり，私はそう彼に伝えていった。かろうじて「おばあちゃん」人形だけは，投げ飛ばされたりすることがあったが，切り刻まれはしなかった。

このようなセッションがしばらく続いたのち，B男君は，「心理療法に来てもすることがない，ここにあるものはおもんない，他の部屋に行きたい」とごねることが多くなった。あるセッションで，B男君はとにかく他の部屋に行こうとするのを私が止めると，私を始めてたたいたりし始めたので，私は彼を抱きとめて制止しようと試みた。彼は，しばらくは抵抗していたが，次第に大人しくなった。このようなセッションののち，B男君は，ノートに，カードゲームの対戦のようにモンスターを描いていき，自分のモンスターと私のモンスターを戦わせることがしばらく続いた。その後，B男君の母親が学校との関係が悪くなるにつれ，彼は学校を休んだりし始めるとともに，心理療法にも来ない日が多くなった。B男君は心理療法にやって来ると，セッションのほとんどの時間寝て過ごした。こうした時期が数カ月続いたのち，母親の精神状態がやや好転し，続けて心理療法に来れるようになった一連のセッションで，B男君は再び人形遊びを始めた。その遊びでは，「おばあちゃん」人形と「自分」人形（男の子）と「弟」人形が選ばれ，その三人は，それぞれ（あるいは一緒に）ベッドを与えられ，安全な場所に守られているという設定になっていた。しかしその三人は，「暗黒力」やその他の悪いものに常に脅かされていた。「おばあちゃん」が一番守られるようになっているのに対して，「弟」はすでに足と腕を一本ずつ失っていた。ときに三人は地震や悪い力によってベッドから放り出され，ひどい目にあった。「おばあちゃん」は迷子になった「自分」人形を探してくれたりした。結局，三人は救急車に助けられた。

【考察】

悪性の迫害不安と妄想分裂的対象関係の中にいたB男君は、一年の心理療法の中で、一定程度の良いと悪いの分裂（「正常な分裂」（Klein, M., 1952；Segal, H., 1973））ができるようになってきたことがみてとれる。特に、「おばあちゃん」が「自分」を探すこと、そして三人を救う救急車の素材は、より援助的な対象（超自我）の出現と考えてよいだろう。実際、この時期からB男君は、教室に入るようになり、授業中座っていられるように努力しているようであった。このような変化の原動力は、セラピストとしての私の解釈そのものよりも、心理療法を成り立たせるためにさまざまな大人が協働していた（考え、コミュニケーションしあった）こと、そしてセッションの中で、B男君に安全を確保し、関心を払い、考え続ける大人の存在が実感できる分析的設定を私が彼に提供し続けたことによるところが大きかったと私は考える。これらの状況を通じて、B男君は、自分自身の内的対象世界が、実際自分が経験しているものと異なることに気づき、それを取り入れていったと考えられる（クライン（1952）の言う投影と摂取の過程）。

クライン（1946；1952）は、自我の強さは、内在化された良い対象を基盤にすると考えたが、ペトー（Petot, J., 1991）は、クラインの示唆している自我の強化には二種類あると指摘している。一つは、良い対象と悪い対象、そして良い自己と悪い自己との分裂、すなわち正常な分裂によるものであり、もう一つは、良い対象と悪い対象、そして良い自己と悪い自己の統合によるものである。クライン派の伝統的技法は、後者すなわちさまざまな分裂した対象と自己を統合することに焦点づけられていたが、重篤な病理を扱う場合前者も大変重要になって来る。こうした点については、現代クライン派の子どもの精神分析的心理療法士のアルバレズ（Alvarez, A., 1992）が詳しく論じている。

最後に、B男君との精神分析的心理療法は、NPO法人子どもの心理療法支援会からの支援がなければ起こり得なかった心理臨床実践であることを指摘しておきたい。残念ながら、B君との心理療法はこののち、母親が再び反対し始め、中断を余儀なくされたが、こうしたNPOによる支援を通じて開業実践の中でも、児童福祉領域などよりニーズのある子どもたちに対する精神分析的心理療法が可能になることの意義は大きいと私は考える。それは、精神分析実践を深めるだけなく、通常は精神分析的心理療法の恩恵を被らない、こうした家庭環境に恵まれない子どもたちが精神分析的心理療法を通じて変わっていくことにつながり、社会にとっても多いに益するところがあるだろう。

【事例3　虐待による服従的関係性の呪縛からの解放】

［概要］

二十代のC子さんは、抑うつ状態とひきこもりがちということで心理療法に来たが、子ども時代に母親にペットのように扱われ、それは時には性的なニュアンスをもっていた。母親はさまざまな男性と恋愛関係を持ち、したい放題のことをしていたが、父親は何も言わず、逆に資産家の父親のお金に家族全員が依存していた。C子さんは、このような家族のあり方をおかしいと思いながらも、家族の外側に出れば自分は生きていけないと感じているようであった。成人した彼女は、性的に搾取するような男性との服従的な関係を繰り返していた。

心理療法において、私は、分析的なスタンスを維持するように努めていったが、外的な生活は改善されていく一方で、心理療法においての私との関係性はあまり生き生きとしたものはなく、こう着状態のようにも感じられていた。毎回、彼女はやって来ると、自分の身に起こったことなどを話していき、私がそれをもとに、そこに含まれている心理的意味や転移的意味を「解釈」すると、彼女は戸惑ったような表情を一瞬見せるものの、従順そうに聞き入ったものであった。このような彼女の従順な関わり方を、私との今ここでの関係性という点で取り上げても、当座はインパクトがあったようだが長続きはしなかった。

ある時、彼女は、長く慕っていた職場の上司にレイプされるという出来事があった。数カ月ショックと混乱の時期が続いたのちのある回のこと、彼女は、あるところでレイプの相談をしてきたという話を長々とした。それを聞いていた私は、それまで私が彼女のことを心配していたことがまるで問題にされず、自分がまるで心のない道具のように扱われているように感じ、激しい憤りが心の中に起こってきているのに気づいた。しかしながら、私のそのような感情とは全く関係ないかのように、彼女は延々と話し続ける中、私は非現実的な感覚に襲われた。私は、彼女の話を遮り、彼女に、自分がまるで彼女に道具のように扱われているように感じることについて話した。これに対して、C子さんは、私から非難されたと感じショックを受けたようであった。このようなやり取りの後、私とC子さんの関係性はかなり変化し、C子さんからは以前のような従順な感じは次第に影をひそめた。あるセッションで、彼女は〈父親の運転する車に乗っており、昼食を食べたいと思っているが、父親はお構いなしにどんどん先に進んでいき、我慢できなくなって父親に大声で「こんなのいやだ！」と叫び車を降りた〉という夢を報告した。彼女は、私への非難や不満を以前よりも自由に話すことができるようになった。

［考察］

セッションの中でC子さんが、別の相談機関にレイプのことを相談した話をし続けていたとき、私は離人感に近いような奇妙な感覚に襲われた。すでに彼女は、婦人相談所やフェミニスト・カウンセリングなどの相談機関にも行っており、それまでのセッションでその話を私にしていたが、そのたびに私は一方でこの問題は現実的に対処する必要もあるという点でそうした相談機関に行くことの必要性を理解しようとしたが、同時に彼女が私をよくて役に立たないと感じているか、悪くて潜在的にレイプした上司のようではないかと感じているのではないかと考えていた。つまり、彼女はあまり役に立たないか、潜在的には危険なセラピストのもとに通い続けていると感じているかもしれない、と私は考えていた。しかし、こうした点を正面から取り上げることは、さらに彼女を迫害するだけのように感じられたので、私はやんわりと「私はあなたの役にあまり立たないと感じているかもしれないね」と指摘するにとどめていた。しかし、この回、彼女は再び別の相談機関に言ったことを私に伝え、その話を延々とし始めた。そのとき私には、私など役に立たないという挑発を受けているというよりも、私はただ彼女の話を黙って聞いているだけの、何の感情もない存在のように彼女に扱われているという感覚が心の中に強烈に生じてきた。私はまるで彼女の道具、まさしく召使いかペットのように扱われているかのような感覚が突如起こって来て、それに伴って強い憤りが起こって来たのである。そうした私の感情の変化に、C子さんは全く気づかないか、あるいはそんなことは端から問題にしていないかのように彼女は話し続けており、私はそのギャップに麻痺させられそうになった。私は、とにかくその状態を抜け出したくなり、彼女の話を遮って、自分自身の感じていることを言葉にすることにした。そこでの私の介入はあまり洗練されたものではなく、確かに、C子さんからすれば、唐突で叱っているかのように感じられたのは無理もない。後にC子さんが報告した夢が私にとって大変興味深かったのは、彼女が「こんなのいやだ」と叫んで車を降りたという話しが、離人感に襲われていた時の私の経験をみごとに表現しているように思われたからである。

おそらく、この服従的関係性の問題は、心理療法の中で、長らくC子さんと私との間で水面下に出来上がっていた関係性（転移－逆転移関係）の基底部分であり、C子さんのパーソナリティの重要な問題部分（内的対象関係の病理的部分）であったものではないかと推測される。それが、レイプ事件以降のセッションの中で次第に私への投影という形で露わになっていき、そして上記のセッションの中で、私がそれに形を与えたと言えるかもしれない。こうしてみると、レイプ事件自体が、どこかで心理療法の展開過程が、その内側で収まることができずに、外側に漏れてしまったことの表れと捉えられるかもしれない。彼女は、最終的に上司に対して大変憤慨したが、途中で「いやだ」ということができなかったことも確かであった。

こののち、C子さんは、母親と家族からの反対にも屈せず、ある男性と結婚した。心理療法に来た当初彼女は、結婚しても相手に従属してしまうのではないかと不安に思っていたが、その結婚相手には自分のわがままを通そうとすることもしばしばで、喧嘩もしているようであった。

六　私の仕事

フロイト（Freud, S., 1912）は、「分析医に対する分析治療上の注意」の中で、「私は患者の傷を手当てするだけだ。神が患者を治す」（一一五頁）という言葉を引用し[注1]、分析家は、患者を治そうとするのではなく、ただその話に耳を傾け、そこから次第に意味が浮かび上がって来るのを待つという分析的スタンスの重要性を主張している。こうして私の実践の一端をみてみると、私は確かにだれ一人「治し」てはいない。A子さんもB男君もC子さんも、私との出会いの中で、自ら変わっていったというのがより真実に近いであろう。

私の仕事は、こうした出会いとそれを保持できる場を提供することなのである。そして私は、独立した実践の場、すなわち開業実践こそ、もっともそうした仕事が存分にできる場であると考える。

文　献

Alvarez, A. (1992) Live Company, Routledge. 平井正三・千原雅代・中川純子訳（二〇〇二）『こころの再生を求めて』岩崎学術出版社

Caper, R. (1999) A Mind of One's Own. Routledge. 松木邦裕監訳（二〇一一）『米国クライン派の臨床』岩崎学術出版社

Freud, S. (1912) Recommendation to physicians practicing psycho-analyisis, Standard Edition, vol.12. Hogarth Press. 小此木啓吾訳（一九八三）『分析医に対する分析治療上の意』フロイト著作集第9巻、人文書院

Klein, M. (1932) The Psycho-Analysis of Children. London: Hogarth Press. 衣笠隆行訳（一九九七）『メラニー・クライン著作集第2巻』誠信書房

Klein, M. (1935) A contribution to the psychogenesis of manic-depressive states. In Love, Guilt and Reparation and Other Works, Hogarth Press. 安岡誉訳（一九八三）「躁うつ状態の心因論に関する寄与」、『愛、罪そして償い』（西園昌久・牛島定信責任編訳、誠信書房）

Klein, M. (1940) Mourning and its relation to manic-depressive states, In Love ,Guilt and Reparation and Other Works, London Hogarth Press. 森山研介訳（一九八三）「喪とその躁うつ状態との関係」、『愛、罪そして償い』（西園昌久・牛島定信責任編訳、誠信書房）

Klein, M. (1946) Notes on some schizoid mechanisms, In Envy and Gratitude, Virago. 狩野力八郎・渡辺明子・相田信男訳（一九八五）「分裂機制についての覚書」、『妄想的・分裂的世界』（小此木啓吾・岩崎徹也責任編訳、誠信書房）所収。

Klein, M. (1952) Some theoretical conclusions regarding the emotional life of the infant, In Envy and Gratitude, Virago. 佐藤五十男訳（一九八五）「幼児の情緒生活についての二、三の理論的結論」、『妄想的・分裂的世界』（小此木啓吾・岩崎徹也責任編訳、誠信書房）所収。

Petot, J. (1990) Melanie Klein Vol.2, International Universities Press.

Segal, H. (1973) Introduction to the Work of Melanie Klein, Karnac Books. 岩崎徹也訳（一九七七）『メラニー・クライン入門』岩崎学術出版社

注　釈

注1　この引用については、ケイパー（Caper, R., 1999, p.19）によって注意を促された。

第二章　私の開業心理療法

――臨床心理士・亀井敏彦の仕事場より

亀井敏彦

はじめに

私の開業の二十三年間、それは生々しく、苦々しく、エキサイティングなものであった。ここに「私の開業心理療法」を検討するために、先ず常勤時代の「教育と訓練」「常勤時代の臨床心得」「常勤時代に得た臨床経験知」「個人開業への決意」を述べる。そして開業の実践を、架空の事例で示す。これを臨床心理士・亀井敏彦の仕事場よりとして紹介する。それは開業のもくろみ「私をかけた心理療法の実験的検討」「開業心理療法で、生活が可能か」の報告となる。これらを踏まえて臨床心理士の原点を主張する。

私の開業は、第一に僅かでもクライエントの役に立つこと、第二に開業心理療法によって生活すること、第三に常勤時代に達成できなかった臨床課題［専門技能の未熟さ、心理療法の社会的認知の低さ、他職種との連携の困難、臨床心理士の不確実な身分保証］（心理臨床四つの壁）への挑戦の三つがあった。これらの記述が開業を目指す人、真剣に臨床に取り組む人の一助になればと思う。

一　私が常勤時代に受けた「教育と訓練」

私の所属した大学の精神科医局は、ボスと呼ばれる教授によって統括されていた。ボスは多くの精神科医やパラメディカルスタッフの中心に位置し、臨床・教育・研究のギルド（専門家集団）を形成していた。教授の入局早々の私への第一声は、人間をトータルに掴みなさい。方法は、何でも良い。金は、出す。これだけは忘れるな、一に臨床、二に研究、三は教育だ。これに邁進することであった。太っ腹教授のもとで、助手としての「教育と訓練」を受けながらの勤務が始まった。生物学的精神医学、身体派の講座での研修は厳しかったが、サッパリしており私の気性に馴染むものであった。

1　「教育と訓練」――医局ギルドに守られて

私の心理学科の主専攻は、生理心理学、マウスの脳内活動と一般活動性であった。臨床心理学、心理査定には関心がなく、知識もゼロであった。しかし、現在の私は心理臨床を断念せず、開業臨床心理士を続けている。私の進路決定は、一九七〇年前後の昭和という熱気ある時代の空気、その気まぐれによったと思う。私を臨床へ方向づけたのは、学部時代の指導教授であり、米国よりスキナーボックスを持ち帰った人である。先生は、東京の医学部の生理学教室で生理心理学の研究をなされ、名古屋に赴任されていた。そこで私は、四年間動物心理の実験の指導を受けていた。

私の大学卒業時、かつて先生が所属されていた医学部の医師や研究者が、新設医大のスタッフとして赴任されることになった。その大学病院の精神神経科に心理職の口があり、推薦すると言われた。何の知識もない私が勤まりますかと尋ねた。それは経験すれば答えが出ると言われた。また精神科の教授は生半可な物知りよりも、真っ白の気持ちで飛び込める人を求めている。それで君を推薦する、とのことであった。入局先の精神科教授は、第一線の生物学的精神医学の領域で活躍する学究であった。

私が受ける教育と訓練のプログラムは、教授の鶴の一声で決まった。臨床精神医学の全体の把握は、外来・入院診療の陪席から。一人の医師に決めることなく、多くの医師から学べ、また精神、神経科領域のあらゆる患者さんに浅く広く出会い、その雰囲気を掴み、かぎ分けることが肝心と指示され、決して心と身体を分けて考えてはいけない。心と身体は、一つのシステムとしてクライエントに会うように。そして精神医学の診断は、大変に難しく多くの問題を抱えている。内因、外因、器質因、心因、状況因、環境因等々で検討しても難しい。全ての診断は、何々の疑いである。病理、検査データは、ある状態の一部を示すだけだ。脳の剖検を合わせても診断は、曖昧模糊である。不可知論から可知論への努力を心得ておけと教示された。また精神医学の概説を一年間、医学生と共に聴講することになった。外来診療の陪席は、身体に基盤のある精神病、内因性精神病、正常からの偏倚の患者さんや、大学病院ならではのケースに会っていった。教授の希少、困難ケースといった基準で心理査定の依頼が次々となされ、それをこなした。

三つの精神病、神経症、境界例、摂食障害、自閉症、児童期・思春期・青年期に問題や課題を抱える患者さんに出会い、心理査定の経験を重ねた。もう新たに出会うべき病名はないと思うまでには、五年の時を要した。DSM、ICDの国際診断基準がない時代の診断、病理学の学びは、苦しくも新たな臨床的な方法や関わり方があると予感させられた。

心理査定の学習、特にロールシャッハ・テストのマスターには、週一回の個人スーパーヴィジョンで、四年間を費やした。心理査定の次は、心理療法の訓練に移行した。精神科医が実地する療法、薬物、電撃、催眠、作業、自律訓練、脳波検査に立ちあい、看護士と共に助手を勤めた。勤務時間の二分の一が心理査定、残りで個人心理療法を行い、医師のケースヴィジョンを受けていった。そして入局五年目から私自身の教育分析が、分析心理学によった夢の分析で始まった。これには七年間が費やされた。他では入局四年目からは、簡易鑑定、本鑑定の心理査定を担当し、司法精神医学の実際にも触れていった。また病棟に遊戯療法室が開設され、箱庭や絵画療法を行うことになった。私は表現療法の研修会に参加し、体験学習を積んだ。

入局して四、五年間の私の教育と研修は、全てマンツーマンの形式であった。この二者関係での日々が、現在の私の臨床スタイルの基盤を形成したと思う。教授や教室員の厳しい指導は、今の私の臨床実践の全体性を刻印づけた。私は恵まれていた。指導に感謝し、教室に不満はなかった。しかし心理士としての表の知の欠落は埋められたが、内面は自信が持てず、臨床の日々はハラハラドキドキであった。私の不安感、空虚さは、クライエントの心の把握と対応、その共感と受容性の実感の薄さに由来していた。こうした中での教育分析は、体験的に自他の心の世界の理解を深化させていった。この経験を通して私は、言葉を介した「分析的心理療法」と非言語的な「遊戯・箱庭・絵画・クレー」の表現療法の二つに関心を持った。両方は共にイメージを大切にしており、私の心性に馴染むものと感じた。よって私は、言葉を介した心理療法、イメージ（箱庭・絵画・クレー・夢）による心理療法の二つに、臨床実践の主題を絞った。

2　常勤心理士の心理療法の心得

私の臨床の仕事は、明確に時間と場所を決めて、他者に出会うことから始まる。私とクライエントの人間的な双方向的な関係性の目標は、身体性、心理、社会、教育、個のパーソナリティの密度、濃淡（量と質）を大切にすることにある。双方の出会いは、クライエントの苦悩によっている。双方は苦悩の軽減や改善を望み、これらを抱え、考える。この作業は双方の個性化の過程、生き抜くことの目的性を持つと理解されている。クライエントに会うのは、研究資料を得たり、新たな技法や理論を試したり、それらの立証を企てるものではない。臨床は、クライエントの苦悩に誠実、丁寧、細心の配慮で対応しなければならない。この臨床基盤は、知的な理解ではなく日々の面接体験の中で感じとられ、その体験によって洗練されていくものである。

私の専門的力量は、トータルな私がクライエントに出会うことによって発揮される。それは私とクライエントが、これまでに試行錯誤的に集積した経験によっている。日々の臨床の積み重ねの時熟が開業を支える。断片的知識や資格、理論によるものではない。

以下に臨床の心得を示すが、その要点は、クライエントの基本的安心感の尊重にある。

①「初回面接は慎ましやかに」積極的な質問は控え、クライエントの自発的な語りをしっかりと、前のめりにならず受け止める。初回に多くの知見を期待した面接は、クライエントを圧倒し、心の自由度を狭める。

②「内的現実の実感」に沿った対応を。面接では向き合い、寄り添い、動じない私がいる感覚は、双方を基本的に安心させる。居心地の悪い身体感覚を無視しない。五感の働きを大切にしながら、臨床的な思考を継続する。

③「解釈・質問・注釈・指示・回答」は最小限に。クライエントの自発語、自由な語りは、クライエントの新たな人生課題への取り組みを強化することになる。

私は、この心得で心理査定や心理療法を必要とする全てのクライエントに対応した。それは医師、看護師、クライエントからの私への拒絶感、回避を和らげた。①～③は、セラピストのクライエントへの働きかけを、徹底して節約する態度である。私は節約の方法を「積極的受容」の技法と呼ぶ。これを自覚的に使い、生かす工夫によりクライエントは、苦悩を生々しく吐露される。その語りは、心に僅かな空間を生む。セラピストのクライエントへの紋切り型で無自覚な質問は、苦悩する心への激しい侵襲であり、なしてはならないことである。人の苦悩への無配慮な関わりは、人に多大な混乱をもたらし、心のエネルギーの損失を招く。それは極度に悲しく、寂しいものである。

セラピストは、技法、理論を何度も繰り返し自験しておかねばならない。その長所と短所、快と不快、有用と無効、副作用を体験的に理解しておく。自験しないセラピストは、新しい技法、理論を無自覚に試し、駄目との烙印を押して次に向かう。心理療法の技法の是非は、二律背反、拮抗する両刃の剣である。人の苦痛を度外視した技法は、慎むべきである。

3　常勤心理士として得た「臨床的経験知」

「積極的受容」の技法、①～③の心得によって私は、以下二つの「臨床的経験知」を得た。

① 人が人に出会い、より工夫された面接法に従って双方が苦悩を共にすれば、双方が生き抜くことへの理解を得て、それは生活の知恵として活用できる。

② 「共利共生」の究極的観点の気づき。共利共生の語は、生態学の用語である。牧畜、草、人の三者が絶妙なバランスによって、人と自然が共存関係を継続し、更新していく世界の術語である。遊牧民が牧畜の特性を充分に理解しているか、いないかは双方の存在に関わる重要事項である。遊牧民は、草原の状態をいかなる天候においても的確に感じ、牧畜の摂食、排泄、交尾、子の哺乳、病気を観察し、群れの健康度を

日々掴んでおかねばならない。牧畜の全体像の把握ができて、牧民は安心して牧畜の群れに身をまかす。私の心理療法モデルは、遊牧民の共利共生に重なる。私とクライエントが、現代社会の中で心理療法を通して、苦悩の人生課題を抱え、考え、理解していく。その作業は、面接室の中で共利共牛を目指すという枠組みの中でなされる。

モンゴルの牧畜の環境適応は、人為によらず種の自発的選択によった進化の結果と考えられている。心理療法の望ましい展開は、セラピスト（牧民）、クライエント（牧畜）、技法（草）の三つの絶妙な兼ね合いによって起きる。セラピストは、クライエントに控え目に技法を示し、自発的な反応を待つ。治療的援助とは、クライエントの自発的な心の働きに任せることである。三項目の関係から生まれるクライエントの言葉、思い、感じ、考えをしっかりと受け止めるのである。私の内界には、遊牧民なるセラピストが住んでいる。私が常勤時代に掴んだ経験知は、二つと少ない。それらは泥臭くとも、自分を殺さず、稚拙な自分を育み、手作り感が持てるものであった。これらは次にくる開業時代への賭け、そのジャンプ力を孕むものであった。

二　個人開業へのジャンプ、その思いと覚悟

私の常勤から開業への転身は、突然に起きた。これは大学の組織改革が一方的になされたことで、教授以下助手までが追放されるものであった。臨床の場を失った私は、新たな場を自身で構築することを考え、決意した。

1　開業の決意「心理臨床四つの壁」への挑戦

私は幼児のころよりなにごとも自身の興味に沿って挑戦する性向を持ち、そう生きてきた。理不尽な追放にはへこんだ。しかし心理療法家への志しは動じなかった。常勤時代の私には繰り返し自罰的に考え、悩んできた課題があった。それは以下、「心理臨床四つの壁」と私が名づけたものである。これを開業によってよじ登り、越えようと自身に誓った。

四つの壁は、私の「専門技能の稚拙さと曖昧性」、「心理療法の低い社会的認知度」、「他職種との連携の乏しさ」、「不確実な身分保証」である。壁に挑戦する方法は、開業個人心理療法がよいと考えた。慢心への危険性があるが、臨床行為の全てが自己責任で行えること、雑事、雑音が減ることで、面接への集中度は増すと考えた。常勤時の臨床の経験知を継続し、開業によって引き続き四つの壁に挑戦し、臨床技術を高め、修正し、発展させていくことを考えた。

2　四つの壁を越えるための三つの臨床の場

上記「心理臨床四つの壁」を乗り越える構想は、以下の三つの場を設け、その三点を結ぶ三角形の中心に、私が位置することであった。三角形の内側の世界を鍛え、深めることで、開業の基盤は確かになるとイメージした。以下に三つの場を述べる。

①言葉とイメージを介した心理療法の場

私とクライエントが言葉で対面する面接室の一室。箱庭や絵画、クレーワークの表現療法の部屋の一室。運営、管理する事務室の一室。計三室をベースキャンプとして、地方都市の賃貸マンションの３ＬＤＫに設営。

②野外活動の場

都市近郊の雑木林に、プレハブ住宅を建てた。野外体験学習の基地として。アウトドア用具、カヌーの倉庫も併設した。順次、私の休日を使ってクレーワーク、箱庭、絵画ができる建屋をセルフビルドすることにした。現在、建屋は完成し、心理療法セミナー、箱庭を作る会の会場、表現療法のアトリエとして使われている。

③副業

非常勤：精神科病院での心理療法。大学院での講義。学校カウンセリング。
不定期な仕事：拘置所での情状鑑定。鑑別所での非行少年への付き添い人。養護施設でのケースヴィジョン。市町村の教育委員会アドバイザー。

①は開業のベースキャンプ。②は体験学習の場。③は出先となる。これら三つの場は、常勤時代の職域の継続である。①〜③の場、その私の関わりの度合いは、①が本業で最も重い。②③は、時の成り行きに影響を受け、不確定要因が多いので①よりは軽い。しかし①の本業を経済的、人脈によって支えるので、気を抜けないのが出先である。三つの場を巡る仕事の利点は、多様な仕事と人に関わることで臨床行為のマンネリ化とひきこもりの歯止めになる。副業の人間関係は、開業者の世間知らずに新鮮な空気を与え、唯我独尊にブレーキをかけてくれる。

3　開業管理は「タクティクス表」を活用

私の開業行為や運営は、地図のない空白地帯を測地し、徒歩で進む探検家と言える。進んだ分を地図にし、次の計画をたてる。これをスタッフに伝えることは難しい。リーダーについてこい、では開業の管理はできない。そこで私の仕事を、どこに居て、何を行っているか、クライエントからの料金収入の金額を項目化し、図表化することにした。これを「タクティクス表」（行動予定表）と呼んでいる。開業者は守秘義務を果たすためには、仕事内容を漏らさない工夫がいる。仕事は？　と問われた時には「面接室で語らっている」、「野外で体験学習をしている」、「出先機関に行っている」と答える。具体的な内容を問われる時には、はっきりとお話しできることはありませんと答える。休暇以外の私は、必ず上記の三つの仕事場の一カ所に居る。人に居場所を告げることは、人を安心させるものである。「タクティクス表」を整理すれば、クライエントの誰に何回会ったか。非常勤講師の時間数、私が面接に費やした総時間数も短時間に算出できる。表は、会計台帳と同等に大切な開業の基本台帳である。表は、二部作られている。一部は、私が常に持ち歩く。もう一部はベースキャンプの事務室に常備されている。私とスタッフが、タクティクス表を共有することで管理面での疎通をはかることができる。表は週に二度、面接、講演のオーバーブッキングの有無、キャンセルの有無、変更の照合がなされる。私が安心して臨床の仕事に取り組めるのは、この優れ物の表によっている。

4　開業の宣伝、窮鼠猫を噛む

これまでに心理療法の栞、心理療法を啓蒙的に伝えるレターを作ったが、経済的負担多くして成果はなかった。成果の上がった方法は、私の知り合いへ菓子折りを持参し、開業の覚悟、後がないと熱弁を振るうことであった。

大学病院の組織から離れる痛みが私を窮鼠や、群れ落ちの猿の姿に重なった。生き残りのためにこれまでの人脈、臨床心理士、弁護士、芸術家、記者、医師、看護師、学校団体の職員を尋ねた。多くの人が協力を惜しまないと、私を勇気づけてくれた。

体当たりの宣伝は、通常の心理状態ではできない。自身を軽躁状態の心理にもっていった。私の大胆な軽薄さは、失うよりは得るものが多かった。しかしこの行為は、私の自尊心を大きく傷つけた。回復には、開業実績の安定化を待たねばならなかった。私の宣伝への情熱は、多くの人に開業の宣言と好意的に受け止められた。この時のさまざまな人々との交流は今も、仕事の支えとなっている。社会の中で多くの人々の応援は、開業への通過儀礼の祝儀と感じ、ありがたいものであった。開業も十年を越すと終結したクライエントや関連機関からの紹介が増え、来所人数は安定的となった。

三　開業による心理療法の実際

1　言葉を介した場合

ここに取り上げる事例は、開業心理療法においてセラピストとクライエントの双方が激しく対立することで、望ましい展開を遂げたものである。ほんわかな優しさごっこの対極にあるのが、開業心理療法の特性の一つである。料金設定があってこそやり抜ける世界がある。その一端を示す。

私と女性のAさん（独身、無職）は、面接室で身動きの取れない四つ相撲、にらみ合いを数年間続けた。この心理療法をやり抜く技法、私とAの生々しいやりとり、内的現実の展開の過程を示す。そして私とクライエントの双方が危険でグロテスクな世界を抜け、どこにたどり着いたかを述べる。

Ａさんは、常に定刻ピッタリに来室。席に着くと、私の姿や服装から受ける印象を、切り刻むように辱めながら攻撃される。私の息づかいや表情が気にいらないと。私が明らかにＡさんを嫌悪していると。料金は高額で聴くだけの仕事、こんな仕事があるのか。時には、目を閉じ、腕を組み、沈黙を続ける。私への一方的な挑発、攻撃、無視が五年間以上変化することなく続く。その緊迫感は減じない。夢の報告を求めると、夢はみない。仮にみたとしても話さないと拒絶。

私は黙り、まな板の鯉と観念する。Ａさんの語りには、そういうことになりますかと応じた。ある時Ａさんは、席を離れんばかりの勢いで、この面接が愚かである、一流の分析家は違う。その○○先生は、とても懇切丁寧に対応されている。その著作の一部も読んでいない私は、怠慢だと言い放った。私は、Ａさんの燃えさかる怒り、攻撃性を否定も肯定することなく聴き続けた。ある時にＡさんは、私の傾聴力が弱まるのを見透かし、間髪を入れずに幼児期から青年期までの不幸の詳細を直球として吐露され、それを続けた。私の内心は疲れを感じ、いつ止むか、くどいという思いだった。Ａさんの鋭い語りの連続は、私の陰性反応を誘発すべく工夫を重ねていると感じられ、被害的な気持ちにさせられていった。するとＡさんは、私の意気消沈を捕らえ、どこのセラピストも似たもんだと語る。また「傾聴なんて誤魔化しや。先生が私を嫌がり、もうこないで欲しいと思っていることは、表情やこの場の空気で分かる」と。時間が来ると次回を予約し、料金を支払い、帰っていかれる。

私とＡさんの睨みあいを鎮めるには、語って、語って、語り尽くしてもらうことが第一と、見立てていた。私がＡさんへ積極的に語りかけることは、Ａさんが私を曲解する危険度を高めると思った。第二に私の沈黙の継続は、Ａさんの強烈な怒りの背後には、相当な不幸、悲しみが蓄積されていると推測され、それを暴いたりせず刺激しないことを戦略とした。こうした対応の中での面接は、次のように展開していく。

Ａさんは私の沈黙を、でくのぼうと厳しく断定した。私は全く頼りにならない。しかしＡさんは、でくのぼうに頼る必要があると。でくのぼうに向き合うと、不思議と言葉が出てくる。先生には黙っていて欲しいと述べ、嗚咽した。私が黙すれば黙するほどにAさんは、幼少からの不幸な記憶を次々と回想していった。不幸な記憶の回想は、つらい・悲しい・くやしい・許せない・みじめ、不幸・孤独・絶望・騙された・裏切り・人でなし・化け物・冷血な奴等々を、数年間にわたって語り続け、私は聴いた。語りは被害的、関係念慮、作話的で、態度は虚ろな視線から一転した鋭い目線への急転。両手を強く握り身体を揺らしながら呟くなどが認められた。解離性状態が示されることもあった。これらのことにセラピストが口を挟むことは、Aさんの個性化過程の抹殺の本題を、他にそらすことになると考え、Aさんにはそうでしたかと応じ続けた。

時を重ねる中でAさんの話し方は、小声の呟きに変化した。呟きは以前に増して私を恫喝し、無能なセラピストと非難していると感じた。恨みの凄味が、面接室の空気を重いものにした。身を震わせながら小声で呟くAさんを慎重に窺ってみた。Aさんはセラピストの私に向けて呟いているのではなく、顔を伏せて自身の膝に向けて呟いていた。Aさんは守られた面接空間で、自身の苦悩を自身へ言い聞かせているようであった。Aさんは孤独や絶望に向き合いそれを深め、それが姿に現れていると感じた。自殺の可能性を否定できない状態にあると私は感じた。

この頃にAさんは、不幸は過去に起きていたこと、今もその多くの不幸の記憶を抱え、押しつぶされ、支配されているのが自分だと語った。過去の不幸の記憶を消去しながら、新たな記憶を重ねたいと。そのためにAさんは、不幸が起きた土地、風景、背景にある歴史を探ることの旅を決意された。私は、Aさんの決意をはっきりと支持した。彼女は、照れ笑いを示し、小声でやってみますと答えた。彼女は数年にわたって旅を続け、自身の同一性のルーツとなる事柄の数々を探索し触れ、苦悩を深め、安堵し、安定感を取り戻された。Aさんの傷つけられた自尊感情は、ゆっくりと修復されていった。

私の主な仕事は、積極的受容（口を挟まない。解釈を慎む）の黙して語らずであった。愚者（でくのぼう）の傾聴の徹底、これを自覚してAさん見守ることであった。またAさんの回復は、Aさんが私に投影性同一化の機制で同一化を深化させ、自らその展開点に至り、自己再生への旅への気づきを得たことにあると考えられる。不幸は、幼少期からの家族、親戚による見捨てられ。学童期から思春期にかけての苛め。天災で住居、仕事を失ったこと。それらの大半は、外的な事実であるが、厄介なのはそれらが内的現実としての恨み、絶望、孤独として集積されていたことである。Aさんの語りは、不幸を丹念に掘り起こし、旅に出て、その体験を重ね、痛ましい不幸の記憶を新たな記憶に塗り替えつつ、現実生活を吟味するものであった。

この報告は都市の一室で時間と料金を決めて、地道な面接を重ねている開業心理療法の実態と空気を感じてもらえたらと思い述べた。事例Aの記述は、臨床事実を損ねないことを考慮したが、Aは数ケース混合によって創作された事例である。

2　イメージによる心理療法

箱庭、絵画、クレーを介しての心理療法は、以前に比して増している。事例を上げては論じられないが私の報告、「イメージと心理療法――魂を描き・形作り・置くことについて『心の危機と臨床の知「心理療法――言葉／イメージ／宗教性』横山博編　新曜社（二〇〇三）」があるので、参考にされたい。

現在、開業心理療法家を訪れる古典的な神経症は、少ない。変わって発達障害、心的外傷、解離、境界性パーソナリティ障害の水準にある人が、多数を占める。またドメスティック・バイオレンス、虐待、性非行の相談も増している。大半の事例は、心因、状況因によった抑うつ感を抱えている。また今日のクライエントの状態像は、高度成長期の頃の診断基準の定型に合わない人との出会いが増している。解離性障害の低年齢化。不機嫌・苛立ち・反抗が場面限定で続く青年。これまでに纏められていた病理カテゴリーは、各症候のミックス化（混交）が始まったようである。こうした複合的で単一的に理解できないクライエントの査定や対応には、イメージに注目した箱庭、絵画、クレーワークの出番となる。

事例Aでは、自身の気持ちを言葉で積極的に訴え、その語りで心理療法が展開していった。しかし今日、言語表現が苦手な成人、子どもは多い。語りへの抵抗、拒絶感も強い。クライエントを見守り、安全感が保証された場での表現療法は、有益である。言葉で伝えにくい五感の世界を、作品で示すことができる。言葉の面接場面では穏やかで礼儀正しい青年が、箱庭や絵画作品で壮絶な憤怒、破壊を表現することは稀なことではない。なにごとも筋道をたてて言葉で示し、受け入れ、それを整然と理解することを求める表社会、その裏側では、イメージ表現で示される個性化過程の抹殺、心の活路を見出せない苦悩が渦巻いている。セラピスト、クライエントの双方は、作品を眺め、語らい、苦悩を共有する。そして心の不全感を修復し、回復への道筋を探ることができる。

四　臨床心理士から開業臨床心理士へ

1　開業心理臨床は個人的で、独自なスタイルを持つ

私の開業臨床は、個人的であり、独自のスタイルを構成していることを記述した。自己責任による仕事、その自覚が療法の質を規定すると。一人称と二人称の生の関係性を、クールな三人称的な立場から抽象化することは可能であろう。しかし臨床行為は、私とクライエントの主観性、客観性の生の双方向的なやり取りで成り立つ。主客の往復運動を料金の枠で共有し、苦悩を検討する。そして四苦八苦の世界が顕現する。双方は、生き抜くべき課題を抱え、温め、育み、対決し、旅立ちを準備する。心理療法の展開の基底には、厳しく鍛えられた私の技

法がある。その洗練、習熟は、開業への静かな情熱あってこそのものである。これらのことのおおよそを、事例Aの心理療法として記述した。

この面接の基盤にあるのは、常勤心理士時代の「心理療法の心得」①〜③、常勤心理士として得た「臨床的経験知」①②によっている。これらは、私が受けた教育、訓練、研修、所属機関、師の強い影響によったものである。つまり開業してからの実践、その方法、技術は、開業以前に準備されたものである。想定外の開業へのジャンプは、常勤時代の日々の臨床実践の積み重ねがあって可能であった。

心理査定の学習、ケースヴィジョン、教育分析は、全てがマンツーマンで受けた。この二人関係の刻印付けは、人に向き合う姿勢、謙虚と誠実を身に付けることになった。二人関係の深化は、私の臨床的な実感に即した安心感、肯定感を与えた。また医局での多様で複雑な人間関係の体験は、社会集団の中での身の処し方を学び、苦しくも楽しい体験であった。以下に述べる開業臨床でのハイリスクへの備えと自覚は、常勤時代の精神科ギルドの中で心理療法の役割と責任のテーマで検討してきたことによるものであるが、引き続いて開業の今から検討する。

2　開業心理臨床は、法的民事でハイリスク

開業心理臨床の仕事は、契約を結ぶことで以下の債務が生まれる。臨床行為の遂行の義務、契約内容に合致した結果を与える責任である。私たちの契約は、外科医が骨折を治療するのとは、異なる。心の臨床行為の対象とその内容は、魑魅魍魎、曖昧模糊としており、混沌である。セラピストは、これらの不確実性を抱え、その危険性を自覚して仕事を始めなければならない。心の仕事、療法の成果にクライエントが不服ならば、民事で申し立てて、争い、賠償を請求できる。開業臨床心理士は、債務を果たす役割を担っている。当然ながら開業者は、自身の都合で契約の日時、料金、場所、技法をクライエントと合議することなく変更してはならない。それは一方

的な、債務不履行に当たる。繰り返すが契約の日時、料金、場所、技法は、合議によって結ばれた、民事事項である。形式や習慣と言った軽い、なんとなくといったものではない。

医師は、医師法・薬事法の制度の規定に従って医療行為を成す。医師の責任範囲は限定されている。医療事故は、医師の事故として審理される。開業臨床心理士の債務枠は、広く曖昧であるがゆえに、日々債務への注意を怠ってはならない。医師法、薬事法から開業心理臨床を眺める時、医師法はどこで（場）、何を（処置、処方）、どのように（技術）行うかを届けなければならない。明確に限定されることは、そのぶんだけ法によって医師は守られていると言える。私のように賃貸マンションの一室で医師が、届けもしないで医療行為、投薬、注射をしたならば、医師法違反である。私の心理臨床行為は、医師法の観点からすれば途方もない危険性を含み、無防備である。民事的な争いとなった場合には、臨床行為が法の範疇に組み込まれていないことによって、商い取引の扱いである。では商品は何か？　苦悩する心を安心へ導く技術と弁明しても、結果は厳しい。自殺、事故、債務不履行の責任、賠償は高額となる。通常の保険加入で応じられるものではない。廃業である。今のところ開業は、後がない、逃げ場のない領域である。

3　ハイリスクへの対応

ハイリスク回避は、容易でない。臨床心理士自身が、心の仕事を行うための心・技・休の自己管理を厳しく行うことにつきる。自身の面接法、心理査定、技法、理論、臨床体験の肯定感、使い勝手、信頼度、批判力は、開業してから学び体験するのでは遅い。心理療法をやり抜くことを山登りに例えるならば、セラピスト、クライエントの双方が遭難せず、無事下山できる技術、力量を上げたい。月並みだが慢心を慎み、誠実、丁寧、充分な社会的配慮に心がける。俗的には、地位・名誉・金に執着せず、晴耕雨読を心掛けるであろう。さらに今後は、開業臨床心理士のギルド内での、ハイリスク回避についての情報交換と語らいが期待される。

4　セラピストのサバイバル認識

私の臨床的経験知の「共利共生」については、牧民・牧畜・草の三項の絶妙なバランスとして前に述べた。常勤時代の共利共生、サバイバル（生き残る）の観点を、開業の場に移し、セラピストを山岳ガイドに例えて検討する。遊牧の三項は、山岳ガイド・自然・客の三項の関係になる（常勤時代の私は、内なるセラピストを遊牧民に例えていた。開業し面接料金で生活する今では、山岳ガイドに例えた方がピッタリ感がある）。

開業心理臨床は、セラピスト・クライエントが共に生き抜くことの目的性を持つ。死をもっての心理療法の終結であってはならない。山登りは、危険を回避し登頂し、無事に下山することが目標である。登頂、下山の達成は、山岳ガイドの心理、身体能力、技術、サバイバルについての明確な認識力によってなされる。セラピストは、登山（冒険・探検登山、新ルートの開拓を除く）の一流のガイドに例えることができる。山岳ガイドをセラピストと読み替えることもできる。

ガイドは、客の技量を厳しく査定する。客に問う、低山か高山か。目標とする山名は。ヨーロッパなら四千メートル前後。アンデスなら七千メートル前後、ヒマラヤは、五千〜八千メートルとなる。一流ガイドは、案内登山で生計をたてている。生身のガイドとして、時に危険に見舞われるが、生きた現役である。客を高所に導き、登頂、中断し、再挑戦をアレンジする。ガイドは、客のニーズに的確に答え、客は満足する。客の山行きは、ガイドの承認によってスタートする。ガイドはすでに目標とされた山には何度も登り、下山し、成功も失敗も経験している。ガイドは、自身が登ったことのない山への案内は引き受けない。さらに一流ガイドの心身が屈強であっても、急変する天候、酸素濃度の不足、セラックの崩壊、クレバスへの墜落、これらへの対応は自然との関わりなので、前もって自然界でのリスクはゼロにはできないと客に伝える。

以上のガイドと同様に開業臨床心理士は、クライエントのサバイバル達成が望めない極度に困難な症状、人生課題、力動、病理を見立て、査定された場合には、心理療法をスタートしてはならないのである。契約がなされ、慎重に充分な注意義務を果たしたとしても、これを越える不可抗力が生じる可能性があることも伝えておかねばならない。

ガイド登山は安全か、危険か。安全であるが危険である。危険性の自覚が、登頂への最大の安全性確保となる。ガイドは、あらかじめ自然の危険性、その絶大な破壊的エネルギーについて熟知していなければならない。

開業臨床心理士は、陽性の望ましい効果、達成に溺れることなく、それ以上の陰性の失敗、不幸、頓挫、非効率、事故についての危険性について学習、訓練を積んでおかねばならない。特に体験的理解、直観的判断、五感による観察に疎いこと、暗黙知が働かず空気の読めない人は、いくら抽象的理解に恵まれていても、臨床的な危険性を増幅させたり、陰性感情に巻き込まれ易いので開業には向いていない。臨床空間・関係性・時間・料金が担う意義、それに沿った基本的安全感の保証や、治療枠、構造の臨床知の理解と自覚、それに沿った対応は、開業臨床心理士の責務である。

ガイドは、安全の確保には強迫的に細部まで徹底してこだわる。客の用具の選択、服装、食事、気構えについてははっきりと指示し、確認する。ガイドの判断が曖昧であったり、客が上の空である場合には、危険度は高まる。意志決定の判断、それを成すことの自覚についての曖昧性は、山登りでは許されない。心理療法では、漂うこと、曖昧さは最大に許容される。これは確かな治療枠や援助構造を備えた範囲内でなされるものである。

ここでは心理療法を山登りに例え、ガイドと客のリスクからのサバイバルを考える。先ず登山では曖昧性は許されない。次いで心理療法は、許容度や曖昧性を尊重するが、それは治療枠、構造を基としてのことである。枠や構造を破り、踏み越えることを前提にしたものではない。言い換えるとガイドの安全確保への執念、セラピストの枠、構造への依拠と尊重、その自覚は登山、心理療法のいずれにも省くことができない。これはサバイバルの掟である。よってこれらのことへの無自覚な心理療法は、危険である。

山登りの一歩、一歩の歩みは、安全か危険かの判断の反復の結果である。臨床の渦中においても、常に多くの判断がセラピスト、クライエントに求められる。即答したり曖昧な判断を潤滑油と容認しておいても、進展は望めず立ち往生にいたる。ガイドもセラピストも万能ではない。切羽詰まった二者択一的な状況は、常にガイドと客、セラピストとクライエント双方の間に付置されているが、双方の信頼関係によってことさら気にならないだけである。判断を待つ、様子をみながらの猶予、後送りする、判断に必要条件が満たされるまでと言ったところで、ガイドやセラピストは、しっかりと判断、決断を求められることにたびたび遭遇するのである。特に希死念慮、他害、触法行為、無断キャンセル、家出の臨床的な危機、その破壊力には、毅然とした判断力で対処しなければならない。開業の営みの継続と安定性の大半は、セラピストの全人格的な判断力にかかっている。その内になんとかなる、案ずるより生むが易し、果報は寝て待ての思いは通用しない。こんな時、私は以下のことを思い出す。

私の師は、私の開業の決意表明に対して、私の目を睨み付けて一言、やれることに最善を尽くしなさい、やれないことを決してしてはいけないと。この一語は私の五臓六腑にしみわたった。常勤時代の劣等な道化者の私は、やれないことに憧れ、それに挑戦したい気持ちが強かった。師の言葉に納得した。山のガイドは慎ましやかで、時には大胆である。耐える時には耐える。安全に生きて下山し、次の山行に備える。ガイドは、やれることしかしない。やれないことをする時は遭難、死の結末を迎える。

今の私の心理療法家としてのサバイバル認識は、やれることをやる。やれないことはしないである。これは開業を決意した後の心得である。なお山岳ガイドをセラピストに例え、言い換える思い入れのある文脈は、私が思春期から青年期にかけ過激な登山に没頭し、厳冬期の岩壁で岳友を失ったトラウマから滲み出たものである。自から誰の死も招かない。これが山で私が、体験的に学んだことである。

おわりに

本章の記述の大半は、亀井の個人史である。私はこうした、失敗した、壁にぶつかったが知恵を絞って乗り越えたと。正直言って誰も、一心理療法家の個人史や、物語に興味を持つ者はいないであろう。開業は心理療法を営み、料金を頂き、生活していくことである。これを二十四年間続け、食いつないできたという報告である。

開業で四つの壁は乗り越えられただろうか。壁への挑戦は、今も続いている。壁の中ほどに張りつきながら四苦八苦している。技量の向上は微々たるものである。地方都市での開業臨床をひっそりと継続できているのは、私なりの社会貢献の結果によると自負しているが、大半は多くの人の善意によったものである。臨床心理士の社会的認知は、充分でないが二十年前に比べておおいに高まっていると思う。臨床上の連携は、医師、福祉士、教師、弁護士との安定した信頼関係によった仕事の依頼が多く、よい結果が出ている。不確実な身分保証は、今は気にならない。私が働き、私が食べ、生かされていることは、クライエントによるものである。私の生活保証は、クライエントの料金の支払いでなされている。開業開始時の身分保証の関心は、いまや最低の生活保証が大切と変化した。

私の開業心理臨床の原点は、やり抜く、やり通すことにある。中断・挫折・待って・後では許されない仕事である。やりぬき、生き通すには、自分自身が肯定できるまでのサバイバルスキルを鍛え、維持することにあると思う。生き抜くことが、私の職業である。

第三章　開業の現場から心理臨床実践の基本、マネジメントについて考える

――臨床心理士・栗原和彦の仕事場から

栗原和彦

はじめに

本論の掴みとしてはいささか恐縮だが、私は昨年、おそらくわが国では初となる『心理臨床家の個人開業』について の単著を上梓した（栗原、二〇一一ａ）。それは、すでに二十年も前にマーゲナウら（Margenau et al., 1990）が、個人開業についての八十六篇に及ぶ論文からなる、百科事典的なハンドブックを発刊していることを意識しつつ、私なりに、個人開業の現実や実情、それについての論考などを、できる限り包括的、具体的に著したものである。

そこで、本論においては、拙書から私の仕事のありさまについてのコンパクト版に作り直すよりも、むしろ、そこからもう一段発展した論考を提出してみようと思う。それは、とりわけ開業心理臨床の実践の中で際立って実感されるものだが、実は、開業に限らず、この社会の中でわれわれが心理臨床の実践を営む上で最も基本的な問題、にもかかわらず、どうやらこれまでの心理臨床の実践論の中では十分に明確化されていない印象のある、

マネジメントという問題である。

周知の通り、心理臨床の一つの源は、フロイト（Freud, S.）に代表される個人開業による実践にある。フロイト自身は、あくまで一人の医師として、科学者としてのスタンスから、精神分析の創始と洗練とに力を注いでいたから、彼にとっては、実務家として、開業者としてのアイデンティティは、あえて注目に値するようなものではなかった。彼の技法論も、一貫して、精神分析のあるべき姿を追及するという発想からなされており、それに呼応する形で、精神分析学派の中には、まるで一途な純金主義とでも言うべきものが受け継がれている。

だが心理臨床のその後の発展は、多くの技法を生み、その適応範囲も大きく拡がった。それに伴って、今や、その仕事の社会性が問われるようになってきている。[注1] 実際、心理臨床の実践をより公共的なものとするためには、クライエントの内的情況をいかに理解するかということのみならず、今の面接状況を含めた、より全体的な外的状況を踏まえつつ、具体的にどのような対応をし、何をクライエントに提供していくのかという視点、言い換えれば、その場をいかに臨床的にマネジメントするかという技が欠かせない。それはセラピストのなすべき優れて能動的な作業であり、そこでの面接という仕事を社会化するためにどうしても不可欠なものなのである——実際このマネジメントの仕事がキチンと押さえられていないと、心理臨床の実践は間違いなく堕落する。それは、例えば、屋号さえ明らかにしない「開業」だの、「セラピー」ではなく「支援」なのだからという逃げ口上、「エヴィデンス」の美名の下に個々の現実、その個別性、曖昧性を抱える負担を放棄する態度、さらには、クライエントの痛みやその社会的立場を無視して、こちら側から見た「解釈」だけを万能視したり、「受身性」や「中立性」の名の下に自らの責任を負うことさえ放棄しようとする態度などを生む。それに伴なって、そこでの関わりは、隠れた恣意性が正当化されたり、個別性が否認されたマニュアル的で〝安全な〟、言い換えれば、安易でお手軽なものになびく傾向を生む。そしてこうしたオリエンテーションは、臨床家たちの臨床センスを確実に衰退させるばかりでなく、クライエントの真の創造性を、いや、個としての尊厳をも蔑《ないがし》ろにするように私には思えるのである。

開業はこうしたことを厭というほど突きつけられる現場である。実際、われわれ開業者の仕事は、マネジメントに始まり、マネジメントに終わる。それは、クライエントとの合意の下、個々に見合った相談ないしセラピーの場を提案・設定し、それを保全・管理し、適切に終結させるということである。「解釈」や「介入」だけを学んだ学生は、この実務感覚を理解できない。そして、それゆえに、自分の仕事を社会の中で認められるものへと止揚する術を知らないのである。

私は本論において、自らの開業実践の体験を踏まえながら、このマネジメントという問題に焦点を当ててみたい。その問題こそ、「開業」ならではの持ち味が最もよく表現され、それゆえ心理臨床の基本問題に最もよく貢献できるテーマだと考えるからである。

一　アセスメント――マネジメントの基礎

1　アセスメントについての考え方

マネジメントは、もちろん、アセスメントを俟って初めて成立する。だが、マネジメントに比べると、アセスメントは明らかに〝セラピストのため〟になされる操作となりやすい。その瞬間、クライエントは対象化され、蚊帳の外に置かれることになりやすいのである。実際、心理臨床におけるアセスメントの源流は、スクリーニング、つまりは差別化を目的としたものであった。そこでの正確さや精度の追求は、しばしば、その対象となる人のサポートのためではなく、それを使用する側に貢献することを第一義として行われてきた。そしてこの伝統は、心理テストや構造化面接に代表されるアセスメントの方法の中に生きている。つまりそれは、今ここでのクライエントの個別的な状況や気持ちのありように一切関わりなく、自らの設定する条件を主張するのである。それが「客観的」で普遍性を持った実験状況の設定だからであり、アセスメントはその条件への反応の個体差を手がかりに行われるものだからである。

こうした手続きは、今ここにいるクライエントの思い、とりわけ、クライエントが密かに抱く自律や自弁、つまりは自己治療への渇望を踏み躙る。いや、もし一見そうでないとすれば、そこでは、自分の思いを棚上げされ、二の次にされる傷つきを自ら補償するべく、幻想的な期待や理解が発展されていることが多い。この事態は、医療の現場、とりわけ現代の「データ」を基礎におこうとする医療において、患者はまず検査に耐え忍ばなければならないという手順に似ている。だが、現在われわれが手にしている心理アセスメントは、果たして身体医学における発展し続ける臨床検査の精度に匹敵するほどのものだろうか？　そして、医療において患者が、〝自分には手に負えない〟事態の〝原因を解明してもらえる→適切な処置をしてもらえる→なんとかしてもらえる〟といった期待を持つのと同様の期待に誘ってしまうことが、心理臨床実践のその後の展開にとって望ましいことなのだろうか？　そういう疑問をわれわれは忘れてはならないであろう。われわれがその後のセラピーにおいて最も重要視するべきなのは、当初〝自分には手に負えない〟と感じられた事態を、もう一度その、、、クライエント、、、、、自身が、、手に負えるようになること、さらには、そういう体験を介して、いわばもう一回り器の大きい自分を発展させることができるようになるのを援助することであろう。だとすれば、そうした方向性は、クライエントと出会ったその瞬間から育成されるべきだからである（栗原、二〇一一b）。

では、もっとクライエントの思いに密着した形でのアセスメントはないものだろうか？――こうした発想に応えるのが、小此木（一九九〇など）によって開発された治療構造論である。その特徴は、心理テストにおける条件のような、こちら側が設定するものそれ自体を相対化し、それ自体を変数として含んだ相互作用の全体像を捉えようとするところにある。治療構造論は、事態はいつも流動的に動いているという臨床的事実の流れに逆らわない。そこに基本的に流れているのは、構造を準拠枠とした仮説定立－検証の循環運動であり、その視座から、そのクライエントの時々に動くさまざまな気持ちを汲み取りつつ、その時々に最も適切と思われる対応を選択しては修正し、再度選択しては修正し、といった試行循環を可能にするのである。それは、クライエントについての未知の部分を一貫して尊重し、その主体性をサポートしていく上で、最も無理の少ない、自然な方法論となる。

ただ、こうして臨床的な流れや動きの上にマネジメントを組み立てることは、逆に固定した結論（アセスメント）を放棄することになる。いわば、流転していく不確かさを受け容れてゆくということだからである。しかし、人間の心はそう一面的ではあり得ない。実際、クライエントの内には常に、治りたい気持ちと、治りたくない気持ち――もう少し正確にいえば、変わりたい気持ちと、変えたくない気持ち――とが混在しているものである。〝治すための機関〟にいるセラピストは、その自らの社会的役割に基づいて、〝治りたい〟側に力を貸そうとしやすい。だが、それは明らかに重要な片面を見落としている。クライエント自身、しばしばその〝問題〟によってこそ、あるいはそれを副作用とする心の動きによってこそ、もっと深刻な危機の恐怖から救われてきた側面を持っているからである。

かくしてわれわれの仕事は、クライエントに対して誠実であろうとすればするだけ、〝流れ〟を止めづらくなるし、早急な結論には飛びつけなくなる。言い換えれば、「われわれの仕事においては、あえて医学用語を用いて表現するならば、（中略）診断と治療とが渾然一体となっているような状況がいつも不可避的に付きまとう。つまり、いわば相互的に、診断しながら治療する、治療しながら診断する、という連鎖の方が、むしろ一般的な出来事なのである」（栗原、二〇一一a、一二八頁）。

2　アセスメントの進め方

こうしてアセスメントについての考え方を捉え直しておく必要があるのは、「アセスメント」のあり方それ自体が、クライエントに提供する場の質を決める上で極めて重要な位置を占めているからである。われわれは、クライエントについての理解（アセスメント）なしにマネジメントすることはできない。だが、アセスメントの独立を許すことは、マネジメントの一貫性に支障をきたし、その変質を招くのである。では、実際のアセスメントは、どのように行われるのか。とりわけ開業の実践に即して考えてみたい。

そもそもわれわれは、クライエントと実際に出会う以前に、そのクライエントについてのさまざまな情報を得ることが多い。例えば、紹介者から伝えられる情報――そこには、総じて言えば、以前そのクライエントに関わった人たちのアセスメントが語られている。周囲の人たち、専門家たちは、そのクライエントにどのような印象を持ったのだろう？　どのような気持ちになったのだろう？　そしてそこではどのような関係が生じていたのだろう？　そうしたことは、セラピスト自身がこれからそのクライエントと出会い、関係を持っていくに当たって、核心的な重要性を持っている。

また、そのクライエントの来談径路――直接、電話帳やインターネット、書籍などを介して〝自力で〟コンタクトされる方がある。また、どこか診療・相談機関を受診して、そこから紹介される方がある。あるいはまた、上司、同僚、家族など、周囲の人に勧められて来談される方もある。いずれにせよ、この来談径路には、必ず、それが選択された訳がある。例えば、〝人を介さない〟道を選ぶ人、「人に勧められたから」という衣の蔭に隠れて来談する人、あるいは「人に勧められた」ことへのアンビヴァレンスを紛々とさせてくる人、などという視点から理解してみれば、そこには、そのクライエントの、心理的不調についての、ひいては、秘密や弱みについての態度が、また他者に対する依存や協働をめぐるスタンスが、感じ取られるものである。

さらに、クライエントの相談室へのコンタクトの仕方――ここで実際のその人が登場してくる。セラピストはそこでの態度や雰囲気の中に、クライエントが抱いている不安や期待（不安や期待がなさ過ぎることも含めて）のあり方を感じ取るし、そこに、当の問題に対するその人の態度も具現化されてくることになる――開業という場面は、こうした心理療法以前のクライエントの動きが見えやすいという特徴のある現場である。だから、そうした事前の情報や動きの重要性が鮮明に感じられるのである。

一つ具体例を挙げよう。[注2] 三十代後半の男性。私の知り合いの、ある企業の健康管理センタースタッフからの紹介。すでに初めて〝問題〟が顕在化してから八年が経過していた。彼は、もともと四国の出身。〝跡取り息子〟だが、大学は関西の有名大学を選び、一人暮らしをしていた。当時の状況は不詳。そして大学院修了後、「この業界では一番」の現企業に就職。当初割り当てられたソフトフェアの開発には、積極的に取り組んでいたらしい。ところが、三年後、東京に転勤となり、しかも営業職へ。その「やったことがない」仕事の負担のみならず、これまでになく「厳しい」上司の下、逐一ミスを指摘され、次第に〝ミスを指摘されないように先回り〟しては仕事を抱え込んで鬱々とし、その結果、報告や判断が遅れてさらに注意されたり、という悪循環の中で、吐き気、下痢に襲われ、出社困難→休職となった。その後、三カ月を経て「恐る恐る」復帰。担務を責任の軽いものにしてもらい、「定時に帰れる」毎日。それで「却ってホッとした」とも言う。実家の両親は、将来的には彼に実家に戻って欲しいと考えており、この時機に、彼は、勧められるままに何度か郷里の人との見合いをしたが、「遠距離恋愛なので」うまくいかず、結局、東京の結婚相談所からの紹介の人と結婚することになった。ところが、翌年にはこの妻が「うつ病」を発症。妻は、自身の実家の地元の精神科に入院したが、このあたりでようやく彼は、妻の実家との「価値観の違い」に愕然とすることとなる。さらに、妻は、退院後数カ月で自死。だが、この事実は、彼の両親の意向の下、ごく近親者以外には伏せられ、彼は周囲に対しても大きな秘密を抱えることとなり、同時に「妻を殺したのは私ではないか」という思いを拭えなくなってしまった。彼が通っていた精神科では「うつ病」の診断の下、SSRIを中心とした抗うつ剤が投与されていたが、彼の気分はあまり改善せず、健康管理センターのスタッフの勧めで私のところに紹介されることとなった。

この事例は、一見、妻の自死をめぐるインパクトの大きさが目立つ。しかし、注目すべきことは、実は彼が、その結婚以前に、いわばすでに時間を止めてしまっているということであろう。彼は、就職三年、上京後の体験以来、ほとんどまともな仕事ができていない。身体症状は一応改善したものの、本当の意味で「復職」が果たされていたとは言いがたい。その中で結婚を求めること自体、現実的とは思えないし、そういう結婚を勧めようとする周囲の思いも少々不可解だが（おそらく彼自身、「言えない」ことも多かったのであろう）、彼の人生は、こうして、この後八年間、悪循環に陥りこそすれ、生き生きとした彩りを欠いたまま低迷してしまっているように思われた。

彼に会う以前にさらに特徴的だったことは、彼が電話でのやり取りで、一方で〝模範的な〟対応をしつつ（連絡時間帯はキチンと守る、事務的な要件のみに「連絡」を留める、必要事項をキチンと把握する、など）、どうもあまり積極的な来談とは感じにくかったことであった。彼の声のトーンは生彩を欠き、ただ機械的、迎合的に〝模範生〟をしているかのようであった。

そして彼の初回での印象は、こうして実際に出会う前に私の中で積み重なった仮説を、みごとに支持するものであった。初回での特徴は、何より、主訴が曖昧だという点であった。確かに、彼は気分の落ち込みを述べ、亡き妻についての心のわだかまりを吐露した。さらに、現在もまた休職中であり、復職が第一の問題だとも述べた。にもかかわらず、どうなりたいのかのイメージはほとんど描くことができず、そのためにどのように取り組んできたかも、これから何かを始めようとしているのかも、曖昧なままであった。そこでの彼の主体性は大幅にどこかに切り捨てられているようであり、私は、何よりもこの受身性が一番の課題であろうと指摘し、そうしてようやく彼の実感を伴った反応を確認するところから定期面接をスタートさせることにしたのである。

この事例は、こうして滑り出すことになった。私がここで示したかったのは、セラピストは、こうして、さまざまな段階での仮説－検証の循環の中で一歩一歩クライエントのアセスメントを行い、それに基づいて、クライエントに対処する、ということである。それは、クライエントに提示するもの、提供するものを、その折々で判断し、修正していく面接のマネジメントに他ならない。大切なことは、その仮説を立て、その妥当性を確かめるというプロセスは、クライエントの関与を俟たなければ成立しないプロセスだということである。クライエントは、セラピストの側の〝情報聴取〟に基づいて一方的に断じられ、従わされるのではなく、自らそのアセスメントに参加する立場を与えられる。そしてこの意味での主体的な関与と、それに伴なうクライエント自身による〝新しい理解〟の発見、創造こそ、その後の面接を進める最も中心的な原動力となるのである。こうしたスタンスは、すでに最初のアセスメントの段階から推奨されなければならない。アセスメントはこうして、そのクライエント自身の主体的な関与と発見とを最大限に引き出す形で営まれるべきなのである。

3　「とりあえず」の危険と強み

こうした力動的なアセスメントの過程に異を唱える人の最大のポイントは、おそらく、「とりあえず」の仮説に基づいて動くことをめぐる危険性であろう。確かに生身のセラピストは、いくらトレーニングを受けていたとしても、見落とすところを残してしまうものだし、それが短期間のアセスメントとなれば、その可能性も高まる。そしてそれが何かクライエント／セラピストにとって危険な事態になるような場合も皆無ではない。実際、開業の現場は、社会的なバックボーンがない分、こうした危険に伴なう労力と痛手とは、おそらく他の領域よりもはるかに大きいし、開業そのものの崩壊が仄《ほの》見えることさえ稀ではない。

だが、この方法論を取ることにしてみると、まず第一に、セラピストが危機に晒される度合いが高くなる分、セラピスト自身の内の仕事に向かう緊張感と、それに基づく感知能力が向上する。加えて、クライエントの側も、こうして〝共に面接を構成する〟雰囲気の中に誘われることで、無意識の内に危機を訴える破壊的な行動化は、その頻度も程度も相対的に減少するように思う――もちろん、いわば無意識を侮ってはならない。共にあることへの誘いが、逆に激しい拒絶や破壊を導くこともある。セラピストはそこでも、職業的な緊張感と謙虚さとを失ってはならない。それは、セラピストの側の万能感との問題であり、その適切な統御がクライエントの未知の部分への畏れと、その創造性への敬意を構成するものとなる。

「とりあえず」を尊重するもう一つのメリットは、そうすることによって面接過程を、段階的、可視的に構成・契約しやすくなるということにある。「とりあえず」の目標は、手が届くたびに更新され、面接の再契約という形で、新たな目標が共有され、そうやって面接過程の現実性が保証されることになる。面接は、思い込みの上に構成されてはならない。思い込みは、折々に読み解かれていかなければならない。開業は、その場面が私的に構成されている分だけ、この面接の現実性が常に意識されることの重要性を教えてくれる領域なのである。

そしてさらに重要なことは、この「とりあえず」の尊重が、その後の面接の全過程に伴なうアセスメントを、より相互的なものへと引き上げ、次第にクライエントの自己理解の素地を形作ってゆくということである。面接の進展と共に、アセスメントはクライエント自身によって肩代わりされ、補完されるようになる。そしてそれは、見知らぬものを受け容れ、新しいものを創り出そうとする雰囲気の中で、クライエント自身が自らをマネジメントしていく礎となるのである――もちろん、クライエントの側がその誘いに乗れるかどうかは、一概には言えない。そうした〝自由〟や〝新しいこと、知らないこと、馴染みのないこと〟を拒絶しようとするクライエントも少なくない。というのも、変化するということは、何かを失うことであり、その意味で、必ず「怖い」ことだからである（Waska, 2006）。だがそうした反応は、そこにこそクライエントの創造性を殺《そ》いでいるものが示されているということでもある。そしてそこに、そのクライエントとの面接における最大のテーマの手掛りが見えてくるのである。

二　面接の場のマネジメント

さて、こうしたアセスメントを折々に携えながら、セラピストはクライエントとの関わりを構成し、案内してゆくわけだが、その場の構成・提供に当たってまず捉えておくべきことがある。それは、第一に、セラピストが持つ専門的なコンタクトは、たとえそれがたった一回の〝立ち話的な関わり〟であったとしても、必ずそれを支えている構造があるということ、そして第二に、その構造には必ず、セラピストが意図的に運営する側面ばかりでなく、非意図的に付随する側面があって、この両側面によってクライエント、セラピストの双方が行動の範囲と方向とを決定づけられるということ、第三に、その構造に支えられたコンタクトについての責任は、その意図的、非意図的側面の別に拘らず、セラピスト側にあるということである——開業は、特にこうした側面に敏感にならざるを得ない。というのも、その場での関わりの責任は全て、社会の中でその場を創っているセラピストの側に掛かってくるからである。これに対して、組織に属しているセラピストの場合、こうした側面はしばしば見落とされやすい。そこでは、まずはその組織がその社会的な責任を負ってくれる立場にあって、セラピスト自身、なかなか、いわばその有難味を感知しづらいからである。だが、専門職としての関わりについての社会的な責任は、セラピストがどのような場面にいたにせよ、常にそのセラピストの側にある。その場を構成し、提供しているのは、その場の上に立って関わりを持っているセラピストに他ならないからである。セラピストはそのことを十分意識して、知らず知らずの依存や驕り、自己愛傾向をよくモニターしておかなければならない。

1　場の設定

(一)　意図的な側面と非意図的な側面

従来、面接の構造化については、その意図的、形式的な側面の方が大きく取り上げられる傾向にあった。つまり、空間的、時間的、心理的な意味で、セラピストは、どのような場、どのような立ち位置、距離感で、クライエントと会うかといったことである。だが、少なくともクライエントの側から見る限り、そこには、そうしたセラピストの意図的選択を超えた側面の方が大きく見えることがある。言ってみれば、前意識になっていること、無意識のことの方が、意識よりも真実を伝えるからである。

その非意図的な要因の第一が、その場に自ずから存在している双方の社会的なポジションである。開業の場は、この意味で言うと、その設定が私的なレベルでなされている分、そこでの「役割」自体、大きく転移に色づけられやすい。それは、「カウンセリング」や「心理療法」の実体が曖昧であることと呼応し、例えば、開業の相談室を、「治療」の場と考える人もあれば、まるでお告げに等しい「アドバイス」を得られる場と考える人もある。これに対して既存の組織は、社会の中ですでに一定の役割を担っており、その分だけ、そこでのセラピストの役割ももっと自明なものとなる。例えば産業臨床においては、やはり就労問題が第一の関心事となろうし（そして、そうあるべきだし）、同様に教育臨床においては、就学問題が第一の関心事ということになるであろう。ボランティアにはボランティアとしての〝出過ぎてはいけない〟範囲があるし、非常勤職には、非常勤職として弁えるべき範囲がある（もちろん、個々の職場、個々の人に応じて、その範囲は変動するだろうが）。それは、偏《ひとえ》に、クライエントを、そして実はセラピストをも、護るための社会的な枠組みに他ならない。

つまり、こうして、セラピストがその場にいるときに担っている社会的なポジションには、固有に背負う期待と制限とが付与されているのである。この社会的な役割の範囲を自ら主体的に引き受けていくこと、それが臨床におけるマネジメントの基本となる――もちろん、転移はその範囲を逸脱させる。しかし、そのことを把握するためには、基準となる社会的、職業的な枠組みが押えられている必要がある。そしてセラピストは、その転移・逆転移の中に身を置きながら、その枠組みとの関係で、時には葛藤し、悩むことが重要である。そうした葛藤の中にこそ、実はクライエント自身の葛藤が映し出されており、そこに、社会の中で創造的に生きる道が模索されるからである。

場の設定において次にセラピストが気をつけなければならないのは、セラピストが抱く逆転移の影響力である。それは、まず、セラピスト自身が好む場の設定の中に現れる（正確に言えば、これはセラピストの転移である）。つまりセラピストは、しばしば非意図的に、自分との関係の中で期待されること、制限されることを設定している側面があるものである。こうしたセラピスト由来の誘惑と禁止とは、おおむねそのセラピスト個人の偏りに基づいて決定されており、クライエントは自身の偏りに応じて、その〝飴と鞭〟を魅力的に感じたり、不快に感じたりする。

さらに、そのクライエントとの〝出会い〟をめぐるセラピストの逆転移は、そこでの判断とそこで提供される場に伴なう情緒的な雰囲気を色づけ、固有の偏りを生じさせることにもなる――例えば、スクールカウンセラーがある生徒の「問題行動」について、その生徒の学年主任から相談を受けたとしよう。それだけのことからもセラピストの内には、さまざまな疑問が生まれてくるであろう。その「問題行動」の成り立ちやその校内での影響力、その歴史や背景、家庭での様子について、さらには、なぜ担任より学年主任なのか？　などなど。そしてセラピストは、それらについての仮説を立てつつ、スクールカウンセラーとしての自分に求められていること、でき得ることは何かを考えることになる。そして、まずはその子本人に会おう、という方針を立てるかもしれない。あるいは、まず担任に会おうと考えるかもしれない。さらには、その学年主任から話を聞くレベルでコトを収められるかもしれないと考えるかもしれない。そういう、見立て→意図的な構造の選択の中にも、セラピストなりの反応、例えば恐怖や警戒が、動いていたりするのである。実際、その生徒や担任を、〝被害者〟と見るか〝加害者〟と見るかによっても、対処は大きく変わってくる。そしてその理解の中に、すでに逆転移は大きく力を振るっているのである。

同様のことは、実際にクライエントと出会ったところでセラピストが抱く印象についても言える。セラピストはそのクライエントを「怖い」と感じることもあるし、「情けない」と思うことも、「不快」に思うこともある。逆に、「気の毒」と思うことも、「カワイイ」、「愛すべき人だ」と思うこともある。こうしたセラピストの印象は、自ずからクライエントとの距離の取り方に影響を及ぼし、多かれ少なかれ、〝もう近づかないように／近づき過ぎないように／もっと近づくように〟などといった暗黙の誘惑を含んだ雰囲気を提供することになる。

こうしてセラピストは、クライエントと出会う前の情報からも、また、クライエントと直接接した体験からも、さまざまな逆転移に晒されることになる。そしてそれに基づいて、クライエントから見れば〝とっつきにくい／話しにくい／一線がある〟ような雰囲気や、逆に〝暖かい／柔らかい／話しやすい〟雰囲気が、醸し出されることになる――もちろん、客観的にポジティヴで受容的な雰囲気が、クライエントにとって居心地のいいものになるとは限らない。例えば、ごく幼少期から悲惨な体験に晒され、失意と落胆の淵を経験してきた人にとっては、〝明るい〟人自体、心のどこかで羨望と憎悪の対象となり、「馴染めない」「好きになれない」といった印象が抱かれることは稀ではない。また、根強い人間不信という警戒の中に身を置いている人にとっても、そうした人は、誘惑的であったり、「ノーテンキ」であるように見えたりして、かえって警戒や不信を強化する結果に繋がることもある。セラピストは、こうして、中立的な中にも、その人に相応しいスタンスを意図的、非意図的に選ぶことになる。そしてセラピストは、すでにそこにエンナクト（再演）されているその時の転移・逆転移の様相をモニターしていくことになるのである。

場の設定におけるセラピストのスタンスに関連して、もう一点、セラピストはどのくらい「権威的」であるべきかという点に触れておきたい。結論的に言えば、私は、セラピストは専門家としての権威をキチンと引き受けるべきだと思う。それは、言い換えれば、自分の仕事に責任を持つということである（土居ら、一九九九／二〇一〇）。セラピストは、「受身性」の中に逃げ込むべきではない。開業の現場に象徴的に示される通り、セラピストは、紛れもなく社会の中で、一専門家として仕事をしている。もし自分に誤りや失敗があった場合には、それをそれとしてキチンと認め、場合によっては率直に謝る潔さを備えていなければならない。こうした態度は、一社会人としての社会的な責任を引き受け、クライエントを対等の社会人として尊重する態度であり、セラピストの行うマネジメントの源流をなしている必要があるのである――もちろん、セラピストの至らなさが全て〝誤りや失敗〟なわけではない。セラピストは、一人の人間として、クライエントに完璧にフィットする人間にはなり得ないし、そう期待するのは、クライエントの側の、あるいはセラピストの側の万能感である。この区別は、しかし、とりわけ自己愛的な問題を抱えた人との関わりの中で、とりわけ難しい問題となるのも事実である。

(二) 縦横の拡がり

〝面接〟の場の設定に当たって、今一つとても重要なことは、その場を現実から自閉させてしまわない配慮である。とりわけ力動的な心理療法理論においては、クライエントが生まれてこの方積み上げてきたものの集積に焦点が置かれることになる。認知行動療法からの批判は、人はまさに「現在」に生きているという点であり、力動派からの反批判は、その「現在」は過去の集積によって成り立っているという点である。にもかかわらず、セラピストの視点が「現在」を離れて「過去」（ないし、内的世界）の方向に向かい過ぎると、[注3]「現在」のマネジメントはその分手薄になる傾向が生まれる。そしてそれは、現実からの解離を引き起こす破壊力を持ってくるのである――この方向への誘惑は、それぞれのクライエントが持っている自分を閉ざそうとするシステム（Fairbairn, 1958; Novicks, 2003, 2006）の強さに応じて、クライエントの側からもなされることがある。セラピストは、面接の設定・運営に当たって、このことをよくモニターしておかなければならない。

もう少し具体的に述べよう。クライエントの空想（幻想）生活をはじめとした内的世界は、その人の行動や考え方、ひいてはその人の抱える「問題」を決定するのに決定的な影響力を持っているものである。ところが、それは、いつも外的世界から影響を受け、変幻する側面をも持っている。事実、心理療法は、この事実に則って成立しているのである。従って、その内面の実態を正しく把握し、健全な介入を構成するためには、それがいかに外的現実の中に立ち現れ、いかに外的現実を動かしているかという側面と同時に、いかに外的現実からの影響を受けているか、という側面も見極めていく必要がある。つまり、そのクライエントの内－外の相互作用を双方向的に理解することが必要なのである。

このことは、面接の中で扱われることが、いや、少なくともそこでのセラピストの目が、クライエントの内的世界のみならず、その人の現在の生活（life）の拡がりにも、さらにその人生（life）をめぐる歴史の流れにも、開かれていなければならないことを意味している。それがその人の生（life）を見る目であり、面接の構造もそれに応じて、その縦横の拡がりを掬い取れる器をもっている必要がある。それは、つまり、

①クライエントの現在の内面と、現実の行動
②クライエントを取り巻く人々の行動と、その人たちの内面
③①、②の相互作用とその歴史

に常に開かれているということである。セラピストは、こうした認識に応じて、とりわけ面接の構造化、再構造化にあたって、クライエントの保護者や配偶者などとの面接を取り入れることに自由でなければならない。実際、こうしたアンテナにどこか偏りが生じるとき、それは、面接の現実性が危機に瀕していることを意味しているのである。

セラピストは、従って、面接という現実そのものについてもまた、それがクライエントの現実生活の中でどのようなポジションを占め、どのような重みを持っているかをよく把握している必要がある。面接は、空想－体験であるばかりではなく、現実でもあって、しばしクライエントの生活の中で現実としてのポジションを占めることになるからである。もしセラピストが、その肥大化や過疎化に十分目が開かれていないと、そこでの実践は、現実性が色褪せ、自閉的で独りよがりの非社会的、自己愛的な方向に引きずられてゆくことになる。そして、結局のところ、クライエントの人生を侵害することになってゆくのである。

2　場の運営

（一）逸脱の管理

面接の構造は、必ず流転する。いや、それは生きているといった方がいいかもしれない（栗原、二〇〇二）。「約束」はいつも守られるわけではない。「約束の時間」一つとっても、例えば〝遅刻が一度もないのも抵抗であ

る〟といわれる（Greenson, 1967）ほどに、いつもいつもは守られないことの方がむしろ自然なことだし、面接の場の雰囲気や、そこでのコミュニケーション・モードも、その時々の双方の気分や感情のあり方によって変動する。「何でも自由に」をずっと実現するのはまず不可能だし、だからこそ、そこにこころの滞りを抽出し、共有していくことができるのである。つまり、はじめの設定は、必ず逸脱を生むし、その逸脱（「抵抗」）こそが、まさにその面接への参加者たちが、そしてその周囲の人々が、生きている証なのである。

ところが、こうした逸脱は、程度の差こそあれ、面接の構造を揺るがし、脅かす機能を持っている。いや、だからこそ、セラピストはそこにある種のインパクト（Casement, 1985）を感じ取り、何かこれまでとは違う重要なことに注意を喚起するコミュニケーションとしての意味に目を開かれることになる。実際そこには、どこか、否定したり、敵対したり、競合したり、あるいはおもねったり、しがみついたりするような側面があって、その逆転移の中に逸脱の真の姿を嗅ぎ取ることができるものである。セラピストはその逸脱を〝矯正〟する方向に焦ってはならない。構造は、クライエントに先んじてあるわけではないのだから。むしろ、セラピストは、これまで見えていなかったもの、それまで扱われていなかったものを伝えようとする意思に応じつつ、その逸脱を、面接をより豊かにする方向で活用するのである。それは、もっと概念的に言えば、最早その逸脱に訴えなくても済むようになる状態を目指して、その逸脱によって伝えられている内的な事情、とりわけそのことにまつわる不具合ないし滞りを解明し、解消する作業に向かうということである。

これは、基本的に、従来「抵抗分析」として捉えられてきた手続きだが、それを心理療法のマネジメントという側面から捉えたとき、いわばクライエントをもう一つ大きく抱える構造を提供する視点が生まれる。抵抗は、面接への反逆行為として糾弾されてはならない。むしろ、それは、クライエントと新たに手を組み、より適切な構造を創り出すチャンスなのである。マネジメントの視点は、こうした機能を明確にする。

(二) 構造の修正と再設定

事実、抵抗分析は、いつもそれ以前の構造に戻るのが望ましいとは限らない。例えば、とりわけ病態の重いクライエントの場合だが、週一回の面接ではどうにも「近すぎる」と感じてしまう人を前に、その感覚を裏打ちしているであろう呑み込まれる不安を対話のテーマとして持ち出す(「解釈する」)ことはできる。だが、果たしてその探求がいつもその感覚に対する最良のサービスかというと、そうではない可能性も無視できない。むしろ、例えば「試しに」、ないし「とりあえず」隔週に一回に頻度を落としてみて、その隔週に一度という体験と週に一度という体験とを実感的に比較してもらい、その中で、その感覚の差異を面接のテーマとする――そうして、例えばその呑み込まれる不安というテーマがクライエントの内でメンタライズされ、表象化されてくるのを誘う――という方法論も十分あり得るのである。同様に、例えば、隔週に一度ではやはりちょっと「空きすぎる」という感覚を持つ人には、「試しに」週一度にしてみてその実感を比較する、とか、対面法を「試しに」90度法にしてみる、「試しに」寝椅子を使ってみるといった変更もあり得るのである。

もちろん、こうして〝構造をいじる〟操作は、決して濫用するべきではない。構造は、クライエントとセラピストとが共有する現実であり、双方の心の動きをアセスメントする際の重要な準拠枠となるものだからである。だがそれは、逆に、いたずらに遵守するべきものでもない。むしろそれを〝いじってみよう〟というアイデアを支えている、まだ解明されていない転移・逆転移の絡み合いを視野に入れながら、その時々の両者の感覚を扱うのに最もフィットする構造を実験的に模索するのである。大切なことは、とりわけ週一回、隔週に一回という構造におけるアセスメントと解釈の限界を正しく弁えているということであり、そこでの欠陥、つまりクライエントのニーズにフィットし切れていない部分を、実感のレベルで探求し、共有してゆくための一つのツールとして、〝構造をいじる〟ことを視野に入れておくというマネジメントのあり方である。

こうした過程は、言い換えれば、転移感情の探求がよりしっくりくるような場のあり方を模索するプロセスだと言うこともできる。転移の探求と、それに相応しい場の模索とは、そのどちらか一方が配慮されなくてもうまく進まない。実際、探求についてのクライエントの心の準備は、十分に尊重されなければならない。〝早すぎる解釈〟は、どうしてもセラピスト主導の粗雑なものとなり、その分だけクライエントの自己治療への意思を傷つけることになるのが常だからである。セラピストはむしろ、時には〝今二人がいるところ〟を明確にしたり、また時には二人の居場所に手を加えることを視野に入れながら、〝共に探り、共に創る〟作業を保全する。それが転移分析の実際であり、それを支えるマネジメントなのである。

3　場の終結

セラピーの過程とマネジメントの過程とを再びはっきりと複眼的に捉える必要が出てくるのが、面接の終結をめぐる話題が登場する時期である。私は、先に触れた拙書（栗原、二〇一一a）の中で、開業セラピストは、〝芸〟を提供する芸妓の役割と同時に、それを提供する場のマネジメントを行う女将の役割をも果たさねばならないことを明示し、例えばクライエントが〝女将を呼べ！〟と言っているのに、芸妓が自分の芸ばかり披露し続けていても意味がないと述べた（二九四頁）。終結とは、面接の最初期と同じように、面接構造の提供そのもののことが話題になっている時だからである。

この区別は、しかし、その渦中にいるセラピストにとっては、中でも、芸を提供する芸妓（例えば、「分析」を旨とする「分析家」）としてのアイデンティティしか教育、認識されていないセラピストにとっては、なかなか難しいことが多い。そういうセラピストは、この事態を、唯一持てる芸としての解釈によって、なんとか乗り越えようとする。そしてそのことが、もっと日常の、社会人としてのコンタクトを求めるクライエントとの間に、さらに大きなズレを生むことになるのである――マネジメントという観点は、こういう場面で真価を発揮する。それはもちろん、解釈に代表される芸妓としての技を否定するものではない。実際、クライエントは、そこでの「終結」を、日常的、現実的なレベルではなく、空想や感情のレベルで持ち出してきている側面もあるからである。セラピストは、そこで提供されるべき解釈とマネジメントとの塩梅をキチンと見定めなければならない。そしてその見定めを支えるのは、他ならぬマネジメントという視点なのである。

さらに、面接の終了という事態は、クライエントよりも、むしろセラピストの方により大きな波紋を投げるものである（Dewald, 1982など）。そこには、それまでのクライエントへの思い（入れ）を含め、良い関係に基づく別れの辛さという側面も、あるいは、もっと否定的な感情に基づく攻撃心・復讐心や、それにまつわる罪悪感をいう側面もあるかもしれない。いずれにせよ、セラピストの心は揺さぶられる。そしてその分、その場の管理への配慮も、そうした逆転移の方に引きずられやすくなるのである。

こうしてセラピストは、改めてマネジメントという現実に立ち戻っていく必要がある。その場を設定してきたセラピストは、その場を適切に終える責任を持っている。言い換えれば、いかに〝終わり〟を提供するかということが、セラピストの最後の課題となるのである。面接の終わりには、それまで心の中に抱えてきた人生の中のさまざまな終わりの体験が投影される。とりわけ両者の関係が深ければ深いだけ、より深い、より外傷的な別れが投影されるものである。セラピストは、その最後の課題を、これまで扱ってきた文脈との関連の中で捉え、扱っていかなければならない。そして、同時に、そうした作業をする場を、ほどよくマネジメントしなければならない。

私は、基本、終結までの期間を、ほぼ三カ月間設定することが多い。もちろんそれは、一つの目安に過ぎない。面接の終わり方は、個々のそのクライエントのありようをよく反映して、千差万別なものとなる（Casement,

1990, 2006)。そのニードに応じて、セラピストはその場をマネジメントする。そして、そうやって設定された場の中で、〝終わり〟の悼みを味わい、抱えつつ、真に次の道につながるものを創り出すのである。

三　心理療法的マネジメントという考え方

さて、これまで述べてきた通り、開業の実践、いや、心理臨床の実践においては、ただ芸妓の芸だけでは、自らの仕事を社会の中に適切に位置づけることはできない。それはこんなふうに喩えることもできる。いくら手術の手技に長けていても、それだけで患者を癒すことはできないのである。その手技を生かすためには、それが最大限有効に作用するよう（最低限、有害にならぬよう）、細心の注意が払われた、消毒の行き届いた手術室や、その後の手厚いケアの存在が必要となる。そうした構造の下で初めて、患者は自らの快復力を育むことができるのである。だから、そうしたトータル・ケアが用意されないレベルでの手術は、取り返しのつかない致命傷を負わせてしまう危険性も高い。そしてこのことは、われわれの面接についても、例外なく当てはまることなのである。

開業は、こうした深刻さに日々晒されている。とりわけ個人開業では、すべての責任がセラピスト個人に向かって問われることになる。セラピストはその緊張感の中で、ただ手術だけをしようとするのは危険極まりない行為だということを身をもって知らされるのである。そして、そのことは、組織の中では、しばしば見過ごされているということも。さらに、もっと開かれた〝仕事場〟に出ようとするときには、この発想は、絶対に不可欠なものだということも……。

こうした意味で、私は、マネジメントという視点と技とは、心理臨床の実践を社会化するに当たって欠くべからざるものだと考えている。ただ、ここで明確に提示しておきたいのは、そのマネジメントは、それ自体、心理療法的に行われるのが望ましいという点である――このことは、一見逆説的に聞こえるかもしれない。実際、マネジメントという概念には、管理という側面が含まれている。マネジメントとは、アセスメントに基づいて提供する場を方向づけ、その方向づけそのものをその後折々のアセスメントに基づいて修正しながらも、そこからの逸脱をモニターし、その逸脱に示唆される新しい理解を発展させたり、その場の再設定をしたりすることであり、そういう循環の中で何かが熟成され、何かが創り出されるのに伴なって、面接の必然性そのものが解消されてゆくのを確認したところで、その場を適切に終えてゆくことである。その中には、明らかに場の保全と管理としての側面が含まれている。

だが大切なことは、それの管理そのものが、双方の無意識が指し示すところに基づいて、いつもクライエントと共になされてゆくこと、つまり、旧来医療モデルに根付いてきたような、パターナリスティックな管理とは一線を画しているということである。これまで述べてきた通り、セラピストは、仮説定立－その検証－新たな仮説の定立－その検証といった基本軸の上に立って、クライエントと共にセラピーの過程を創っていく。その過程は、優れて相互的なものであり、例えば、診断して－治療するといった図式とは、根本的に異質な発想なのである。クライエントは、セラピストと同等な参加者としての地位を保持される。いや、それ以上に、そのセラピーをリードするものという立場を与えられる。[注4]それは、究極的に言えば、クライエントの内の自らの人生の創出者としての主体性をサポートすることに他ならない。こうしてそのマネジメントは、それ自体が、実は優れて心理療法的なサポートを具現化したものなのである。

もちろん、セラピスト自身もその過程に参加している。そして、その過程の進行や、〝今何が起きているか〟を探求するのに、セラピスト自身の無意識は不可欠なツールとなる。セラピストは五感を研ぎ澄まし、クライエントを、そして、その場から伝わるものを最大限に受け止めようとする。そうしてセラピストは、そこから得られた理解を洗練し、それを面接の場のマネジメントの指針とするのである。セラピストには、こうして、面接の場やその過程を、自分自身の心の動きをも含めて対象化し、適切にマネジメントしていく責任がある。それは、その場を提供しているのは他ならぬセラピストだからであり、セラピストはそのことを生業としているからである。私はこの責任の感覚こそ、開業の中で際立ち、しかし実は心理臨床実践の基本を成すものだと考えるのである。

四　おわりに——開かれた密室としての開業

心理療法はもともと密室の中での実践としてスタートした。同様に心理テストは、限られた条件を設定し、その中に被験者を置くことで、その反応の個体差を捉えようとするところからスタートした。いずれも、いわば密室からのスタートである。そして、心理臨床は今、学校場面、産業場面、被災場面、「子育て」の場面などなど、より開かれた場に関わるようになり、〝密室の中にいてクライエントを迎えるところから、自ら積極的に出かけていくところへと大きな変革が起きている。それに伴なって、心理臨床のパラダイムも、そしてその方法論も修正されなければならない〟という主張がなされることがある。だが、心理臨床の本質は、果してそんなに容易《たやす》く修正の必要が生じるほど軽薄なものなのであろうか？——私は、逆に、そういう主張には、目先の対応だけ、つまりは手術の手技だけを問題にして、それが本当に機能するために必要なトータル・ケアを軽視、ないし無視した、表面的、迎合的な態度がないだろうかという疑問が沸くのである。実際、心理臨床の出発点となった開業の「密室」は、実は決して閉ざされた場ではないのである。いや、そうでなければ開業は社会の中で立ち行かない。

そこで、本稿の最後に再度そのことに触れ、結びに代えたい。

場の設定の項で述べた通り、面接の構造は、内的－外的、ここ－そこという空間軸においても、過去から未来に及ぶ時間軸においても、広い視界を包み込んでいるものでなければならない。だからそれは、例えば、クライエントの外的な生活や、そこに生きるさまざまな関係の中の人たちに対しても、開かれたものでなければならない。事実、面接の設定に当たっては、例えばあらかじめ配偶者の方と面談をしておくことが必要なことも稀ではないし（とりわけ、面接者とクライエントとが異性である場合）、再構造化に当たってそうしたコンタクトが必要な場合もある。先方からのコンタクトがある場合もある。セラピストは、そうしたチャンネルにもほどよく開かれていなければならない――もしそうしたチャンネルを疎ましく思う部分が動くとすれば、それはもうセラピーが自閉してきている証であって、要注意のサインなのである。

こうした姿勢は、面接を、「密室」の中の転移・逆転移関係だけから考えるのではない、もっと開かれた、アンテナを広く取った面接のあり方を示している。そしてそれは、われわれの営みを社会の中で成立させるためには不可欠なものであり、何より、クライエントが自己閉鎖的な滞りから、もっと開かれたシステムへの移行を促す媒体として是非とも必要な構造のあり方だと私は思う。確かに精神分析に代表される技法においては、頻回の面接という構造自体が、転移・逆転移関係をより濃密なものにするための方法論となっている。だが、その精神分析の中でさえ治療同盟の重要性が説かれるのは、意識的、現実的な世界との相互作用が排除されてしまう危険への警笛であろう。そして、われわれの多くが慣れ親しんでいるような、もっとずっと頻度の少ない面接の場合、セッション間の現実の時間に、どのような内的、外的生活が送られたか、とりわけ、セラピストとの関係で、そしてそれ以外の文脈で、どのような出来事が生じているのか、セラピストはそうした現実の流れを積極的に掬い取る努力をしなければならない。そうやってこそ「開業」は成立するのである。

こうして、開業は、セラピーの技法を支えるさまざまな配慮と工夫、とりわけその場の自閉を防ぎ、日常との移行を保障するマネジメントによって支えられている。しかしそれは、実はこの社会の中で仕事をする、開業以外の全ての心理臨床の実践場面についても当てはまる、最も基本的な部分なのではないかというのが本稿の趣旨である。私がマネジメントと呼んできた発想の基点は、「仕事」は「仕事場」に支えられてこそ世の中に通用するものとなる、というふうに言い換えることができるかもしれない。実際、われわれは自分の仕事を、「仕事場」に密着した、地に足がついたレベルにしっかりと位置づけられなければならない。そのためには、われわれにとって、マネジメントという視点が不可欠なものだと私は考える。ちょうど開業心理臨床の実践が、そのマネジメントをベースにしてこそ成り立っているように。

文　献

Casement, P.（1985）On Learnig from the Patient. Routledge.

Casement, P.（1990）Further Learning from the Patient. Routledge.

Casement, P.（2006）Learning from Life. Routledge.

Dewald, P. A.（1982）The clinical importance of the termination phase, Psychoanal. Inq., 2, 441-461.

土居健郎ほか（二〇一〇）「土居健郎先生を囲んで「臨床家としての姿勢」（第5回心理臨床家の集い　一九九九．二．二八）」、『国際基督教大学カウンセリングセンター活動報告』第二十号、一－一八頁

Fairbairn, W. R. D.（1958）On the nature and aims of psychoanalytical treatment. Int. J. Psycho-Anal. 39, 374-385.

Greenson, R. R.（1967）The Technique and Practice of Psycho-Analysis Vol. 1. Int. Univ. Press

栗原和彦（二〇〇二）「治療構造論」氏原寛ほか編（二〇〇二）『心理臨床大事典　改訂版』、二三三－二三六頁、培風館

栗原和彦（二〇一一ａ）『心理臨床家の個人開業』遠見書房

栗原和彦（二〇一一ｂ）「心理療法と日常とのはざま」『こころの科学』一六〇号、一〇八－一一一頁

Langs, R. (1973) The Technique of Psychoanalytic Psychotherapy Vol. 1. Jason Aronson.
Margenau, E. et. al. (eds) (1990) The Encyclopedic Handbook of Private Practice. Gardner Press.
Novick, J. & K. (2003) Two systems of self-regulation and the differential application of psycho-Analytic technique. Amer. J. Psychoanal. 63, 1-20.
Novick, J. & K. (2006) Good Good-byes. Jason Aronson.
小此木啓吾（一九九〇）「治療構造論の展開とその背景」『精神分析研究』三四巻、五－一二四頁
Waska, R. (2006) The Danger of Change. Routledge.

注釈

注1　事態を複雑にするのは、心理臨床を、支援の実践としてではなく、「学」として、つまり知識や理論を整備することを目的として捉える学者、研究者たちの存在であろう。確かに、心理臨床の実践そのものの中には、そもそも研究的な側面が含まれている。だが、彼らの関心は主としてそちらの方に注がれていて、その実践を社会の中で通用するものとするための配慮や技法については、あまりにも無関心であったりする。

注2　ここに引用する事例は、複数事例の経験からの創作である。プライバシーの保護のため、個別的な情報は全て改ざんしてある。あらかじめお断りしておきたい。

注3　ここに言う「現実」と「過去」は、それぞれ、「外的世界」と「内的世界」、「行動」と「こころ」と置き換えてもよい。

注4　このことを端的に表しているのが、ラングス（Langs, R., 1973）やケースメント（Casement, P., 1985, 1990）らが明示した、セラピストの介入の妥当性を、それに引き続くクライエントの〝反応〟から読み取ろうとする方法論である。その詳細については、拙書（栗原、二〇一一a、一九〇－二〇〇頁）を参照されたい。

第四章　来談者から持ち込まれるもの、面接者から持ち込まれるもの、肥大し朽ちていくもの

――臨床心理士・小泉規実男の仕事場

小泉規実男

はじめに

一九九〇年六月、私は十年弱勤めた単科精神病院を辞して、名古屋市近郊にある安城市に、有限会社小泉心理相談室を新築一戸建てで立ち上げた。共編者の亀井敏彦が名古屋市で株式会社はこ心理研究所を華々しく開設された三カ月後である。私の知る限りでは、愛知県での専従の開業臨床心理士は亀井が第一号であり、私が第二号である。以来二十二年、私も亀井も臨床系大学院やスクールカウンセラーなど非常勤として関わることはあっても、生活の糧を専ら開業心理臨床で得てきた。

二十二年間の開業心理臨床の舞台となった私の仕事場。この仕事場をどのように準備し、どのように生計を営みながら生き延び、開業臨床心理士としての職業的同一性を確立してきたのか、ここで改めて記述してみたい。そして開業臨床心理士の草分けの一人として、「来談者が持ち込むもの、面接者が持ち込むもの、肥大し朽ちて

いくもの」といった内容についてもいくらかでもお伝えできればと思う。還暦という年齢を超えた今、先達という立場でもの申すことも少しは許されるかもしれない。

「改めて記述してみたい」と書いたのは、『人間援助の諸領域』（田畑治監修、ナカニシヤ出版　二〇〇〇）の「精神分析の立場からみた開業領域の内的・外的現実」という一章を執筆させていただいているからである。この時は、起業する前の単科精神病院での私費面接経験と個人開業での私費面接経験とは全く次元の異なる転移・逆転移が生起する様について報告することを通じて、開業心理臨床の特質について論じた。その時の臨床素材と今回のそれが重複するとはいえ、起業前後一、二年の経験を割愛して私の仕事場について語ることは到底できそうもない。それぐらい起業前後一、二年の経験は際だっていたのである。そこで監修者の田畑治先生と出版社に、その部分の内容が一部重複することについてご了解を頂いた上で、できるだけ改訂しながら記述させていただくことにした。

私は臨床家であって研究者ではない。自分の経験を通じて語る以外の術を持たない私が開業の仕事場について語ることは自分を語ること以外なにものでもない。そういう私的な主観的な記述になるであろうことを最初にお断りしておきたい。

一　天職としての開業臨床心理士

私たちは何故臨床心理士になる必要があったのか、そして私は何故開業心理臨床家になる必要があったのか。そこには個人史に由来する必然性がある。そしてその意識的・無意識的動機づけに導かれた職業選択や職業的同一性によって社会的貢献がいくぶんかでもできるようになることで、私たちは一人の人間としての全体性が統合されたのを感じる。その時、ある種の達成感と安堵感を覚え、天職に就くことができたと実感するのではないだろうか。職業的適性という文脈ではなく、この仕事に就くことで私が私らしい人生を全うできると実感するという意味での天職である。本当にやりたい仕事を全うするために開業臨床という極めて不安定要素の強い個性化的な領域に踏み込んで行くには、自分の物語を全うさせたいという個人史的な動機づけが大きな力を担っているに違いない。

ここでは私の個人史を詳しく語るつもりはないが、少しだけ触れておいた方が良いだろう。私には、物心ついた頃から「本当の大人に会いたい」という切実な思いを抱いて、さまよい続けていたという内的な生活史がある。それが、生涯の職業選択について現実的に考え始める年頃になって漸く、かつての私のようにさまよっている子どもと本当の話をする相手になる、そういう職業に就きたいと思うようになった。そういう物語が私にもあるし、そういう個人史的な動機づけに導かれた必然性によって、納まるべき場所＝開業心理臨床という仕事場に辿り着くことができたように思う。辿り着くことで、私が私としての全体性を統合することができたと実感する。天職とはそういうものかも知れないし、開業心理臨床という領域にはそうした個人史や物語に動機づけられた必然性によって成り立っている面が少なからずあるように思う。

私は学生時代、かつての自分を捜し回るかのように児童福祉施設の実習先を渡り歩いた。大学の心理相談室や児童相談所でさまざまのタイプの子どもたちとも関わりを持ってきた。しかしついぞ、かつての自分のような子どもに出会えたと思うことはなかった。それが漸く三十歳にして、精神病院実習先である臨床心理士にお会いした時、私が子どもの頃から探し求めていた大人はまさにこの人だと直観した。その臨床心理士に同一化する形で単科精神病院に職を得ることに全く迷いがなかった。「本当の大人に会いたい」と切望してさまよう子どもの心に関わる職業を選択できるまでに七年要したことになる。

故村上英治先生のお力添えで南豊田病院という単科精神病院の臨床心理室に職を得ることができた。しかし今から三十年も前のことである。勤務した病院には常勤・非常勤の臨床心理士がいたが、臨床心理士としての専門性は未だ市民権を得られておらず、「臨床心理士とは何者か?」という存在証明は自分たちで勝ち取っていくしかない黎明期であった。私が採用されるにあたって病院から期待された業務はアルコール専門病棟の集団療法、内観療法、それに投影法検査であった。個別心理療法を中心に据えた業務を想定して胸膨らませて就職した私は、その現実に大いに失望した。週の大半はアルコール症者と家族に対する断酒治療と内観療法に費やされていた。私は臨床心理士がその役割を担わなければならない意義を見い出すことができず、退職したいと恩師の元を尋ねたこともあった。しかし、ここ以外に臨床心理士として生活していく糧がないとしたら、与えられた業務の中からわれわれの専門性や存在意義を証明していくしかないと諦念するしかなかった。

アルコール症者やその家族の病理に対する理解と援助の体系を臨床心理学的に再構成していく上で、当時わが国に輸入されつつあったコフート（Kohut, H.）の自己愛論やカンバーグ（Kernberg, O. F.）の境界例論、あるいは斎藤学の機能不全家族論が大きな示唆を与えてくれた。同じアルコールの仕事をやるしかないのだとしたら、臨床心理士が関わる意義を自分で再構築するしかない。その理論的根拠とすべくかじり始めた精神分析学であったが、精神分析に基づくスーパービジョンや個人分析を受けるにつれて、子どもの頃から漠然と抱いていた「本当の話」というイメージに「大人の中の子どもと関わる」精神分析の着想が符合するのを確信するようになった。こうした努力を少しずつ重ねる中で神経症や人格障害群の人たちとの個別心理療法を任せられることも増えていき、私の仕事場の拠点はアルコール病棟から外来での心理療法的面接へ、さらに保険診療から私費面接へと移っていった。外来での私費に基づく個別心理療法が漸くにして市民権を得られるようになるまでに七年ほどかかったのである。

こうして精神科外来での私費面接ができるようになったとはいえ、人間らしく生きていくことに困難を感じてさまよっている多くの人たちにとって精神科の敷居は高いし、精神科で私が関わってきた嗜癖者や重症の人格障害あるいはその家族も、厳密には分析的な意味での「作業同盟」を結ぶ段階にないと感じることが多かった。アドラー（Adler, A., 1985）は、「境界例と治療同盟を結ぶというのは神話である。偽りでない治療同盟が結べるようになった時には、その必要性は殆ど減じている」と述べている。内省的な作業同盟を結べる対象群と「本当のこと」を話し合う分析的関わりを求める私にとって、精神病院の敷居は次第に窮屈なものに思えてきた。フロイト（Freud, S.）以来多くの分析家が指摘してきた「面接を有料化することでダイナミックスが動く」という事実を外来での私費面接の経験によって目の当たりにしたことも一つの布石となって、フロイトの精神分析の原体験としての「開業」への憧憬がさらに私を強く駆り立てるようになっていったのである。

二　仕事場作りに向けての準備と出会い

すでに四十歳を間近に控えていた私にとって、〝開業実践は生涯の砦〟という志であった。雑居ビルの一室という発想は元よりなかった。私が開業の一つのモデルとした北山医院（現北山研究所：元北山修院長）がそうであったように、軌道に乗った暁には複数のスタッフと専門性を補いながらやっていくことも構想していた。何よりも「抱える環境」（holding enviroment：Winnicott, D. W.）作りを考えると、心理相談室用に設計した一戸建を建造したかった。幸い駅近くの静寂な場所に廉価な土地が見つかった。そして、どういう建物にするか思いを巡らしているとき、仲介してくれた不動産屋から「街中散策して、これはと思う建物を探し出し、家人に設計士を尋ねると良い」との知恵を授かり、辿り着いた家が後に愛知万博迎賓館を設計されることになった堀尾佳宏という建築家の研究所という巡り合わせだった。

堀尾は、「納得できる仕事しか引き受けられない。依頼者が今までどのように生きてきて、これからどういう生き方を始めようとして今ここに家を建てるのか、じっくり聴かせて頂いた上で引き受けられるかどうかを判断したい。依頼者と設計士の間に通い合えるものがなければ、その家は馴染みの悪いものになっていくだろう」と真摯な態度で私を出迎えてくれた。私たちが行う見立てと全く同じ態度であることに感動し、親近感を抱いた。私は彼に請われるまま、ここで行おうとしている開業心理臨床という仕事について、これまでの事例報告や論文なども含めて時間をいとわず説明したりした。興味深かったことに、彼が最初に提案してきた相談室のイメージは、地下室での暖炉を囲んでの面接風景であった。専門は違えども、彼も住まいを通して癒しを考える専門家なのであった。

独立開業している先達として、彼から教わったことは少なくなかった。佐伯喜和子（一九九〇）は「開業に向けてのさまざまな準備は、母親が妊娠期間中に生まれてくる子供を想いつつ、あれこれと準備する光景を連想させるものである」と述べているが、堀尾氏はいわば産婆のような役割も果たしてくれた。開業では看板や表札をどうするのか一つで、渡辺雄三が喝破したように「世俗の野心と魂の野心の中間領域を生きること」（二〇〇六）の難しさを生々しく問われ、選択を迫られていると実感することが多かった。少しでも目立つ大きな看板を掲げることで集客力を高めたい「世俗の野心」で揺れる私に、堀尾は「できるだけ目立たない小さな表札一つがいい。それが仕事の質を確かなものにしてくれる」と諭してくれた。私は小さな表札一つだけを掛けることにした。精神病院では医師やパラメディカルスタッフとの関係作りが潤滑油であったが、開業では、こうしたさまざまな分野の専門家や地域の社会資源との連携が本当に助けになると肌で感じ取ったものだった。

設計までに一年ほども要して完成した小泉心理相談室は、茶室風の数寄屋造りとなった。僅かではあるが道路から玄関に至る石畳のアプローチには、檜木立と熊笹の庭が入口に至る時空間を演出してくれている。屋根は母胎の、天井のライトは乳房の曲線を連想させるものとなった。竹から編んだ土壁には敢えて仕上げの漆喰を重ねず、自然素材のもつ癒しの要素が活かされた。内装は、コルク床、鉛板をはめ込んだ防音ドアなど、構造の問題で和洋折衷。面接室が三つ、遊戯室が一つ、事務室と待合室という間取りである。

建物が完成して最初に招待した渡辺は、しばらく横たわっていた寝椅子から起き上がるなり、「こだわりすぎている」と一言だけ発した。面接者の思い入れが強すぎることの弊害をめざとく指摘したその言葉に、私は「はい」と答えるしかなかった。開業では、備品やBGMの選択の一つ一つが来談者の内的対象関係を投影した転移の素材となる。鉢が一つしなびただけで、来談者は私も枯らされるのではないかと一喜一憂するようなことが起こる。このことは私の相談室で長年開業臨床に携わってきた店子（部屋を借りて面接を行うスタッフ）の転移・逆転移状況とは質的にかなり異なっているように見受けられる。渡辺の指摘は、転移の受け皿としての相談室という舞台はできるだけブランクスクリーンであるべき、ということであったろう。開業という領域に踏み出すとき、開業臨床家は個人的な物語や願望をそこに持ち込んでいる。来談者に対する私たちの思い入れの強さは、それ自体検討を要する重要なテーマであろう。

三　精神科での私費面接と開業での私費面接

ところで私が精神病院を辞して起業した折りに、開業先についてきた患者と中断に至った患者とがいた。ついてくるかこないか逡巡するつば迫り合いの様相が、開業臨床の特質や、開業臨床心理士の内的現実をビビッドに表してくれるものと思うので、二十年以上も昔のことになるが、ここで再び触れておきたい。

精神科外来で精神分析的に関わっていた患者の中で、開業先についてくることができず中断に至った患者が三例いた。一人は洗浄強迫を発症したキッチンドリンカー。一人は空想癖と引きこもりの強い摂食障害。ともに口愛的貪欲さが病理の中核にあって、治療費は親や国が捻出すものと開き直るしかないほどに自分自身に絶望している点で共通していた。その中断には患者同一性を奪われることへの抵抗が強く窺われるものであった。

もう一人の、中断に至った迫害不安の強い不就労青年の場合も、口愛的貪欲さという点では共通していたが、すでに精神科外来での契約時から、私の提案を受け入れて、かつての就労で蓄えた貯金を食い潰すかたちで週二回の私費面接に通っていた。その点で、前二者とは異なっていた。彼は精神科での面接初期において、いつ私にぶん殴られるかしれないとドア近くの椅子を確保し、私に馬鹿にされないために文字通り立って、具象的に私を見下して面接するというふうであった。数カ月して「僕のことだけ構って欲しい」と怒るように訴えたり、「羊水に漂うミイラ」としての自己像を想起して、「今、先生のお腹の中」とうっとり漂っていたかと思うと、突然「誰かが僕の首根っこを引き抜きにくるのでは」と廊下の足音に怯えるような治療的退行期に差し掛かっていた。ちょうどその頃に、三カ月後に私が退職して起業することを彼にも伝えることになった。彼は「これからは同じ料金でも、先生が僕を食い物にするのではないか。僕のことを想って面接するのではなく、お金のために僕のことを想うようになる」と食い物にされる幻想を具象的なものとして不安がり、私が退職するまでの三カ月間、開業先についていくかどうかで逡巡していた。私も内心、「これほど重篤な患者を連れて行って、何か問題でも起こされたら一溜まりもない」と迫害的な逆転移空想を抱いていたのである。当時の私は起業を間近に控え、開業への期待と不安で内心揺れ動いており、彼らしい迫害不安の体験の仕方として治療的に抱えるだけの「抱える環境」（Winnicott, D. W.）、「器としての機能」（Bion, W. R.）に余裕がなかった。一緒になって「分裂＝妄想態勢（Klein, M.）」に共振していたと言わざるを得ない。最終面接で漸く中断を決意した彼が最後に言い残した「大丈夫。先生を訴えたりしないから」という台詞は、私が密かに危惧していた恐れをそのまま言い当てているものだったのである。

反対に身銭を切って開業先についてくる決心をしたある重症対人恐怖症の患者は、相談室に通い始めてしばらくして、「先生が本当に親身に聴いてくれることのお礼としてお金を払うのは、経済的な苦痛だからいい。だけど先生が親身に聴いてくれるのはお金のためだと思うと悲しい」「なんで今さら契約書を書かせるんですか?」「この電気スタンドは僕のお金で買ったんですか?」と悲しそうに訴え、半年後、孤独感を訴えて中断していった。

四　来談者から持ち込まれるもの、面接者から持ち込まれるもの

開業先で訴えられる、こうした食い物にされる不安、お金や契約書を通じていやがおうでも明確になる他者性の問題は、当時の私が内心密かに抱いていた罪悪感と符合しており、彼らの悲しみは、私の心を少なからず痛めていた。起業してしばらくの間、私は彼らから直に裸銭を受け取ることができず、机の上に置かれた面接費を彼らが退室した後でないと掴みにくいためらいがあった。上述したとおり、私は精神病院時代から、管理者の了解のもとで、あえて私費による面接を何人かの患者に施行していた。「身銭を切る痛みを伴う方があなたの面接の質を高めると思うから」という私の誘いは、父権的な親身さの真摯な表現として受け取られる方が存外多かった。彼らが買う面接の価値は、そのまま彼らの自己評価を高めるものとして体験されたからでもあったろう。病院では私費面接といえども面接費の授受は外来窓口が行っていたが、開業先では例え金額（五千円）は同じでも、その裸銭を私が直に受け取り、それがそのまま私の食いぶちになっているという隠しようもない事実がある。その

現実に直面して動揺する彼らの不安を、私は十分に「抱え」、「器として機能」することができず、中断に至らしめてしまったと言わざるを得ない。

フロイトの「時間に関して、私はもっぱら一定時間を患者に賃貸するという原則に従っている」という言葉を待つまでもなく、常識的な職業観からして専門家としての技能を時間的に貸与するという正当な営みに対して、なぜ私はこうも負い目を感じてしまうのか？「高いだけのことはある」「まゆ唾ではない。信頼できる先生」と思われたい気持ちから解釈が過剰になったり権威的になったり、親身に扱ってあげたい誘惑に駆られる。そういう私とは一体何者なのか？　開業して私は、最初にこの壁にぶち当たったのである。

そうした逆転移の発生の由来について自己検討していくと、要するに私の中にも「お金の介在するギブ・アンド・テイクの条件付きの関係は偽りであり、無条件の絶対的な愛に基づくものこそが真実の関係である」という幼児的な全能感に根ざした超自我的観念や金銭的な貪欲さといった素地があることに思い当たる。しかし他方では、開業心理士としての寄る辺ない孤立無援さ故に、逆にそうした生々しい葛藤を否認して孤高の人として強がっていたい心境になっていたことに思い至った。このことに気付かされてから漸くにして私は、直接手渡しで裸銭を受け取れるようになった。面接中の融合感からお金を払う契約関係であることを忘れて帰ろうとする来談者を引き留めて、「まだお金を頂いていません」と堂々と手を差し出すことができるようになった。北山が指摘しているように「愛のためか金のためかという愛情と経済の二律背反は、文明人が分裂した態度をとってきた人間の古典的な葛藤」なのであり、彼らの葛藤を抱え、器として機能する前に、まず私自身がワークスルーされる必要があったのである。翻って病院時代の私は、潜在的にはこうした未解決の葛藤を抱えつつも、白衣に象徴される権威や構造という「抱える環境」に私自身が抱えられながら、自分の技量で患者さんを抱えているかのような錯覚を抱いていたに過ぎない。そのことを身をもって実感したのは、その守りを失った時であった。

小此木啓吾は「逆転移の発生する要因」として、「その治療者及び治療環境が置かれている外的な環境と、治療者の葛藤に由来する」ことを要因の一つに挙げている。何の後ろ盾もない開業臨床においては、開業臨床心理士の内的・外的な葛藤が逆転移という形で面接者・来談者関係にもろに反映されやすく、まさしく私個人が全体対象として、「抱える環境」や「器としての機能」の確かさだけで直接彼らと関わっていかなければならない。開業では、「金の切れ目が縁の切れ目という訳ですか！」「守銭奴！」となじられることもあれば、偶発的に生じた面接者の遅刻だけでも「先生が死んでしまったのではないか」とひどく動揺させてしまうこともある。私は起業までにそれ相応のスーパービジョンや個人分析を積んできたと自負していたが、改めて訓練を受け直すことの必要性を痛感したし、開業したからこそ三年半に及ぶ日本精神分析協会訓練プログラムに基づく週毎の教育・訓練が経済的・時間的に可能になった。そしてさらに、開業で得た利益の一部をそうした訓練に投資しようとする動機の中にも、痛みを伴う彼らのお金で食べていることとの罪悪感を相殺しようとする無意識的な意図が含まれていることに訓練の中で気付かされることにもなった。

ところで、中断のやむなきに至った先の迫害不安の強い不就労男子青年は、その数年後、開業先に電話を入れてきた。彼は私との中断の後、数年間に及ぶ治療ショッピングの間に、かつての就労で溜めた貯金の全てを使い果たし、母親との共生的な生活に逆戻りしているようだった。彼は、貯金を全て使い果たしたからこそ、「食い物」にされる不安に脅かされずに私の開業先に予約を入れることができたのだろう、と私は連想した。ともあれ、私は彼と再会できることを嬉しく思ったし、今の私なら彼の迫害的な不安を多少なりとも分析的に扱えるかもしれないと期待もした。その日、私は彼の話を一通り伺った後、次のように問いかけてみた。「ここでは、あなたが自分で稼いだお金で通って頂くことになるし、外出できないために欠席した場合にも、キャンセル料として全額を頂くことになるけれど、それでも僕との面接を再開したいと思って来られたの？　それとも……」と。すると彼は待ってましたとばかりに私を睨みつけ、「先生はお金のために面接をするんですか」と蔑むように吐き捨てたのだった。彼はこの数年間、その台詞を心の中の私に向けて一人反芻し、漸くにしてその言葉を私に叩きつけ、そして無意識的にはそういう自分を私に抱えてもらうために、何年もの間、さまよいながらも今日という日を待っていたのだろう、と私は夢想した。しかし私はそうした連想をそのまま伝え返すことはせず、今にして思えば多少気負いながら次のように応えた。「確かに今の僕は、面接することでプロとして生計を立てている。でも、そのことが貴方にとってはどうしてそれほどまでに心を痛めることになるのでしょう?」と尋ね返した。おそらく私の解釈はあまりに対決的に過ぎたのであろう。彼は威勢をそがれたように黙り、俯いた。その後に続く長い沈黙の中で、私は次のようなことを連想していた。子どもの彼は、無条件には迎え入れてくれない私を金の亡者と蔑みつつ、しかし大人の彼は、無条件に迎え入れてくれる保証なしには関係を持つことのできない幼児のような自分を「首根っこを引き抜くしかない」奴と蔑む。そういう分裂した二人の自分に混乱して言葉を失い、引きこもるしかなくなっているのだろうと。その連想をどのように言葉にして伝えられるだろうかと考えている間に、彼は長い沈黙を破って「また電話します」とだけ述べて、すでに一万円に値上がっていた面接料を机に置いて、足早に去っていったのである。その後、彼からの連絡は途絶えているが、私は時折、彼のことを想い出し、今の私ならどうするだろうかと自問自答する。

ただ、今こうして当時のことを改めて振り返ってみると、食い物にされる不安、食い物にする罪悪感という相克が「私とあなた」という二人の舞台のテーマになることは、それ以後あまりなくなっていることに気付く。私の中で、「愛とお金という古典的な葛藤」がすでにワークスルーされてきたことの結果なのかもしれない。要はお金のことで私がそれほど動じなくなっている。そうなると今度は、私の心を揺さぶることのできる他のチャンネルを来談者は手を変え品を換え、核心をまさぐってこようとする。自分の全存在をかけて私を揺さぶり、そのことを通じて不確かな自分という存在の確かさを確認しようとしてくる。死にたいと訴える来談者は、文字通り自分の命をかけて私を揺さぶり、そのことで、そういう私をお前はどう扱うつもりなのかと問いかけてくる。被虐待の経験をもつ人は、「どうせお前も最初の内は私を可愛がるようなふりをして私を弄び、やがて要らなくなったと放り出したり、暴力的に振る舞ったりするのだろう。だったら最初から『私の面倒は見られない』と言え！」と悪態の限りを尽くしてくる。そういうふうに、その来談者らしい個別的な転移のチャンネルを媒介として……。そのチャンネルの数が起業当初よりはるかに増えているということを改めて思うのである。

五　開業臨床心理士の容量と、来談者と面接者自身の見立て

起業してから間もなく二十二年を迎えようとしている。精神病院時代の十年弱の間に、「慢性自殺志願者」といわれる嗜癖者の病死は別にして、統合失調症寛解期と境界例一例ずつの自殺を私は経験している。幸い開業先での自殺はない。開業での対象者の大半が社会適応性のある人格障害と神経症の範疇、もしくは子どもとその家族である。行動化の激しい境界例や精神病水準の患者の多くは開業心理臨床の守備範囲を越えるため、精神科にリファーすることが多い。精神科臨床では転移が構造的に分散されやすいのに対して、開業臨床ではそれが面接者個人に向けて直線的に表出されたり、それを回避するための来談者からの中断が起こりやすい。加えて、例えば私の相談室の土壁を壊されたりした時に体験する私たちの身体像への傷つきのダメージの大きさ、あるいはストーカー的な行動化をされた時の開業臨床家の恐怖心などの逆転移を修復することは大変難しいものになる。護りの脆さは精神科臨床の比ではない。

反社会的家庭で育ったある若者が、ある精神科医から「あそこだったら診てくれるかもしれないと言われたか

ら」と思い詰めた形相で私の相談室を訪れたことがあった。彼は「もしここでも追い返されたら、死ぬしかない」と、分厚いコートのポケットの隅からナイフを垣間見せながら訴えたのである。その瞬間に戦慄した私の中の恐怖は、それが彼の中から溢れ出すほどの恐怖心の投影同一化であろうと理解することができていたとしても、一人の開業臨床心理士が抱えられるだけの容量をはるかに超えていた。

似たようなことを精神病院時代に経験しなかったわけではない。再飲酒して帰院してきた元やくざの親分が病院の玄関先で日本刀を振りかざしながら、「おい！　小泉を出せ」と怒鳴っていたことがあったが、その時の私は恐怖に戦慄するというふうではなかった。精神病院という構造はそうした狂気を抱える器としての構造と人材を備えているのである。

開業臨床心理士の抱える機能は極めて脆弱なものであるけれども、そこに持ち込まれてくる病理や狂気が、精神病院に比べて軽いものであるということは必ずしも言えない。精神科臨床は、心の闇や苦悶を病気という形でまとめ上げて、そういう私を助けてくれと藁をもすがる思いで対象希求して来院する患者たちを対象にしている。少なくとも、私は病んでいるという患者同一性を形成できるだけのまとまりを持った人が敷居を跨いで来る。周りの人たちも、ああ、あの人は困った人だという認識がある程度共有されているという布置がある。一方地域には、絶望感と不信感に馴染んでしまっているかに見える生活者に遭遇することが稀ではない。自身を病人として認識できない、心の痛みを痛みとして感じられていない人に対して、私たち開業臨床心理士は全く無力である。守秘義務のために詳細は語れないが、例えば、変質的小児性愛者や虐待者が社会的に尊敬を集めるような仕事に従事する大人によって密かに行われていた類の報道に接した時の驚き、意外性を想像して頂ければ言わずもがなであろうか。彼らは必ずしも精神病院通院歴があったとは限らない。

おおよそ、人の心に関わる業種で見立ての大切さを強調しない領域はないが、とりわけ開業心理臨床における見立の能力の如何は、文字通り生命線である。それは一つには、これまで述べてきたように、開業臨床心理士は、生活者であり臨床家でもある私個人が全体対象として「抱える環境」「器としての機能」の確かさだけで、直に素手で、一人彼らの無意識的葛藤の投影同一化に深く関わり、生き残ることを本分としているからである。開業臨床心理士の抱える機能に限りがあることを心しておかなければならない。いったん引き受けた以上は、結婚と同様、離婚してはいけないわけではないが、できるだけ途中で放り出すことにはならないよう、親のない子どもを作り出すことにはならないよう、お見合いとしてのアセスメントからインフォームドコンセントに至るプロセスは慎重を期さなければならない。私は臨床歴三十一年、そのうち開業歴は二十二年になるが、臨床経験を積み重ねれば重ねるほど、引き受けられか否かの判断に窮することが減ってきたなどということは、むしろ言えない。自分の偏りや技量の程度が見えてくればくるほどに、この人と結婚してどういう家庭を築き、どういう子どもを育てていけるだろうか、二人の力だけではにっちもさっちもいかなくなった時に、相手の親族はどれぐらい力になってくれるのか、長期的な経過を支えてくれるだけの経済的基盤はどれぐらいあるのかなど、見立てておいた方がよいことがたくさん見えてくる。それだけ、戸惑うことが多くなっているというのが実感である。

技法論だけでいえば、開業に適した、自分の器に合った事例を初回面接で選別することは可能なはずである。しかし実際には見立て違いが時に起こりうる。「あの先生に頼まれたら断り切れない」とか、渡辺が指摘した「世俗の野心」がもたげてくるような時は特に危険である。しかし「世俗の野心」というものはそう簡単に乗り越えられるものではない。実は「魂の野心」も自己愛的な押しつけがましさや排斥の論理を内包しているものでもある。終了した事例からの紹介とか、ホームページを見て来られた場合には、来談者との関係だけで見立てられるから見立て違いは起こりにくい。私も起業当初、「開業祝い」と称した「こげついた」困難患者を知り合いの精神科医たちからたくさん紹介していただいた。善意に基づくものだけに断りにくい。そして、そういうことは今だからこうして活字にできるのである。「背に腹はかえられぬ」思いで「世俗の野心」に流されてしまうことが、開業間もない頃も、そしてベテランと称される今でも起こりやすい。「魂の野心と世俗の野心との中間領域を生きることの難しさ」は開業臨床心理士の生涯の課題と言えるだろう。

六　開業心理臨床家の、肥大し、朽ちていくもの

開業臨床の見立てで一番難しいのは、われわれ開業臨床心理士自身の孤高の人的な自己愛の肥大と、技能の錆びつきと個人的な癖の繁殖、そして「井の中（の蛙）」の流れが停滞し朽ちていくものに対する見立てかもしれない。元々個人開業を目指す臨床心理士は、良い意味でも悪い意味でも自己愛的な要素が強い上に、その寄る辺のない孤立無援感故に反動形成的に孤高の人的な自己愛性が、一人純粋培養されやすい素地が危険な落とし穴としてあるだろう。開業先には案外、北山が自虐的世話人と称した、カウンセラーの自己愛を支えてくれるような来談者が寄ってくる。かつて神田橋條治が、ほどよい治療関係とは陰性のものが陽性のものよりいくらか多めに転移を構成している関係であると述べていたが、恋愛性転移や理想化転移には扱われていない不安が背景化している。面接者の孤高の人的な自己愛はこうした臨床的な直観を鈍らせるものである。

スーパービジョンの仕事もバイザーの自己愛や有能感を大変刺激する危険を秘めている。バイザーは、バイジーの抜き差しならぬ投影同一化に直にさらされている臨床実感に比べてある種の距離感がある。直に投影に巻き込まれていない高見に居て、バイジーなりに解毒し象徴化してきた投影物を読み取る。その作業には、バイジーのそれに比べてはるかに余裕がある。にも関わらず、バイザーの連想やコメントの的確さにバイジーからの尊敬の眼差しを向けられる。そういう甘味な優越性に危うさを感じるのは私だけだろうか。臨床以上にスーパービジ

ョンの仕事が増えていくことには弊害があるが、経済基盤が浮動的な開業臨床においては、個人分析やスーパービジョンは臨床面接に比べて安定した収入源となるだけに、そのバランスには注意を要する気がする。そういう私も仕事の半分近くが、そうした教育・訓練的な仕事に割り当てられ始めているのである。臨床家の、過ぎた講演活動の弊害について、かつて河合隼雄は「講演に慣れてくると、どうしても分かりやすさや受け狙いに走りがちになる」と警告を発していたのを思い出す。臨床のリアリティーは分かりにくさや曖昧さ加減の中にあり、来談者を抱えるとはわれわれの中の無力感につきあうということかもしれないのである。

ここに私が列挙した開業臨床の落とし穴は、別の見方をすると、巷に言う「創業者問題」に似ている。ある種の成功を収めたと慢心した者は、その瞬間から停滞や錆びつきが始まる。回りには同調者だけが寄り添って、新しい視点は生まれてこなくなる。三者関係の中を生き抜いて勝ち取ってきた成功であったが、いったん成功すると二者関係からさらに一者関係へと慢心して、いつしか「裸の王様」「井の中の蛙、大海を知らず」となりがちなのが人間の普遍的な性なのだと自戒したい。

われわれが属している職能団体、東海開業臨床心理士協会には、臨床活動を精神病院から始めた経歴を持つ者が多い。かつての精神病院では大なり小なり、臨床心理士としての職業的専門性を自分たち自身で存在証明していかなければならない過酷な状況があったからこそ、逆に人として臨床家として鍛えられてきたプロセスを、みな大なり小なり持っていただろう。また病院では、二人だけで面接しているようでも、そこには精神科医やパラメディカルスタッフらの第三の目が遠目に光っていて、それが公共性を持つものとしてわれわれを監視し、護ってくれていた面を見落としてはならない。私たち自身もかつてのスーパーバイジー体験という三者関係をいつしか卒業してしまっているということもある。

開業という密室での二者関係をいかに三角関係化していくのか？　集団の中で揉まれ鍛えられる機会をどのよ

うに確保するのか？　肥大し朽ちていきがちなものをいかに磨き続けて全体性・バランス感覚の回復を計っていけるのか？　そういう課題がとりわけ開業臨床心理士には問われていることになる。私自身はそういう反省の上に立って、最近はできるだけ事例検討会や学会という公の場で事例報告するように努めている。そうした場では時に分かってもらえなかったとか、恥をかかされて面子が潰れたというような小さな外傷体験が生じる。しかし分かってもらえないこと、言葉が通じないこと、恥をかいたり惨めな体験をしたりという経験を新たにするということも、実は三者関係を生きるということの重要な要素なのではないかと、自分を戒めるようにしている昨今である。

おわりに

開業臨床二十二年の間に一度、決して忘れることのできない無力で悲しい体験をしたことがある。詳細を口外することはできないので私の主観的体験だけで語ることになるが、「話せば分かるはず」と信頼していた機関から「話すら聴いてもらえない」門前払いを受け続けたことである。私は、その理不尽な出来事をどう受け止めてよいか苦悶する何年もの年月の中で、人にはどうすることもできないことがあることを身をもって体験した。どうすることもできないことが人生にはあるという当たり前のことが、自分には当たり前になっていなかった。その事実を受け容れるために私には「涙する」体験が必要であった。その出来事を体験するまでは、なんとかなるものとして人生を肯定的にのみ捉えていた。それだけ私は人に恵まれる人生を送っていたということだろう。しかし開業臨床に訪れてくる来談者の多くは自分ではどうすることもできない無力で惨めな体験を絶望的に繰り返してきた人たちなのであった。象徴的にはあの悲しい出来事によって、私は臨床家として何かが少しずつ変わり始めたような気がする。私にはあのように，どうすることもできない悲しい体験が必要だったのかもしれない，と思う。

冒頭に述べたように，私は「本当の大人に会いたい」という子どもの頃からの願望を職業的に実現する場として開業臨床という仕事場を創造し，「大人の中の子どもと，本当の話」をする方法論として精神分析的心理療法を実践してきた。そのために私は内省的な動機づけが確かで心理的素養のある来談者だけを厳選し，精神分析的な意味での厳格な治療構造を設定しようと努めてきた。ある種，禅寺の門前払いのように，である。こうした私の態度は私の「こだわり」を臨床の場に持ち込み，それに該当しない対象は排除するような治療者の転移的態度という一面があったろう。本当の話をしたいという私の願望は，本当の話をすることに不信と絶望を抱いている対象者に連れ添うことを一方で大変困難にし，変化とか成長というものに過剰な期待を抱いていた節があったろう。

最近，私の臨床観が，変化・成長を期待することより理解し受け容れることへとシフトしてきている。変化し成長すること以上に大切な価値は，どうすることもできないその人に寄り添い続けるために，私がその人の心の構造を歴史的視点に立って理解し受け容れ続けることのように思える。結果として変化や成長が二次的にもたらされることがあるとしても，ないとしても，それはその人の主体的な営みなのであって私の仕事ではない。子どもの頃，私が探し求めていたのは私を変えてくれる人ではなかった。ただただ黙って心を傾けてくれる大人だったのである。私も来談者もともに生き残っていった結果，来談者をして「私もたいしたものではないが，まんざらでもないなー」と実感される日が来るとしたら，開業臨床心理士として私は，私の仕事に希望を抱き続けることができるだろうと思う。

文献

Freud, S. (1913) Zur Einleitung der Behandlung. Gesammelte Werke VIII, pp.454-478.　小此木啓吾訳（一九八三）「分析治療の開始について」『フロイト著作集9』人文書院
乾　吉佑・小此木啓吾・佐伯喜和子他（一九九〇）『開業心理臨床』心理臨床プラクティス第1巻　星和書店
北山　修（一九九二）「精神分析から見た治療経済学」『精神療法』第十八巻第二号、四－一二頁
小泉規実男（一九九五）「開業心理士の内面現実とIdentity模索の過程」『精神分析研究』第三九巻第四号、九九－一〇一頁
小泉規実男（二〇〇〇）「精神分析の立場からみた開業領域の内的・外的現実」田畑治監修『人間援助の諸領域』ナカニシヤ出版
Menninger, K. (1959) Theory of Psychoanalytic Technique. Basic Books Inc.　小此木啓吾・岩崎徹也訳（一九六九）『精神分析技法論』岩崎学術出版社
渡辺雄三（二〇〇六）『夢が語るこころの深み』岩波書店

第五章　了解の円環

——臨床心理士・手束邦洋の仕事場

手束邦洋

一　Aがやって来る所

この小論で用いるAという文字は、この記号をもって誰か特定の匿名の人を意味させようとしているのではない。フランス語のl'autrui（他者）という語の名詞部分の頭文字であり、私が運営する相談室にやって来る人々の総称であり、人間にとっての他者一般を念頭に置くものである。私は私の仕事場について述べるわけだが、直接それを述べるのではなく、私とAとがそこでどう存在しているのかを述べることを通して仕事場について言及をしたい。私がいない時もそこに仕事場はある。建物と階段、いくつかの部屋、通路、壁、収納庫、装備、備品、それらは私が処分しない限りそこにあり続ける。それらの物の沈黙にも意味がある。物は外界を知覚し重要なことを知っていると思えるからである。私は物について書くよりもできるだけ物の視点で、できれば物が発する言葉で書きたい。

1　一つの時間とほかの時間

私がそこに行くと物は活気づく。事務机や椅子やパソコンなどが私の行動を促している。パソコンを起動し、周辺を片づけ、掃除をし、面接用のテーブルを拭いたりしながら、そこで私が一人でしていること、それは実にAがやって来るのを待つことなのである。Aがやって来る日時には「きまり」があり、それ以外の時間にはAはやって来ない。これは重要なことだ。この「きまり」について、『星の王子様』（サン＝テグジュペリ Saint-Exupéry, A. 1946／二〇〇〇）の中で、キツネが王子様に言っていることが参考になる。キツネは王子が自分に会いに来るにも「きまり」がいるという。「きまり」は「とかくいいかげんにされているやつ」で、「そいつがあればこそ、一つの日が、ほかの日とちがうんだし、一つの時間が、ほかの時間とちがうわけさ」という。「きまり」ができた以上、Aは今は不在だが予定の日時には必ずやって来る人として存在し始める。その間Aはイメージの人となっている。事態はAにおいても同じであろう。Aの内に、Aがやって来るのを待っている私が存在し始めている。

Aがやって来るのを待つ時間、物は私の支配下にある一方、私に何かを語りかけてもいる。天井や壁、ソファーや書棚、置きっぱなしの本、壁にかかった絵画、窓枠……、それらの物は私が今していること、心理状態を知っていて、Aのこととは関わりなく、し忘れていたことを思い出させたり、忘れていた感情、思念を唐突によみがえらせたりもする。私は自分が配備し、しつらえた物たちの存在のもとにいて、自分の内にいる。

二　交叉　境界面　円環

1　窟の比喩

ある頃からこの私の仕事場を〝窟《いわや》〟だと感じはじめた。それは『古事記』神話のアマテラスが高天原でこもった岩屋戸《いわやと》からの連想である（西郷、一九七五）。また窟という語にはプラトン（Plato　B.C.375頃／1979）の『国家』における「洞窟の比喩」のイメージも揺曳している。窟の外と思っている場所、現実の世界も、より普遍的な窟の内側にすぎないのかもしれない。Aにとって外部から岩で隔てられた洞窟であり、その戸であるが、Aが新たに生成するための石舞台のような場所でもある。その戸外の舞台の上に私もいて、私もまた何らかの生成を促されている……、と思念されたのである。窟について語るとは、窟の内側で起こっていることを語ることであるが、外から窟を語ることでもある。

ともあれ、この窟にて私は人々（Aたち）が入って来るのを見た。私の眼前に、あるいは傍らにAの存在を感じ、姿を見、声やつぶやきを耳にし、話を聞いた。窟の明暗、色合い、雰囲気はそのたびごとに変わった。誰か（A）がそこに存在することでその誰かに応じて部屋が変化している。窟がAを入れて呼吸し始めているのだ。それと共に私は自分の発する言葉がいつのまにか、やって来ているAの語調、アクセント、抑揚、言葉づかいに微妙に似てくることに気づく。それも周辺に見えている床や壁や天井などの動かない物の存在によって気づかされるのだ。表情や、姿勢、身のこなしなども微妙に変化していることに気づく。私以外に誰もいなかった窟に他者が分泌され、いわば汚染が始まっているかのようである。Aから言えば、そこを自分の場所、時間にし始め、私を存在させ始めているのである。

2　見えるものと見えないもの

私がAの身体を見る時、私は自分自身の身体の諸部分（鼻先とか、眼鏡のフレーム、手や足の一部など）を視野の辺縁に見てもいる。また身体の周辺にさまざまな物があるのを目にしてもいる。それらの物は私の周辺からAがいる所やその向う側に連続して拡がっている。Aを見ることは、Aの身体と、私の身体の諸部分と、周辺にある物とを同時に見ることなのだ。そしてさらに、Aが私を見ているのを見ることなのだ。Aが見ているこの「私の全体」を私は見ることができない。とりわけ私の表情やAに向けているまなざしを見ることができない。それでも私はAを見、Aが私を見ているのを私は見る。視線が交錯する所に、まなざしとまなざしの接触面ができかかっている。

目前のテーブル、足元の床、正面や側面の壁、天井、それぞれが座っている椅子、それらは私にもAにも見えている。私もAも同じそれらの物のもとにある。私とAとが共に目にしているそれらの物は、私とAとでは見ている面、角度が違うが私にとってもAにとっても同じ物である。私が見ているこの自己の身体諸部分はAにも見えている。それらは物と同じ資格で、私からもAからも同じ対象として見ることができる何かである。

私はAの全体を見、Aの身体の諸部分を「Aの全体」の部分として見ている。私は私の自己の身体諸部分が「私の全体」の部分なのだということが分かっている。私は全体としての自己の姿を自分の目で見ることはできない。Aの視点から見た自己の身体の全体を想像することしかできないのである。

私は他者の身体を一つの全体として見ることができる。しかし、自己の身体を全体的に見るためには、他者の視点、立場に移行しなければならない。

私が他者を見る時、視野の辺縁に同時に見えている自己身体諸部分は「私」という身体的存在に内属する諸部分でありながら、他者からはもちろん私からも見ることができる外的対象でもあるのだ。

そして驚くべきことに、私はAの目の瞳の表面に、私には見えない私の身体が小さく映っているのを見る。事態はAにとっても同様である。しかしそれはAの瞳に映っている私を見ている私の像、つまり鏡像ではあるが、他者から見た私の身体では決してない。私の全体としての身体は鏡像とは違った形で想像するほかないのである。

こうして他者のまなざしと自己のまなざしとの接触面ができており、同時に自己のまなざしと自己の身体諸部分との接触面ができていることが分かる。それらは自己の存在と他者の存在との境界面、主体としての身体と対象としての身体の境界面でもある。こうした接触／境界面を介して、自己と他者が交叉し絡み合っており、全体としての自己身体を想像する基体がそこに形成されているのである。

メルロ＝ポンティ（Merleau-Ponty, M. 1964／一九八九）に倣って次のことにも触れないわけにはいかない。私の右手が何かの対象に触っている私の左手に触れる時、左手は物に触れる手（主体）であると同時に、外（右手）から触れられる対象ともなっている。左手は物に触れそれを内的に感じる主体であると同時に、外からも近づきうる対象である。触れられている左手と触れている右手、自己存在の内在性と超越性とが交叉し絡み合っているのだ。

3　気分　分かる　話す

Aは何らかの気分を語り、そうした気分がどこからやって来るかについても語る。気分がどこから来るか分からないこともあるが、どこからかやって来るのである。

ハイデガー（Heidegger, M.）は『存在と時間』（1927／一九九四）の中で、人間は「現存在」であるという。「現存在」の本質は、「その存在をおのれの存在として存在しなくてはならない」、「現」にある「存在」だということである。現存在は「いつもおのれの可能性を存在している」「各自存在」であり、自己のあり方について（本来的か非本来的か、どの程度そうかなどを）了解している。ハイデガーは現存在が①気分づけられていること、②了解する（分かる）こと、③話すこと、この三つのことの根源は同じであると述べている。

ハイデガーの言う根源とは、現存在が世界に投げ出され、特定の可能性にはまりこんでいて他の可能性を逸している存在だということ（被投性）であるが、しかし現存在は自己の本来の存在可能へ向かって自由であり、その存在可能を自己に先立って投げかける存在だということ（企投性）である。

現存在が気分づけられていること、例えば「人の目が怖い」という気分を表明することは、「引きこもる」などの特定の可能性にはまりこんでいる面から自己を開示している。現存在が了解するということ、例えば「それは私に負い目があるからだ」と分かり、それを語ることは、現存在の企投性という面、本来の存在可能へ向うという面から自己を開示している。Aが話すことは、気分を表明し、自己を了解しているその内容を開示し、聞き手（私）に自己の本来の存在がどう可能かということを投げかけているのである。話すということが世界に対し本来的な存在可能を自己に先立って投げかける一つの投企であり「被投的投企」なのである。

現存在が話すことの内には聞くことと黙ることとが含まれている。Aは話し、そして自分の話をやめて私の言葉を待つ姿勢にしばしばなる。話すことが投企だというのも、私の言葉を聞くことまで含んでの投企であり、了解の円環、相互存在への投企なのだ。しかしまたAがある気分に支配され、被投性を脱却できないために、話すことを途中でやめたり、黙るということがある。精神分析で言う抵抗ということである。

4　了解の円環

Aの話を聞いて私が分かるということは、私が分かることを通してAが自分のことを分かるということである。自分が何を分かっているか、どう存在しようとしているかが改めてAに分かるのである。被投性はそこで新たな階梯を踏み新たな気分がやって来る。

こうしてAが話し私が聞く（分かる）、私が話しAが聞く（分かる）という円環が成り立っていく。Aが話す際に、私の耳の所で接触／境界面が生まれており、私が話す際に、Aの耳の所で接触／境界面が生まれている。この接触／境界面が、交替しながら、循環していくことで、了解の円環が生まれ、私の存在とAの存在とが交叉する。話す――聞くという行為の意志的継続によって、了解の円環が維持され、了解内容とそれに基づく相互存在が深められていく。

そこにはまた、不満や不信、離反、反抗や挑戦、破壊など、そうした円環性の欠如した様態も生じ、危機が生じることもある。

話すことは了解の円環、相互存在という未来を胚胎している。そういう意味では、話すことは未来を地平とする現在の行為である。治療的面接の継続は、それまでの話の時間を過去にしていくことであり、自己を来るべき時間へと投げかけることなのだ。

そのようにしてAは自己を時間の内に投げ込んでいるのである。相互を時間の内にあるものとし、自己を時間化していくのである。ハイデガーの現存在分析論や西田哲学を批判的に摂取しつつオリジナルな精神病理学を築き上げた木村敏（一九八二）によると「時間とは自己の別名にほかならない」。

話すということは他者に了解を求めることであるが、その際、言語という象徴－記号システムを用いている。

5　言語の社会性

私がAの話を聞く時間をくりかえし持つ時、いつも最初の二言三言のやり取りで、それまでに語られて来た事柄、窟で過ごしてきた時間がすぐに思い出されてくる。言葉は、その時と場所において活気づく多義的意味、相互存在から発する味わいの深みを持つ。言葉は「事」の「葉」であり「端」であり、発生的には事柄と無関係な記号ではなく、事柄と不可分な象徴であろう。しかし他面において、言葉は共同体が持つ言語記号システムとして発展してきており、この記号的側面において可能となることも少なくない。

例えば、言語の記号性によって、言葉が他者によって再現可能なものとなるのであり、そのことは他者による言葉の理解の条件でもあるのだ。同時にそれは自己によって再現可能なものとなるのであり、私はあることを何度でも反復して話すことができるのである。

話すことは、気分づけられている自己のあり方や、その了解の内容を象徴的に開示すること、ハイデガー(1947／一九九七）風に言えば、「存在からの語りかけ」を言葉にすることであるが、使用している言語の記号性や社会性を引き受けることでもある。

私とAとが相互存在する場としての窟は、共同体の言語（日本語）を使用するということによって、この言語社会の一隅という場所性を持つのである。話す――聞くという行為の接触／境界面は、Aと私の双方がその内にいる言語社会との接触／境界面につながっている。話すことは言語世界に対する投企であり、自己を話す主体として言語社会の内に位置づけもするのである。

治療面接の終結は、面接の終わりの向こうの言語社会が地平として見えてくることである。それはAが新しい固有の時間の中に自己を投げ込むことであり、窟における全時間を過去にすることである。

三　自己の発生　呼び声　相互存在の可能性

1　自己の発生

了解の円環、相互存在などの事態が可能であるためには、Aを見る私と、私の自己身体部分を見る私とが同一であること、また、Aを見る私とAに見られている私とが同一であることの了解が必要である。それはAと私のそれぞれが一つの全体なのだという原了解であり、視覚と触覚（体制感覚）の統合、全体と部分の統合ということでもある。

この原初的な自己の同一性がなければ、見る私は自己の身体的基盤を失い、見るという働きだけが浮遊する。他者や物の圧倒的現前に対して身体的な接触／境界面を限定することができないので、他者や物のまなざしは自己の身体に侵入してくる。体に感じられたものが見られたものと統合できず、自己と他者、自己と物は未分化となり、世界は混沌に帰してしまう。

逆に言えば、この自己同一性の確立が、自己と他者の分化、自己の発生、自己と他者がそこに存在している世界の発見を画するものとなるのであろう。

『古事記』など世界各地の神話における創世譚は、共同体の発生という次元で、自己の発生と同じことを語っているのではないだろうか。それは後の世において世界の発生を「見てきたように」語り説明する想像力の所産であるが、言い伝えを語り継ぎ書きつける人間（『古事記』で言えば稗田阿礼、太安万侶）は、創世時に世界の外から世界開闢《かいびゃく》の様子を見ている超越的な話者に自らを擬しているのである。語られた世界という視点から見れば世界の発生の以前においては、すべては混沌の海に没している。個体としての自他の分化、自己の発生、世界の発見というプロセスについての話も、同様の事情の下に、すでに自己同一のもとにある主体が、自己や他者に了解が成り立つような仮説、物語としてそれを考え、語るのである。

それにしてもこの人間の基本的な自己同一性の確立、自己の自己性の確立、「無の自覚的限定」（西田、一九三二a）は、そもそもの初めから本来的な脆弱さを抱え込んでいるのではないだろうか。そういう視点から、さまざまな欠如的、病的事態の発生の可能性の根拠を考えることもできる。

2　自己像の不確かさと語り合い

私はAの身体を全体的、統一的、まとまりのあるものとして見るのに対し、同時に見えている自己の身体のほうは、部分的、断片的、不安定なものとしてしか見ることができない。視覚像としての他者と自己との間に、こうした構造的不均衡がある。他者の姿の全体感、統一感、同一感に対して、自己のそれは、不全感、断片感、非同一感のもとにあるのだ。感情の言葉で言えば、他者は〈よい〉が自己は〈悪い〉のである。

しかし原初の自己同一性が確立された後には、この不均衡にはすでに相互性が生じていて、Aから見れば、私のほうこそより全体的、統一的、同一的であり、私が〈よい〉のでありAが〈悪い〉のだと、いうことが分かる。

ジャック・ラカン（Lacan, J. 1953~1954、一九九一）は、その鏡像段階論において、鏡に映る自己像を、自己身体の統一性の先取りをするものとして、人間の想像的自我の原形であるとした。また、われわれは他者の目の瞳の上に自己の鏡像を見る。これらの「私を見ている私」の姿（鏡像）を参照軸として、不在の自己身体像、つまり他者（外部）から見える自己の身体を想像することができる。自分には見えないが故にどんな姿を想像することもできる。全体的、統一的に見える〈よい〉他者によって、それは認められ受け入れられるか、無視され排除されるかするものである。つまり〈よい〉ものであったり〈悪い〉ものであったりする。万能感に満たされたり無力感に苛まれたり、動揺は免れない。

他者については全体が見えるが自己については部分しか見えないというこの構造的不均衡は、人間の目が身体の内に埋まっているということからくる。身体の外に出ることはできない以上、自己身体の全体を見ることができないのは人間の条件である。相手がどう見えるかを語り合うことはできるが、言葉は直接的に視覚像を提供するものではない。

語り合い、その了解の円環の中で、他者／自己の交叉状況にある自己は、想像的なものであると同時に現実的なものである。共同体の言語という、自己のものでも他者のものでもない第三項によって、自己は互いに名指され、語られ、また話す主体として出現するものとなる。自己の脆弱性が相対化され、自己の自己性、他者の他者性が同じ世界の内で投企されるのである。

3 「良心の呼び声」

ハイデガーは、現存在は「良心の呼び声」によって、日常的世間的な（人並みの）あり方から、被投性という「負い目」ある固有の存在のあり方へと呼び出されるという。現存在は死へ向かう存在であり、死において自己を取り戻さなければならない存在として、「良心の呼び声」においてその先駆的覚悟を自己の存在の根底から呼びかけられているというのである。これは西田幾多郎（一九三二b）が『私と汝』の中で示した「絶対の他の呼び声」に相当するのではないか。西田においてはそれは「汝の呼び声」でもあるのだ。

現存在がそのような呼びかけを受け得る存在だということが、人間が臨床活動をするということの存在論的根拠ではないのだろうか。それは臨床的事態にある「絶対の他の呼び声」、「汝の呼び声」でもあるからである。ではは臨床的事態はどのような様態として考えられるのか。以下、私なりの現時点での理解を示すことにするが、木村敏の「病的現存在」の理解（一九八二）や「構造的メランコリー」という概念を提出した加藤敏（一九九四）などの所説を念頭に置いていることをお断りしておく。

4　四つの問題圏

（一）統合失調症圏

統合失調症的現存在においては、他者や物の圧倒的現前に対し、自己存在の同一性が危機になっていると思われる。体に感じられるものと見られるものとの統合ができず、自己と他者の相互性が成り立っていないため、他者の存在は裏付けに欠け現実感が失われている。身体像が不安定で、自己身体はともすれば他者によって容易に侵入され、内部に住まわれてしまうかのようである。

木村によると統合失調症の人々は、常に未来の恐怖を先取りするために予測不能な未来に圧倒されるあり方（アンテ・フェストゥム＝前祝祭的）をしている。彼らは未来の未知性に際限もなく脅かされているのである。

（二）うつ病圏

自己と他者の分化は原初の同一性（無）の喪失を意味するものでもある。この「何を失ったのかわからない」原喪失が、自己の存在を負っていくことについての「負担」「負い目」を生む。加藤敏（一九九五）が「構造的メランコリー」と名付ける原喪失感が人間にはもともとあるのではないか。うつ病的現存在は、何らかの取り返しのつかない過去の出来事にとらわれることを契機に「構造的メランコリー」に席捲されてしまっているかのようである。そのために日常的に出会う他者との間で現実的な「負い目」が生み出され、無気力状態や役割同一性の固執、躁的防衛などが生じ、悪循環に陥っているように思われる。

木村によると、うつ病の人々は、取り返しのつかない過去がますます逃れがたい重荷となるあり方（ポスト・フェストゥム＝後祝祭的）をしている。彼らの現在は容易に過ぎ去らない過去に占拠されているのである。

（三）境界圏

自己の身体の全体が自分には見えないことは、逆に自己の身体をどのようにでも想像することができる根拠でもある。そのことが想像的自我の活動の基盤ともなる。想像的自我は、自己愛的、万能的なものである。

境界例的現存在においては、想像的自我がそのまま自己として他者に認められ受け入れられることが求められている。対象喪失は自己喪失となるため、強い不安や抑うつが生じる。自己が真に他者に認められ受け入れられるためには、自己愛性や万能性を相対的に放棄（喪失）して言語の間接性を受け入れなければならないが、そのために必要な相互存在の前言語的基盤が未生成であるように思われる。

木村によると、てんかんや躁病、非定型精神病、境界例、さらには種々の神秘体験や集団的法悦は、一過的な現在の意識解体というあり方（イントゥラ・フェストゥム＝祝祭的）で存在するという。また、境界例の特徴を「現在の直接性への没入」と述べている（一九八八）。

（四）神経症圏

現存在は、社会的言語を獲得し始め、他者（たち）との間で話す主体として自己を確立していく途上にあっても、欲望という点では自他の未分化な状態が続く。「欲望とは他者の欲望である」（ラカン Lacan, J., 1953～

1954／一九九一）。他者の欲望の実現を見て、主体は自己の欲望に気づき、身体内部にそれを位置づけたり、それについて考えたりするのである。欲望の内容やその抑圧のあり方が、社会によって異なり時代によって変化することも、欲望の他者性にその根拠があると考えられる。

欲望が超自我の禁止の圧力の下で自我によって抑圧され、抑圧されたものの回帰という形で、神経症的症状や問題行動が出現することはフロイト（Freud, S. 1915／一九六九）以来周知のことになっている。

神経症的現存在における症状の回復のためには、欲望を言葉で語ることができること、自己が他者との間で欲望を持つ主体として成り立つことが必要となるのであろう。

5　相互存在の危機と可能性

心理臨床家にとってのクライエント（Aたち）の話は、一般に、苦悩の訴え、助けを求める声として気分づけられている。

悩みを持つ存在としてのAの話を世界への投企として私は聞き、了解していく。私の了解を通じてAは自己をそのようなものとして了解していく。私がそのAの了解をさらに了解することで了解の円環が循環、連続し、相互存在が創造されていく。しかしこうした円環の循環性、連続性、存在の相互性が欠如した様態も生じ、危機が生まれることもある。そもそもAたちはそのような危機にあるが故にここにやって来たのだった。

私は、現に目の前にいるAの表情や声の調子などから、ある気分のもとにあるAを直接的に感じてもいる。Aも私の身体的な様子からある気分のもとにある私を直接的に感じ取っている。表情や声は間身体的表現（メルロ＝ポンティ）であり、それらは「自分には見えない自分の身体」「相手が聞くようには聞こえない自分の声」である。気分、情態性は現存在の被投性を現す。ここで了解作用が成り立っていかない限り、相互の気分は方向づけを失って融合もしくは対立する。自己愛的万能的想像活動は活発化するが、それが他者に直接的に受け入れられることが企図され行動化される。

こうした状況においては、言葉に意味内容を読み取ることよりも、相手が自己の存在を認め受け入れているか、無視し排除しているかの表情（相貌性）を感じ取ることが優先されるために、言語の相貌性と論理性の間に衝突が起こり、意図の取り違え、錯覚、思い込みがひんぱんに起こりうる。

言葉は誤解のもとである。言葉の理解はしばしば内的衝突を引き起こし、その修復を試みること自体がさらに混乱を増す。現れるイメージは乱舞し、自己像は嵐の波間の舟の帆先のように揺れ動く。ラカンの言葉を借りればそこは〝想像界〟であり二者関係の世界である。知覚判断は短絡的、断片的となりやすく、あらゆる制約がそこでは存在性が失われ、治療的契約は容易に無視される。

自己の見えない全体はどこかに消えてしまったごとくであるが、その回復こそが投企されているのである。さまざまな不満と怒りをAが私にぶつけ、不信を表明し、治療的枠組みとされたものを次々と破壊していくが、ラッキョウの皮むきをするかのように、最後に、私の治療者としての主体に象徴的－直接的にぶちあたり、自己の主体を回復（獲得）し、相互存在が達成されるということがある。この場合、Aが、自分の力で治療者を破壊し創り出し、治療的関係を破壊し創り出したと感じることができることが重要である。

ウィニコット（Winnicott, D. W., 1971／一九七九）は、創造性についての独自の見解を発展させている。赤ん坊にとって最初の対象（乳房）は、赤ん坊自身が創造したものであると錯覚できるように、「ほどよい」母親によって与えられる。赤ん坊の万能感にとってそれは自分が創り出したものである。しかしまた母親はそのようなものとして自己（乳房）を創造してもいるのである。ウィニコットはこのことを母親の側の赤ん坊への「適応」と呼んだ。治療者－クライエント関係が相互存在として成り立っていくということの中にも、こうした相互の創造性が働いていると思われる（手束、二〇〇五）。

こうして相互存在の前言語的基盤が創造される。その層の上に、それと不可分に、それを条件として、話すことによる了解の円環、相互存在の生成が可能となるのである。

四　親密さと他者性：臨床家のポジション

1　親密さと他者性

私は時々Aの語るうちの少数の言葉を反復して返している。Aは自分の発したと同じ言葉が、私から発せられることを聞く。Aは自分の言葉、自分の存在が、私にどう受け止められているのだろうかということを感じ思う。私という他者が何かを分かっているかもしれないということを感じ始める。ともあれ私はAにとっての特異な他者になり始める。

Aが話すということを継続することも、この臨床家の他者性、不透明性、にもかかわらず感じられる安心感、親密さに促されるのではないだろうか。安心感、親密さの部分は、私が微妙にAに似てくるという側面からやって来る。Aが自己を私に映しているのであるが、私もまた、その動きに内的に沿うために、Aに似るのである。それはAの存在を感じ、直接的に了解していこうとしていることから来る。他方の他者性、不透明性のほうは、私が外から、超越的な視点からAについて、また私（内的にAを感じ直接的に了解しようとする私）について考え、間接的な了解を進めるためである。親密さは外部に他者性を感じ、他者性は内部に親密さを抱えているという関係になる。分析的思考や解釈がこうした関係の形成と深化に役に立つ。

私が内的にAを感じ受け入れることは、Aが内的に私を受け入れることを結果するだろう。相互内在性が形成されていくのである。しかしまた、超越的な視点からAについて考えることは、Aが私を外から観察し、考えを巡らせることにもなる。臨床の時間は、親密な時であるが他者の時でもある。〝他者の主体性とは、他者が私にとって親密な未知性として現れるということである〟（木村、一九八三a）。相互内在性が成り立つ時、相互に自己自身の外部（底）に、〝絶対の他〟としての〝汝の呼び声〟（西田、一九三二b）を聞くことになるかもしれない。

2　物のつぶやき

Aが語る物語の〝物〟とは、〝物の怪〟の〝物〟であり、〝万の物の妖悉《わざわいごと》に発《おこ》りき〟と『古事記』に言うように、根の国の悪霊たちをも指す（西郷、一九七五）。語ることは騙ることに通じ、人をたぶらかすことでもありうる。そういう意味ではAが語る恨み憎しみに満ちた物語はAが脱皮しなければならない殻のようなものである。しかし、脱皮の場所を目的地と定めて急行するのではなく、物語を流れに沿って聞きながらも、主流には入らなかった他の物語、逆流や深層の流れ、流暢には語れない真実をゆっくりと聞いて、より大きな物語の形成によって初めの物語が解体していくのを待つ姿勢が重要である。

このより大きな物語における〝物〟とは、本来は他者と自己がそこから生れてきた原初の同一性の存在であり、有限な現存在が原喪失した「もの」ではないだろうか。語りはこの「もの」のつぶやきであり語りかけとなるのかもしれない。

Aが私に恨みや憎しみを向ける時、あるいは、甘えや依存を向ける時、私がそれらの自己愛的万能的態度を受け入れ、それに相応ずる自己を創造し対応していくことによって、Aは自分のそれらの制御し難い感情を、相互創造性の上に成り立つ他者との対話という基盤の上に相対化し、受け入れることができるようになるのではないだろうか。私が治療者としてそのようなあり方をしていることをAが受け入れる時、そして私がそうした自己のあり方を受け入れる時に、了解（受容）の円環が成り立ち、治療的関係が成就し、Aは変化していく。松井紀和（二〇〇五）が〝患者が変わるのは、患者が治療者の意志とか気持ちを理解したときです〟と言っているのはこのことを言っているのではないだろうか。

そうした臨床家のポジションの成り立ちはどのような「存在可能」なのだろうか。西田（一九三二b）がおもしろいことを書いている。「欲求は死すべく生れるといい得るとともに、欲求はまた生命の要求として生れるべく死する。」死すべきものとして生き、生きるべきものとして死ぬ。死と生を循環として生きることなのだろうか。

Aたちの多様性、物語の驚くべき差異性に対して、窟の構造、物の配置は不変であり、彼らが立ち去った後はなにごともなかったかのように静かである。私はそのもとにある存在として自分を建て直してもいる。私が配備した諸々の物は、相互存在への配慮という私のあり方を意味している。Aたちの物語を聞くことはまた、窟の中にあるさまざまな物、壁や建物の存在、その沈黙の声、つぶやきを聞くことでもあった。

付記――何度か私の朗読を終始無言で聞いてくださった松井紀和先生（日本臨床心理研究所所長）に感謝します。

文　献

Freud, S. (1915) Die Verdrängung. 加藤正明訳（一九六九）フロイト、S.「抑圧」『不安の問題』フロイド選集第10巻
Heidegger, M. (1927) Sein und Zeit. 細谷貞夫訳（一九六三）ハイデガー『存在と時間』筑摩書房（1994）（上）四八頁、一〇八－一一一、三四四－三五六、（下）三一－一六五、二五八－二六〇頁

Heidegger, M. (1947) Über den<Humanismus>, Brief an Jean Beaufret, Paris. Verlag A. Francke AG. 渡邊二郎訳（一九九七）『「ヒューマニズム」について――パリのボーフレに宛てた書簡』ちくま学芸文庫、四〇頁

加藤敏（一九九四）「死の欲動と死への存在」（一九九五）『構造論的精神病理学――ハイデガーからラカンへ』弘文堂

木村敏（一九八二）『時間と自己』中公新書

木村敏（一九八二）「あいだと時間の病理としての分裂病」（二〇〇七）『分裂病と他者』ちくま学芸文庫、四七頁

木村敏（一九八三ａ）「他者の主体性の問題」前掲書、六六頁

木村敏（一九八三ｂ）「自己と他者」前掲書、一二八頁

木村敏（一九八七）「自己の病理と〈絶対の他〉」前掲書、二九二－二九三頁

木村敏（一九八八）「境界例における「直接性の病理」」前掲書、三四三頁

木村敏（一九九五）「自己と他者」（一九九八）『分裂病の詩と真実』河合文化研究所

Lacan, J. (1953-1954) La Topique de L'imajinaire. Au-dela de la Psychologie. Jacques-Alain Miller (ed) (1975) Les Ecrits techniques de Freud. Le Seminaire de Jacques Lacan. Livre I. Seuil. ラカン、J.「想像的なものの局所論」「心理学の彼岸」小出浩之ら訳（一九九一）ジャック-アラン-ミレール編『フロイトの技法論（上）（下）』岩波書店（上）一一九－一二五九、（下）五一－六四頁

松井紀和（二〇〇五）『精神科医松井紀和が語る心理療法の基礎と実際』カウンセリング教育サポートセンター、六〇頁

Merleau-Ponty, M. (1964) l'Eentrelacs-Le Chiasme. Le Visible et l'Invisible. Gallimard. 滝浦静雄・木田元訳（一九八九）メルロ＝ポンティ「絡み合い――交叉配列」『見えるものと見えないもの』みすず書房、一八五－一八七

西田幾多郎（一九三二ａ）「無の自覚的限定（序）」上田閑照編（一九八七）『西田幾多郎哲学論集Ⅰ』岩波文庫、二六三頁

西田幾多郎（一九三二ｂ）「私と汝」前掲書、三二五、三二四、三三六頁

Plato (BC375頃) Politeia. 藤沢令夫訳（一九七九）プラトン『国家』岩波書店（下巻）九四～一〇一頁

西郷信綱（一九七五）（二〇〇五）『古事記注釈　第二巻』ちくま書房、二七、一〇六－一七一頁

Saint-Exupéry, A. (1946) Le Petit Prince. Gallimard. 内藤濯訳（二〇〇〇）サン＝テグジュペリ、A.『星の王子様』岩波書店、九八－一〇一頁

手束邦洋（二〇〇五）「罪と創造性」北山修・山下達久編『罪の日本語臨床』創元社、七八頁

Winnicott, D. W. (1971) Transitional Objects and Transitional Phenomena. In. Playing and Reality. Tavistock publication. 橋本雅雄訳（一九七九）ウィニコット，D. W.「移行対象と移行現象」『遊ぶことと現実』岩崎学術出版社

第六章　探索から理解へと向かうスペース

──臨床心理士・鈴木誠の仕事場

鈴木　誠

はじめに──ふたつのサイクル

いつの間にか、あるサイクルを生きていることに気がつく。時として、このサイクルは私たちを苦しめる。出口の見えない苦悩にもがき、疲れ果てる。やがて気分は落ち込み、意欲は失せて、すべてが色あせて虚しくなる。どうしようもない不安や恐怖、怒りの感情に振り回される一方で、親密な人々との関係にも微妙な亀裂が生じて孤立していく。絶望的な無力感や孤独感の中で、自責の念や自己嫌悪、自分らしからぬ言動や奇妙なテンションの高さに翻弄される。自分のこころも肉体もままならぬ焦燥感、そして確実に人生が行き詰まっているという切羽詰まった実感が、さらに私たちを追いつめる。

私の仕事場を訪れる人々は、この苦悩のサイクルにあっても他者に援助を求める余力が残っている人である。彼らは苦悩のサイクルから脱する方法として、心理療法に期待を寄せているのである。私は、異常心理学と精神分析学に立脚した心理療法を生業としている。心理療法をより実際的に組み立てるためには、心理現象を静的〈static〉〈異常心理学〉かつ力動的〈dynamic〉〈精神分析学〉に見ることが重要だと考えているからである。このふたつの観点から考えると、心理療法とはただ症状や問題を取り除くのではない。クライエントも「個別的な歴史性を有した存在」であり、現在の苦悩は堪え難いものの、一方では個別的な歴史の流れの中で生じたクライエントの人生の一部でもあると理解できる。こうした理解に基づいた心理療法のプロセスも、クライエントの現在の問題を克服するために、クライエント固有の「こころの世界や情緒的体験」を探索して、ともに考え、理解を試み、その理解を共有することで進展することになる。これは他人の人生や運命という「深淵な領域に触れる」仕事である。これに臨むためには、臨床家には継続的な訓練が不可欠だと考えてきた。

心理療法と訓練は、開業以前から必須な基軸として自覚してきたが、ここにきて気がついたことがある。もうひとつの重要な仕事が、いつの間にか「私の仕事場」に加わっているのだ。第三の仕事とは「臨床研究」であり、精神分析の応用を探究するのである。

「心理療法」と「訓練」と「臨床研究」。いつの間にか、私は探索や探究を行う三つの仕事のサイクルの中にいることに気がついたのだ。このサイクルでは、時として、「不確実さとか不可解さ」への不安や焦燥感が私を追いつめる。しかし心理療法での探索や探究の末に、クライエントに安堵感が広がる時、私は臨床家としての手応えを実感する。また訓練として精神分析の理論を読み解いていくプロセスには、新たな臨床の知やスキルを修得する醍醐味もある。そして本邦では未開の領野を探究するプロセスは、発見の喜びに満ちている。

「苦悩のサイクル」に対して、この「探索と探究のサイクル」が繰り広げられるスペースが、私の仕事場である。本章では、事例を交えてこの「探索と探究のサイクル」を見ていくことにする。ただし登場する事例は、複数の実例をひとつに加工したものであり、名前は全て仮名である。

一　援助としての探索

治療者の機能や治療メカニズムについては諸説ある。私が現在、採用している理論は、ビオン（Bion, W.）やメルツァー（Meltzer, D.）の理論である。この二人の理論の難解さは有名だが、私なりに理解できたことは、心理療法が「探索から理解へと向かう」プロセスだということだった。そして治療者は、単純な設定や治療スタイルを維持し、クライエントの「こころの世界」を浮かび上がらせる。そして治療者とクライエントとの関係性は、無意識的プロセスに強く彩られ、いわゆる転移と逆転移が出現するのである。

治療者の機能は、観察と探索と思考、理解の生成である。つまり「こころの世界」や「情緒的体験」や「いま、ここでの関係性」を丁寧かつ詳細に観察し、それを探索して、考えつづけ、意味ある理解をうみだすプロセスを促進する。この「情緒的体験から学ぶ」プロセスを通して、クライエントの未消化なこころの痛みに満ちた体験が、治療者のこころで消化され、クライエントにとって意味ある体験／耐えられるような体験に変容するのである。そして最終的には、クライエント自身が「情緒的体験から学ぶ」思考プロセスを身につけるのを手伝っていくのである。いくつかの面接場面から具体的なプロセスを見ていこう。

1　精神分析的心理療法——幸子の場合——

幸子は三十代後半の主婦で、一年前から抑うつ症状で通院していた。症状は薬物療法で軽快していたが、主治医は幸子の生い立ちから、心理療法が必要と判断し私を紹介した。

初回面接

貧相といえるほど質素な服装に素顔で、幸子は無造作に束ねた髪を気づかいながら、丁寧に来談の経緯を話しはじめた。

「幼い頃に両親を亡くした後は、預けられた親戚宅で殴られたり食事を抜かれたりの生活が、高校卒業まで続き、その後は家を出されました。そして寮のある工場で働き、そこで最初の夫と出会い結婚しました。『やっと家族ができる』と喜んでいました。でも幸せを実感したのは、ほんの一瞬でした。すぐに夫は放蕩の限りを尽くし、貧しい生活になりました。結婚の失敗に気づいた頃に妊娠し、長男が生まれる頃には、夫は失踪状態でした。舅《しゅうと》や姑《しゅうとめ》から離婚を宣告されましたが、私には帰れる実家がありません。息子と母子寮に入って働き、必死に生きてきました。やがて今の夫と出会い、結婚しました。今の夫は、まじめで優しく、私の境遇も特別視しません。夫は新たにできた子どもと息子を分け隔てなく愛してくれます。幸せな日々で、これからもっと楽しい人生になると思った矢先、急に気分が落ち込んでしまったのです」。

淡々と語るコトバを理解していた私に、異変が起きていた。幸子の声と眼差しに私は圧倒され、祈る手つきで身が硬くなり、相槌もままならない。頭の中は活発だったがバラバラで、「朽ちかけたアパート」のイメージや「剥奪」や「ネグレクト」などの考えが乱れ飛んでいる。終了時間で幸子の声はやむが、私の考えはうまく声にならない。〈コトバにならない声が、まだありそうですね。一緒に考えていきませんか〉と週一回五十分の設定で診断面接を提案するのが、やっとだった。幸子がこれに同意して、初回面接は終わった。

最初の探索

私は面接体験を再考した。悲惨な体験を聴いていても、私の情緒は実に貧困で、幸子にも全く悲壮感がない。

私の体や感覚、感情、思考がバラバラのような奇妙な体験もある。この私の体験は、幸子の無意識的世界に触れて私に生じた体験（逆転移）として理解できる。つまりこの逆転移を探索し考えていけば、幸子のこころを理解する手がかりを得られる可能性がある。探索の結果、剥奪や心的外傷などの圧倒的で著しく不快な現実を生き抜くために、幸子は感情や感覚や思考をバラバラにして生きてきたのではないかと思われた。

診断面接と見立て

診断面接では、幸子の固有の歴史である「現病歴と家族歴や生育歴」を探索した。そして次のように見立てた。幸子の病前性格や発症直前にも際立った特徴はない。一方、剥奪や心的外傷体験で傷ついた対象関係は、「症状」ではなく「生き方」として現れている。最初の結婚の失敗は、ネグレクトや剥奪の反復と考えられる。しかし二度目の結婚では、この対象関係や対象選択は反復されず、母性的対象である夫を選択できて幸せな生活が送れている。ここには大きなギャップがあり、悲惨で不幸な自分を強烈に分裂している可能性が高い。実際、幸子の風貌は、いまなお貧困と不幸のどん底にいる主婦を彷彿とさせる。

発症時期は末子の長女が、両親を失った幸子の年齢に達した時期と重なっている。長女の成長が、否認してきた喪失の痛みに幸子を直面させて、症状を形成したと考えられた。関係性の探索から理解できたのは、こころの痛みが強烈に否認され分裂排除され、強烈な罪悪感もかき消されているということである。しかし詳細に見ると、断片化と硬直化が繰り返されていて、文字通り「一瞬一瞬の瀬戸際を必死で生きている」ことが分かった。そのため心理療法もまさに「綱渡り」のプロセスになると思われた。転移には二つの側面が想定された。一つは「不幸を分かち合う夫」であり、もう一つは「亡き両親」である。この見立てを幸子と共有し週一回五十分で九十度の対面法での心理療法が始まった。

探索を阻む痛みを乗り越えて

次に一年後の面接場面から、探索から理解へ、その理解の共有のプロセスを見ていく。

「父を看とった母が、私が小2のとき、入院しました。私は顔も見たことのない遠い親戚宅に預けられました。親戚のおじさんとおばさんは、とても厳しくて冷たい人でしたが、週末だけは母に面会させてくれました。私は、はやく母と一緒に暮らしたくて、母の言いつけをきちんと守っていました。ある日、面会時間がすぎて、母が『もう帰りなさい』といいました。でも私は、もっと母と一緒にいたかったのです。母がもう一度『帰りなさい』と言い、怒ったおじさんによって私は、病床から引き離されました。私は『そんなことをいうお母さんなんか、死んじゃえ』と叫んで、泣きながら親戚の家に戻りました。その夜、母は亡くなりました。おかしな話ですが、こころは、ずっと、私が母を殺したと感じています」。そして幸子は私を凝視し淡々と、親戚の家での過酷な生活をくわしく話し続けた。

この時にも私の体に異変が起きていた。私は祈るように手をくみ、身は凍りついている。突然、涙が溢れ出した。言葉を発しようとすると、嗚咽しそうで声を出せない。涙は出ているが、私はなにも感じていない。一方、幸子は涙する私を見ているが、幸子自身は涙もなく、平静である。そして金属製の髪飾りで、幸子は自分の指を挟んでいる。

幸子の姿との対比で、私は恥かしさや罪悪感を覚えて、この体験を考えはじめた。私の頭の中はノイズのような雑念だらけだが、やがて泣けない幸子が私の瞳を通して涙しているという理解にたどり着く。そして私は、この解釈の有効な伝え方を考えはじめていた。

すると突然、私は激しい胸の痛みに襲われる。涙と胸の痛みに耐えるために、私は自分の胸のうえで腕を強く組んだ。すると自分の腕の感触を胸につよく感じ、その腕の感覚と入れ替わるように痛みが軽減したので、私はまた不思議に思った。痛みの中で探索を続けて、私はいくつかの理解にたどり着いた。泣けない／泣けなかった自分を思うだけで、幸子は激しい痛みを感じるのだろう。痛みは情緒的水準ではなく、より原始的な肉体感覚の水準に留まっているのだろう。その痛みを自己抱擁で必死に耐えているのだろう。母親との別れの記憶の想起は、痛みに満ちており、この痛みを否認し分裂排除して、私に投影したのだろうと考えた。こう理解して私は、介入を控えて幸子の声に聴き入ることにした。

この一週間後の面接である。

「親戚のおじさんやおばさんは気まぐれで、突然に怒りだし殴られ、食事ももらえません。親戚の子からも、いじめられ続けました。その中では『おとなしくて、目立たぬ子』であり続けることが、生き抜く道でした」と幸子は、さまざまなエピソードをまじえて詳細に語った。語る幸子は同様に、金属製の髪飾りで自分の指を挟み、まったく涙もなく平静で、やはり涙する私を凝視しながら淡々としていた。

この頃には私の涙は穏やかになり思考の自律性を取り戻せたので、私はこれまでの理解の一部を、次のように伝えてみた。

〈あなたの話を聴いていて、私は激しい胸の痛みを感じ、勝手に涙が流れています。私はこの痛みと涙について考えてみました。あなたは親戚の家での生活で、激しい痛みを味わっていたけれど涙すら流せなかった。その記憶は、今でも、痛い。だから痛みや涙を私に投げ入れ、私の眼を通して涙を流しているんじゃないでしょうか〉。私のコメントを静かに聞いていた幸子の姿は、急激に変化した。その眼差しは、瞬時に険しくなり、うっすら浮かんだ涙は、やがて頬を伝うほどになっていた。流れ落ちる涙を拭うこともなく、幸子は中空を見つめながら「泣くことなんか、絶対に、できませんでした」と震える声で語りはじめた。弱音を吐くことや涙は、虐待やネグレクト、いじめを誘発し、身の安全をもっとも脅かすことを、控えめな情感が込められた声で、幸子は詳細に語りつづけた。

この後も数年の心理療法を続けることで、幸子は探索し考え理解するプロセスを身につけた。やがて幸子の痛みは緩和され、肉体感覚としての痛みは悲哀という情緒となった。そして人生から切り離されていた「剥奪や外傷体験」も、幸子の人生早期に起きた「悲しい記憶」の一つに変容したのだ。この心理療法における「探索し考え理解するプロセス」は、実は、心理療法の訓練においても重要な役割を果たしている。

二　訓練としての探索と探究

私は大学病院で精神科臨床の訓練を受けた後、個人分析やスーパービジョン、乳児観察セミナーへと訓練を進めた。また仲間を集めて、精神分析の事例検討会や系統講義も企画し学んでいる。心理療法は密室で排他的な関係性の中で行われる。それゆえ自分の臨床を点検し、その理論的根拠を学び、力量を向上させる訓練は不可欠だと考えているからである。時に訓練は辛く、難解な理論を学ぶのは苦しい。しかし訓練としての探索は、講師を囲んでの仲間との対話で進められ、しばしば学ぶ快楽をもたらしてくれる。

今では、訓練は後進育成の仕事にもなっている。自分がスーパーバイザーや講師になって、訓練の質を深く考えるようになった。訓練生が過度に受動的になり、知識は増えるが肝心な力量が向上しない現象をたびたび目撃したからである。この問題を考えていて、興味深いことに気がついた。心理療法が停滞した時にも、類似の現象が起きるのだ。クライエントが、治療者を過度に理想化し助言をもらうことに専念したり、自分の状態を専門用語で解説したりする。この現象は治療抵抗である。この類似は、臨床家の訓練にとって重要な示唆となった。つまり訓練の場にも無意識的プロセスが生じ、それが学びを促進もするし阻害もするのである。そのためヨエル（Youell, B.）やラスティン（Rustin, M.）が指摘するように、学びの場の無意識プロセスを探索することが重要になってくるのである。

1　スーパービジョン

スーパービジョンの中心は、バイジーがまだ理解できていない「臨床場面の探索と理解を深める共同作業」にある。またこの作業では臨床場面のパラレル・プロセスが生じるので、そこにはバイザーがすでに理解している事態をも超えた現象が本質的に生じていて、この現象の探索も重要になる。この観点に立てば、バイザーの役割は明確である。まずは事例をよく知る臨床家としてバイジーに敬意を払うこと、バイザーが示す理解がバイジーの思考プロセスの一助に過ぎないことを明示すること、臨床的な好奇心を刺激し絶望的なときにもバイジーを支えることなのである。こうすればスーパービジョンの体験の質も、受動的なものから能動的なものへと変化する。すなわちバイザーに治療を監督してもらい、権威ある「指示や理解」をもらうのではなく、バイジーが自力で臨床場面でのコミュニケーションを促進させ、援助の内部にある重大な局面に対処できるように自律的に考える訓練になるのである。スーパービジョンの実際の一部を見ていくことにしよう。

自覚できない治療者の体験を探索する

臨床心理士の和田は、母子支援施設で暮らす3歳半の男児タケルの心理療法を担当している。タケルが奇声をあげ他児を叩くので、職員が勧めたのである。タケルの養育環境はいびつで、跡継ぎのタケルを父方祖父母が溺愛し、日中の養育を母親から奪っていた。夜の時間だけタケルは母親と過ごせたが、その時間は父親の母親への暴力を目撃する時間でもあった。施設入所後も母親は父親の追跡に怯え、養育にもオドオドしていた。

見立てでは、タケルの情緒に触れる和田の介入にも反応でき、情緒的交流が可能だと思われた。しかし象徴的な遊びは少なく、突発的に奇声をあげ、次々と表層的な遊びや模倣を繰り返し、不安の高さが伺えた。象徴の萌芽のような遊びは、やがて不安が擬人化された遊びへと変化していった。ところが情緒的交流が豊かになり、タケルが和田の身体に触れだすと、治療の遊びの中で唐突に家庭内暴力のフラッシュバックが起こり、和田の思考を圧倒するようになっていった。和田は構造化されたスーパービジョンのセッションで、直近の治療記録を読み上げた。

前回では「ウンチ先生!」と軽躁状態だったタケルは、今回は一変して穏やかに部屋に入ってきた。ソファに寝転ぶと、棚から猫のフィギュアを取り出し「猫の兄弟」と無表情に、治療者に見せる。その後、舟を出して青色の箱の上を「海」と言いながら置く。そして悪人たちを牢屋に入れて閉じ込める。それでも逃げ出す悪人を兵士で取り囲み、再び閉じ込める遊びを淡々と続ける。しかし治療者のこころには何も届かない不思議な感じがしていた。やがてタケルは牢屋が「二回も壊れた」と言って、きちんと修理されたかどうかを確認した。このとき治療者は、何も考えられないでいる。

この最初の数分間の報告を聴いていて、私の連想は活発だったが、形容できない重苦しさと切なさを味わっている。これまでのスーパービジョンでの探索から、この私の体験がタケルの体験だと理解できた。そこで私は立ち止まることを提案する。しかし和田は「遠い感じで、遊びの意味も漠然としか分からない」と言う。私が〈タケルは、また孤軍奮闘しているみたいだ〉と言うと、和田の探索機能が回復しだした。「そういえば、タケルは熱発して二回キャンセルをした。その後はフラッシュバックが姿を消した。この遊びは、熱発中の自分の姿を私に見せてくれていたのか……」。そう言うと和田の表情は苦悶に歪む。「うまく言えないけど、また切なくなってきた」と言う。私が〈これまでも同じことが起きたよね〉というと、和田も「これは辛すぎるけど、この体験を治療場面で味わえないと、治療場面で考えられないし、治療に生かせない」と頭を垂れる。

いま和田が罪悪感を味わっていると私は感じる。そこで罪悪感とタケルの遊びとの関連に焦点を当てるが、和田は「知的にはタケルの破壊性が罪悪感と関連があり、それを牢屋に入れる遊びになっていると理解できるけど、実感がない」と言う。そこで私は「実感できない大人」を探索するように提案した。すると和田は「『病気のタケルを前に、母親はオロオロするばかりだった』という職員の言葉」を想起した。そして「一番苦しい部分は母親にも、治療者にも受け取ってもらえないので、タケルはたった一人で切り抜けているのかもしれない」と言うと、一つの理解にたどり着く。「そう言えば、祖父母も『跡継ぎの孫』を見てたけど、タケル本人の苦しみには触れてなかったのかもしれない。この子はうんと幼い頃から、当てにならない大人を前に、孤軍奮闘してきたのかも。今は、タケルの苦しみが実感できる。でも、この苦しみの中身には、まだ何かありそうだけれど、それが分からない」と私に答えを求める眼差しを向ける。

しかし私にもそれは分からない。そこで〈分からないことは苦しい。しかしこの中身をもっと探索していくことが、治療のプロセスかもしれない〉とコメントした。和田もこれに同意し、探索はタケルが繰り広げた次の遊びに進んだ。

翌週のスーパービジョンにきた和田は、やや涙目で言った。「あの子の治療では、本当に多くのことを学べます。今日は先生にここを一緒に考えてもらいたい」。和田の瞳は、苦しい中でも探索を続けようとする臨床的な好奇心を強く感じさせるものだった。

2　事例検討会

事例検討会にも「情緒的体験から学ぶ」探索プロセスは応用できる。事例検討会ではレポーターが自分の臨床経験をグループで発表し、スーパーバイザーを含むメンバーが事例の理解を深めるために対話を進める。レポーターは、治療で事例と意識的・無意識的に交流しており、事例の内的世界の受け皿になっている。ここでレポーターが受け取ったのは、治療者として理解したことだけではない。「治療者の身体」（鈴木、二〇〇五）は、肉体や感覚、夢見や意識の水準で、事例の未消化な体験も受け取っているのである。これらを抱えたままレポーターは、事例検討会で発表する。このときレポーターとグループとの間にも、意識的・無意識的交流が起きている。そこでは「治療者の身体」と同様にグループは、事例やレポーターの未消化な体験の受け皿になっているのである。つまり事例の未消化な体験が、グループのメンバー各人やグループ全体に投影されると考えられるのである。

ここに新たな視点が生まれる。つまりメンバー個人の体験やコメントも、個人的レベルを超えているかもしれないのである。メンバー各人が、事例の内的表象の一部に影響を受けた原子価（valency, Bion, 1961）になり、その影響でメンバー個人の中にさまざまな情緒や考えが生まれていて、メンバーはそれをあたかも個人的な体験や自分の考えとして体験しているかもしれないのである。またグループの場や力動も、事例の内的世界に強い影響を受けているかもしれないのである。この観点を導入することで、事例を理解するための考える素材が一気に増える。グループで生じるすべての現象は、事例の理解のために平等の価値を持つことになるのである。またこの観点を持てば、グループが基底的想定（basic assumption, Bion, 1961）の影響を受けて、機能低下していることにも気づける。

基底的想定の影響は、事例検討会でもよくある。グループが依存的になりスーパーバイザーのコメントや理解をもらい、メモすることに終始する（依存基底的想定（basic assumption dependency））。事例の家族や治療施設などの外的環境の問題に議論が終始して、事例の理解が深まらない（闘争・逃避基底的想定（basic assumption fight-flight））。事例検討会ではありふれた風景だが、集団力動を探索することで、この訓練の本来の仕事（primary task）である「事例の理解を深める」作業集団（work group）に戻れるのである。この手法はワーク・ディスカッションの方法（work discussion method, Rustin, 2008）であり、組織コンサルテーションにも応用されている。これが私の臨床研究のひとつである。

三　認識愛本能としての探究

ワーク・ディスカッション・セミナーは、一九八〇年代にハリス（Harris, M.）が作りタビストック・クリニックに導入した。この方法の起源には「乳児観察セミナー」や「バリント・グループ」や「集団生活体験の研究」があり、観察やディスカッションを通して、観察力や感受性、「経験から学ぶ」能力や対人スキルを向上させることが目的である。また個人の職業意識の向上や啓発、ストレスマネージメント、組織の成長や機能を促進する効果もある。そのため過酷なストレスに曝される「医療や福祉や教育現場への継続的職業訓練」や「組織コンサルテーション」にも応用され、多種多様な進展を遂げた。やがて独自のカテゴリーとしてのワーク・ディスカッションは姿を消してしまった。そこでラスティンは、これをひとつの臨床的方法論として再考した。この方法論の理念モデルを抽出しておこう。

1　この方法論の理念モデル

心理療法の事例検討会とよく似ているが、その特徴はレポートする事例にある。事例は「職場で苦慮している他者と自分との関係」なら、どんな対人場面でも構わない。つまり看護師と患者の関係、教師と子どもとの関係、施設のスタッフと援助対象との関係、公務員と市民との関係、職場の同僚や上司との関係など、通常の業務の「関与しながらの観察」の記録が事例になるのだ。事例には、レポーターの仕事上の役割や観察対象との相互作用が詳細かつ複眼的に記述され、客観的事実と主観的体験が叙述される。そしてこのレポートをワーク・ディスカッション・セミナーで報告するのである。

セミナーは面識のない異業種のメンバー五人程度と、一～二名のリーダーで構成される。リーダーは心理療法士で、職場の外でセミナーが毎週／隔週に開かれる。観察は一年以上続け、メンバーは一学期に事例を二度発表する。探索する焦点は、レポーターと他者との無意識的な情緒的交流、レポーターの役割と潜在力、その役割が組み込まれている組織の性格、集団心性と観察場面とのつながりである。リーダーが集団力動を顧慮しつつ探索の思考プロセスを促進して、複雑な無意識的な情緒的交流に翻弄されて、気づかなかった現象の意味や影響を理解するのである。そして職場の組織心性を「診断」する力を発達させる。最近では、メンバーの個人的体験がその職場の組織文化に与える影響が注目されている。

私もこの方法論を応用して、教師集団へのコンサルテーションを実践しているが（鈴木、二〇一〇）、メンバーや組織の状況に応じて口頭でレポートしてもらうことが多い。この方法論を応用した具体例として、一回限りのヘルパーの研修会の様子を紹介しておこう。

堅焼きせんべいの発見――訪問介護ステーションまごころ

ひとり、また、ひとりと会議室に入ってきて、サークル状に並べられた椅子に座っていく。皆一様に疲れ果てて、うつむきがちで、その場の空気は重くよどんでいて、セミナーリーダーである私をも圧倒し不安にさせる。最後にレポーターの斉藤が到着して十五人が着席した。

私が研修会の設定と方法を説明し、〈自由に話し合い、探索し、意味を求めることは意義深く、どんな意見や感想、コメントにも平等の価値がある〉と締めくくり、斉藤に始めるように促した。意外にも私はひどく緊張していて、声も震えている。斉藤が語りだす。「今朝から憂鬱でした。この報告が、いやで仕方がない。患者の寿子さんの介護を経験した人しか、この苦しみは分かりっこない。この場にも二人いるけれど……」。そして斉藤は寿子について語る。寿子は六十代後半の女性で、十数年来、パーキンソン病で苦しんでいた。斉藤は十年前から寿子の担当で、年々ひどくなる震えの時のケアの大変さを語り続けた。いつもは穏やかでユーモラスな寿子だが、発作中は家族やヘルパーに罵声を浴びせ、当たり散らし、寿子を抱える斉藤はしばしば蹴られる。そして斉藤は「どうしてやることもできない。この時の辛さは、絶対に分からない」と言い、場は長い沈黙に陥る。

涙眼の斉藤の声は震えている。参加するメンバー数人は、虚ろな瞳でちゃんと聴いているかどうか分からない。数人の瞳は異様な光を放ち、こわばった険しい表情になっていく。残りの数人は、すでに涙を流している。強烈な緊張と弛緩が、同時に起きている。この奇妙な雰囲気の中、私には斉藤の声が悲鳴に聞こえている。重苦しい沈黙を破ったのは、険しい表情のメンバーの質問だった。「薬は医師の指示通り飲ませているの？」斉藤への非難が込められているのは、明らかだった。斉藤は「当然です」と怒りに震えた声で答え、「だから話したくなかった。体験しないと結局、分からないんです」と絶望的な表情を浮かべ、沈黙する。強烈な緊張が再び場を支配して、身動きが取れない。

そこで私は〈私は今、ものすごい緊張感を味わっています。身動きも取れないし、声を出すと非難されそうで怖いし、私のコメントが皆さんに伝わらないのではと強い不安を感じています。自分の体験を考えていて、ひとつの考えが浮かんできました。この私の体験は、斉藤さんの体験でもあるし、発作中に自分の身体もままならない寿子さんや家族の体験でもあるんじゃないかと〉と介入した。斉藤は同意して「玄関に入ったとき、その空気で、奥で何が起きているか分かる」と言い、その雰囲気や家族の様子を語り始める。寿子の介護をしている他の二人の嗚咽が続く中で、さらに絶望的な状況が詳細に語られ、やがて三たび沈黙に陥る。うつろな瞳のメンバーの眼も涙ぐんでいて、険しい目つきのメンバーの表情も苦悩に歪む。私も自分の家族の介護体験が思い出され、涙がにじむ。私は再びこの集団心性について介入すべきだと感じている。

私は、グループが絶望感と無力感と非難される恐怖心を共有している点をコメントしてみた。すると険しい表情のメンバーが、独白するように語り始める。「なんで、この人は生きているんだろうと思う」。にじむ涙を堪えながら続ける。「こんな苦しみばかりの人生に、何の意味があるの？」。別のメンバーが、次々と口を開く。「生きなくちゃいけないの？」、「人間って何？人間らしいって、何？　寝たきりで言葉も通じない患者さんたちは、人間なの？」別のメンバーが続ける。「人間って思わないと、介護できない。でも同じ人間だと思うと、辛すぎる」。一番年長のメンバーが言う。「明るい未来は全くない。どんどん状況は悲惨になって、症状は悪化して、最後は死ぬだけ。その介護は苦行」。どうしようもない重苦しさだが、私にはちょっとした遊び心が生まれている。どうやら寿子のユーモラスな部分が、私に投影されているようだ。〈皆さんは、毎日、下手な哲学者より哲学しているし、下手な生臭坊主よりも、まともな修行をしている〉と私が言うと、その場に笑いが広がった。そして別のメンバーが初めて口を開く。「私、この仕事し始めて、人生観が変わった」。その隣のメンバーが「煩悩がなくなったんよ」と笑い、「私も、子どもや夫によく怒ってたけど、この仕事しだして、自分が求めすぎてたことに気がついた。夫からも『優しくなった』と言われるし」と笑う。みんな自分の変貌ぶりを笑いながら口々に話をしている。

すると斉藤が口を開いた。「でも面白いこともある」と笑顔で語り始めた。「十年前、寿子さんの震えが軽かった時、彼女は歯を噛み締めて震えを自分で止めていた。もう少し震えがひどくなると、キュウリをボリボリかじって震えを止めていた。二〜三年前にもっと震えがひどくなると、キュウリより堅いタクワンをかじっていた。ベッドの脇にタクワンが常備されていた」。笑っていた斉藤の表情は、再び苦痛に歪む。「でも最近の震えはひどすぎて、タクワンも効かない。抱きしめても、さすっても、駄目。寿子さんは怒鳴るし、家族は泣いている。私も抱きしめながらも、何もできなくて、泣いていた」。斉藤の瞳に明るさがよみがえる。「でもある日、ちゃぶ台の上に堅焼きせんべいが積んであって、私、思わず、その堅焼きせんべいを寿子さんの口に放り込んだ！」。満面の笑みの斉藤は続ける。「そしたら、震えが止まったんです！」爆笑の渦が巻き起こるが、私はひどく感動している。私が〈堅焼きせんべいの発見ですね〉とやや興奮気味に言うと、年長のメンバーが「こういう発見もあるから、やめられないのかなぁ」と静かにまとめる。

沈黙を守ってきたケア・マネージャーが口を開く。「皆さんが、こんな辛い思いをしていたとは、知らなかった。ごめんなさい。いつも無理を言って」と話しだすが、嗚咽して言葉が続かない。メンバーは泣き崩れるケア・マネージャーを介抱しつつ、「どんなに辛くても、私たちには帰れる事務所がある。そこで話を聞いてもらえるだけで、とっても助かってるんです！」と口々に感謝の言葉を口にする。私は〈今日は深遠な体験をさせてもらった。みなさんに感謝したい〉と述べて、研修会を閉じた。研修会が終わると、ヘルパーたちは私に感謝の言葉を告げると、満面の笑みを浮かべて「次の訪問先に、頑張って行ってきまぁーす！」と元気よく飛び出していった。その姿は羽を休めて再び飛び立つ鳥のようでもあり、泣き帰った子どもが再び無邪気に遊びにいく姿のようでもあった。

いま私はこの方法論を学校や企業の研修、医療や福祉領域へ応用することを模索している。またラスティンらも、受講生の職場で実践する際の工夫に言及している。しかし理論的には、設定の修正にともなう問題や集団で生じる精神病プロセスの取り扱い方など、まだまだ課題もあるように思える。この研究は心理療法の事例研究とともに、私の探究テーマになっている。グループの研究は大変だが面白い。なぜならグループを一つの人格と見る観点と同時に、ひとりの人格の中にグループを見る観点が生まれてくるからである。

おわりに

はじめから開業するつもりだった訳ではない。当初は、単科精神病院の臨床心理士として、その職業人生を終えるはずだった。バブル経済とその破綻、その後の社会構造の変化が、私の人生を大きく変えることになった。

方向を見失った私は、いつの間にか臨床心理士フリーターになっていた。

　はじめから訓練に熱心だった訳ではない。しかしこの不安定な地位が、私を訓練へと駆り立てた。自分の「腕ひとつ」で生きていくためには、自分の臨床の力を高めておかないと失業する恐怖があった。力量が高い臨床家のトップ集団を目標に、その集団の一番後ろに付いて走りつづけようと決意した。この精神分析の訓練には余得もあった。「精神分析の学び」にも、「情緒的体験から学ぶ」プロセスが応用できることを見いだせたからである。

　はじめから研究に興味があった訳ではない。しかし訓練を重ねるたびに、私の臨床的好奇心は強く刺激された。事例の内的世界や治療プロセスが、未開の領野に見えるようになった。また、もっと未開の精神分析の応用分野の研究へも誘われた。これからだろうが、精神分析が貢献できる裾野はもっと広がることだろう。

　心理療法と訓練と臨床研究のサイクルは、相互に刺激しつつ有機的につながり、それぞれの新陳代謝を活性化し、探索から理解へと向かうプロセスを促進する。このプロセスには、詩人キーツがネガティブ・ケイパビリティ（negative capability）と呼んだ力が必要である。これは偉大な文学者だけでなく、「個別的な歴史性を有した存在」の苦悩を探索する臨床家にも必須の力のように思えるのだ。

　ディルクとさまざまな問題について論争ではなく考え合いをした。いくつかのことがぼくの心の中でぴったりと適合しあい、すぐに次のことが浮かんだ。それが特に文学において偉大な仕事を達成する人間を形成している特質、シェイクスピアがあれほど厖大に所有していた特質、それがなんであるかということだ——ぼくは「消極的能力《ネガティヴ・ケイパビリティ》」のことを言っているんだが、つまり人が不確実さとか不可解さとか疑惑の中にあっても、事実や理由を求めていらいらすることが少しもなくていられる状態のことだ——たとえばコウルリッジは半解の状態に満足ができないために、不可解さの最奥部に在って、事実や理由から孤立している素晴らしい真実らしきものを見逃すだろう。

【ジョージ及びトマス・キーツ宛の手紙より－ジョン・キーツ（傍点は鈴木による）】

文　献

Bion, W. (1961) Experiences in Groups and Other Papers. Basic books. 池田数好訳（一九七三）『集団精神療法の基礎』岩崎学術出版社

Bion, W. (1977) Seven Servants: Four Works by Wilfred Bion. Jason Aronson. 福本修訳（一九九九）『精神分析の方法Ｉ』法政大学出版局

Keats, John. (1958) Rolins, H. E. ed, The Letters of John Keats 2vols. Harverd University Press, 田村英之助訳（一九七七）『詩人の手紙』冨山房百科文庫5

Meltzer, D. (2008) The Psycho-analytical Process. Harris Meltzer Trust. 松木邦裕監訳（二〇一〇）『精神分析過程』岩崎学術出版社

鈴木誠（二〇〇五）「逆転移理解に『治療者の身体』と『違和感』という観点を導入すること——体験を考える素材にするプロセス——」『精神分析研究』第四九巻第四号、三三九－三四八頁

鈴木誠（二〇一〇）「危機状態の教職員集団へのコンサルテーション——学校への支援に生かす精神分析——」『臨床心理学』第一〇巻第四号、五一二－五一八頁

Rustin, M. et al (2008) Work Discussion. Karnac

Youell, B. (2006) The Learning Relationship. Karnac. 平井正三監訳／鈴木誠訳（二〇〇九）『学校現場に生かす精神分析【実践編】学ぶことの関係性』岩崎学術出版社

第七章　市井の臨床心理士雑感

——臨床心理士・宮地幸雄の仕事場から

宮地幸雄

現代医学を象徴するのは「無菌化され、滅菌された白さ」、「清潔な針」が病気を治すと考える。これに対して、心理療法家が使うのは「汚れた針」である。われわれの針は「劣等な動機とか個人的な巻き込み、自分の汚物によって汚れている」（岸本寛史「セラピストの発病と患者体験の意義」（二〇〇六））。

私は五十九歳である。一九九五年一月に有料の心理相談室を開設した。一つの技法あるいは理論に私は精通する者ではない。自分の臨床をあえて記せば、支持療法を基盤とし、心理力動理論に依拠した個人心理面接を行っている、となる。なにか一つの技法、理論のみで実際の心理臨床を行っている者は、まれなことではないのかと、私は思うのだが、これは私の不勉強ゆえの妬みなのかもしれない。それはともかく、「開業臨床心理士の仕事場」について、私の雑感を記すことになってしまう。はじめにこのことをお断りし少しばかり論述したい。

一　対人援助職としての臨床心理士にとっての「私」

人は誰しも己の生を享受し、それなりに人に認められて生きたいと思うであろう。長じて仕事に就くのだが職業選択にはいろいろな事柄が影響する。われわれが対人援助職の一つを選んだこと、あるいは選択させられたかもしれないことについて、松木邦裕（二〇〇六）は「思わしくない仕事（bad job）」という言葉を用いてその仕事の本質を述べている。心理療法や精神療法を仕事として選ばざるをえない人がこの仕事に就くとしている。この「思わしくない仕事」については後でふれる。

対人援助職は医療、法律、教育、福祉など幅が広い。医師や看護師は医療技術や薬物等をいわば援助道具として用い、各々が臨床家としての自らの経験を拠りどころにして、医療サービスを行う。彼らの援助道具は医療技術と、彼らが身につけた経験、いわば彼ら自身との二つであろう。その医療技術を支える科学技術の進歩には驚嘆させられる。また、それらの精度の高さを支える理論や技術の進歩は速く絶え間がない。ヒトゲノム解析は、多くの所見を今後も提供してくれるであろう。

ところで、われわれ臨床心理士も技法（技術）やそれを支える理論をもつが、どうもそれらの技法を援助道具としてそのまま用いることはできない。成田善弘（二〇〇一）は、社会学者の内田春彦のいう「概念装置」を引用し、自然科学の理論と人文科学の理論との質的な違いを述べている。そして成田は、精神療法家は理論を（諸概念装置の関係を規定するものが理論である）「受肉化する」ことが必要であると述べ、知識として学んだ「頭概念」を臨床家が自らの経験を通して「肉体概念」にすべく努力すべきである、としている。また、河合隼雄（二〇〇一）も、理論や、「見立て」における心理的課題の理解について述べる中で、治療者がそれらを「体験知」として理解することが重要、としている。われわれの理論や技法は「体験知」され「受肉化」したとき、用いることができる。理論や技法は自分の身についたものとなり、それらは援助道具となる。つまり、対人援助の道具は「われわれ自身」、「私」といってもよいであろう。

この道具としての「私」とは。前記したように理論や技法の習得をもちろん否定するものではない。ましてや臨床心理士の個人的・私的な思い入れが重要であるというものでもない。「エビデンスに基づく」という姿勢を強調する臨床家においても、「われわれ自身」が援助の道具であるという本質は変わらない。またその立場の者であっても、実際の臨床場面では治療者の存在は無視することのできない大きな要因の一つであることに異論はないであろう。

二十年ほど前と記憶しているが、「日本精神分析学会」で、『私の精神療法』というテーマのもと、下坂幸三と小倉清の講演を拝聴した。下坂は、自分自身の不潔恐怖の自己治療体験を語った。清潔とは感じられない屋台に足繁く通って飲食した。いわゆる逆療法である。この体験が自分のその後の臨床において大きな励みと基盤となったことについて機知を交えて語っていたように思う。小倉は医学部卒業後、当時の日本の精神医療に魅力を感じずメニンガークリニックで研修したが、そのおり、はじめは研修するための要件を満たしていないと断られた。悲嘆に暮れていたとき、彼が師と仰ぐ土居健郎が夢に登場し「なんとかなるよ」という趣旨のことを話したことで、「人間、本気でことにあたればなんとかなる」という思いを強くし、その後の研修機会を得るための大きな転機となった人との出会いについて語り、「本気に、ことにあたること」が自分の臨床家としての姿勢であるという内容を話してくれたように、私には思えた。また、村瀬嘉代子（二〇〇八）の最終講義も「私の心理臨床」を語っている。幼少期の辛く悲惨で心さみしい戦中体験の中で考えたことをあげ、「人はそれぞれが過酷な状況を抱えながらも、考えることによって道は開ける、あるいは我慢できるかもしれない。これが生きてゆく基点になっていたように思える」と述べている。

いずれも「私」を公の場で品よく語っている。かなり私的な事柄を語る中で精神療法家、臨床心理士としての臨床のスタンスを提示している。彼らの臨床哲学の一端ともいえよう。われわれに多くの示唆を与えている。「私」というものは、臨床と切り離せないと教えているようにも思える。

これら本物の臨床家と比較すること自体が誤りであるが、ここでは私も「宮地幸雄の仕事場」というテーマのもと、「私」を語らざるをえない。私に多少できそうなことは、「一人の、市井の臨床心理士の場合」という限局的な、あるいは陳腐なことにしかならないが、以下に拙文を記す。しかし「私」について、なにかを記すことは恐ろしいし、難事でもある。そこで自分をスーパーバイズするつもりで、いくつか項目を設けて話をすすめることにする。

河合（二〇〇一）は、臨床心理学は純粋科学の方法論とは異なるという内容を論述している。中村雄二郎の「臨床の知」という考え方の重要性を指摘し、「臨床心理士のコミットメント」という言葉を用いて、クライエントに関わることが臨床心理学のいわば中核であるとし、相談面接などの治療的関わりのみではなく、心理検査を行う際にも求められる、と述べている。この「コミットメント」とは、われわれの背景、人間観、人生観などが、「クライエントへの関わり」に否応なくなんらかの影響を与えることになるであろう。分析的用語では「転移／逆転移」である。昨今、多くの議論がある「逆転移の治療的重要性」ということにもなるであろう。

村瀬（二〇〇八）は、援助者としての「より質のよい関わり」を行うためには、臨床場面で、「専門知識と人間性が出会う衝突する瞬間」が必要、と述べている。自分の中の「専門家人間部分」と「素としての人間部分」が「スパークする」とき、クライエントと援助者のその場の生きた時間が共有でき（体験でき）、クライエントは動きはじめるのであろう、ともいう。クライエントのアセスメントと同時に、クライエントの前にいる面接者自身の中におきている感覚や感情や考えを（良きことも悪しきことも含めて）素直に認めることが、生きた時間や空間の共有体験を生みだすための前提となる、という内容を述べているように思う。われわれの仕事は、臨床心理学の専門技術のみでは不十分であり、良質の関わりは、この「スパーク」が必要であり、また自分の中に生じるものに対して正直に、かつ意識的になることの大切さ、という指摘である。なにが「スパーク」するのかは、面接者によって、「私」によって異なるであろう。それはともかく、技法の安易なマニュアル的施行に警鐘を鳴らすものである。臨床家が安全なところにいて、なにかを操作するような心理臨床は臨床ではない、という趣旨でもあろう。

また、面接という方法を用いる精神療法・心理療法について、成田（二〇一〇）は、クライエント・治療者の二重関係（専門的役割関係と生身の人間関係）の必然性を述べ、「クライエントとの役割関係が精神療法でことさらに強調されるのは、精神療法場面で、生身の人間関係が顔を出してくるからである。そのような場合、治療者は、そのことをクライエントに指し示し、どうして依頼者になれないのかを、ともに考える作業が必要となる。精神療法家の仕事は二重関係の中での役割関係を守ることである」と述べている。これは重要な指摘である。なお、「生身の人間関係」は、ほぼ「逆転移」と考えられる、としている。

面接する側の「生身の人間」を否定しているかのように感じられるが、決してそうではない。成田（二〇〇一）は「クライエントとの面接時、わが身にどういうふうにこたえてくるかということを大事なことと考えている。その場の雰囲気が自分の中に入り込んでくる。それをキャッチしたものを言葉にしたい。私自身の中に生じる体感、感情を見つめ、それをできるだけ正直に言葉にしようと努める」と述べている。自分の心身をアンテナにしているのであろう。また、「解釈」と「共感」についての論述は、成田自身の臨床体験を、それこそ言葉で指し示している。「解釈・共感・自己開示」という論述の中で、「私にとって解釈とは、今まで共感できなかったことが、ある発見によって（いままで患者がなぜそのような言動をするのか不思議に思えていたことが、今まで患者が生き残ってくるための方策であったのだという治療者の理解）、共感できるようになったときに、その発見の内容を患者に伝えるということになる」と述べ、治療者自身のいわば個別の人間的思い、人間としての自分自身を対象としての掘り下げ作業が必要、という。「生身の人間」としての「私」が登場している。「治療者が自分の心をより耕していれば、患者の話をきくうちに同型的な経験がおのずと連想される」とも述べている。つまり、「生身の人間」としての治療者の参加があってこそ、クライエントに「私には、あなたの○○は△△のように思える」と伝えることができる（解釈できる）。解釈と共感と自己開示は分離するものではない、という。「解釈」という介入も、治療者が自分自身の個別な事柄を掘り下げてこそ、意味のある関わりとなる、という。面接者の「自分をモニター」することの大切さを指摘しているが、これは、先の「理論の受肉化」に通じることでもある。

サリバン（Sullivan, H. S.）がいう「関与しながらの観察」について、小出浩之（一九九一）は、「関与」を「思い入れ」、「観察」を「見立て」という言葉に置き換え、明快に説明している。「『思い入れ』はいわば心理面接の前段階。主訴を中心にして、クライエントが話すストーリーをきく。クライエントは某かの問題をもって来談しているので、その時点では、このストーリーは贋の洞察である。それはともかくとして、面接者は、そのとおりだ、あなたが言うことはもっともだと思えるまで、クライエントの話をきく必要がある。この心底同意できることがいわば『受容』である。そのように思えないときには（同意できないとき）、まだ十分に話がきけていないと面接者は思ったほうがよい。あなたが言うことは大賛成と思えることが、『思い入れ』である。そして次の段階では、面接者は『見立て』を行う必要がある。つまり、面接者はいろいろ仮説を立てることである。クライエントとともにその仮説を話し合い、その仮説の精度を上げていくことが必要となる。この『思い入れ』と『見立て』を繰り返してゆくことがカウンセリングである。贋の洞察が真の洞察に変わってゆく。クライエントは新しいストーリーを持つことになる」、と小出は説明する。

土居健郎（一九八〇）の「（精神療法は）出たとこ勝負」、神田橋條治（一九九〇）の「（対話精神療法は）行き当たりばったり」という表現がある。これらの大家は、先にあげた「クライエント・治療者の二重関係」、「より質のよい関わり」、「関与しながらの観察」をいわば芸術的に臨床場面で行っていて、それらの一言で示したのであろう。野暮な表現となるが、臨床心理士の専門的技術は、「私」というものが大きく関与する。

二　相談室を開設するまでの「私」

心理相談室の開業には、開設する者のそれぞれの文脈があろうし、臨床経験も異なっている。まず、開業までの「私」について述べる。

詳細はひかえるが私は多くの人とは異なる身体的特徴を伴って生れた。医学的にこれを障碍と呼ぶ。ギリシャ神話の医神アスクレピオスと同じく私は「傷を負って」いた。例えば、私のように生得的な資質からの視力の問題で、「新聞を読むときに拡大鏡がないと文字が読みづらい」などの条件が付与されている人間は、とりわけ思春期・青年期に種々の葛藤を生みだしやすい。私は幼少時から頭髪を黒く染めていた。先の言葉を使用すれば、私の「生身の人間」「素の人間部分」の中に、羨望、怒り、恨み、悲しみなどの激しい感情と種々の葛藤やコンプレックスがうごめいていた。端的に示せば、「自己愛の傷つき」からの「自己肯定感の低さ」である。「こんな自分を人は敬遠するであろう。優しく近寄ってきたとしても気持ちのどこかでは鬱陶しく思っているのではないか。だから、自分が困っているときでもそれを人に悟られないようにしよう。人の足を引っ張らないようにしよう」というものである。普通学校に通っていたが私は拡大鏡を人前で使わなかった。毛染めと拡大鏡を使わないことは、自己欺瞞という思いもあったが、前述のように、「ありのままの自分では人に避けられてしまう」という気持ちが強かった。職業を持ち自分が果たして自活できるものかとも考えていた。そのような私だが、家族やまわりの人の支えがあって、大きな社会的逸脱行動をとることなく、なんとか大学に入学した。

当時（一九七一年）、岐阜大学教育学部入試要綱の健康診断の視力欄には「矯正視力〇・一以上」と記載されていた。私が当時調べた限りでは他大学は「〇・七以上」とあった。漠然としたものであったが、私は養護学校の教員を将来の仕事と考えていた。

三年時、心理学科の卒業生の中に病院臨床を仕事にしている人がいることをはじめて知った。惹かれるものがあり、岐阜臨床心理学研究会（丸井澄子研究室主催）に三年後期から参加させてもらった。同じ研究室出身の先輩が京都大学大学院に入学し、臨床心理学を学んでいるという話をきき、私もなんとかなるかもしれないと考え（幼児的万能感が刺激されたのだろう）、受験したが不合格であった。

養護学校の教員あるいは病院心理臨床という職種、対人援助職に興味を持ったことは、もちろん自分がなにか人の役に立てる仕事ができればよいという気持ちがあってのものだが、「自己肯定感の低さ」がかなり大きく関係していたと思う。劣等な動機である。養護学校に通っている方、また精神科で治療を受けている方、またそれらの領域で仕事をされている方に対して、まったく失礼の極みにつきることだが、「弱い立場の人なら、こんな私でも認めてくれるのでは、健常な人は私などを相手にしない」という気持ちと、「ハンディキャップを持つ人間しか、弱い立場の人を理解できない」という考えがあった。病や障碍を劣等なものと私は考えていた。私の「自己肯定感の低さ」は意固地な面、頑なな面、傲慢さ、そして本当の意味での人との親密な関係の持ちづらさを生みだしていたように思う。

京都大学で臨床の勉強をしたいという気持ちは嘘ではないが、「大学院という一つの肩書きを持てば、これから先、人と互角に生きていけるかもしれない。私のような人間は何かの肩書きがないと人は近寄ってこない」という気持ちがあったように思う。「自己肯定感の低さ」を補うために肩書きを付けたいというものである。

大学院受験を目指しながら精神科病院臨床の非常勤の仕事をさせてもらっていたので、受験の挫折後は、大学の研究室の紹介で岐阜県内の単科精神病院臨床心理室に常勤としてお世話になることができた（三十歳のときである）。

後述するが、大学院を目指していた病院臨床の非常勤時代に池田康修（私より六歳年長の精神療法に熱心な精神科医）と職場で出会っていた。常勤となってすぐ、私は池田に精神科臨床の勉強をしたいと申し出た。池田は（当時総合病院精神科に勤務）引き受けてくれた。私にとって、池田は私のカウンセリングの師であるが、自動車事故で他界するまでの（享年五十三歳）十七年間、私はいろいろな教えを受けた。私（アスクレピオス）にとって池田は、いわばケイロンかもしれない。蛇足となるが、アスクレピオスは、母コロニスの葬儀の薪が燃やされている間に子宮から取り出された。生れながらにして傷を負っていたが、ケンタウロス族のケイロンのもとで医術を学んだ、とされている。

常勤になった当時、精神科臨床では個人精神療法、集団精神療法、各種の芸術療法等の治療的関わりを精神科医が主体になり実践されていた。心理士もそれらの実践を臨床現場で行いはじめていたが、それは極めて限定的なものであり、地方都市の一つである岐阜では、「病院心理士は医師の指示のもとに心理検査を行う仕事をする人」という風潮が強くあり、先にあげた治療的関わりを臨床現場で行うためには、精神科医の理解と協力が必要であった。この当時の病院心理臨床家は、その理解と協力を得るためにかなりの工夫と努力を自分が置かれた臨床現場で払っていたように思う。

また、臨床心理学の領域では、医療、教育などの他領域に対して、また臨床以外の他の心理学の領域に対しても、臨床心理学の専門性とその独自性が熱く語られていた。実際、語る必要があった時代であったと思う。

「一人前の心理臨床家になりたい（心理査定と治療的関わりが行えるという意味で）」という思いで仕事をし、学会や研修会、系統的に心理力動理論を学ぶセミナーなどに参加していた。しかし、この「一人前の」という私の思いは、前記したような臨床心理学の時代的な事柄も関係しているが、「あなたは心理臨床の専門性を備えている」と認めてほしいというもの、それは、「自己肯定感の低さ」を補う「肩書き」である。「大学院肩書き」と同じことを繰り返した。私の事例発表は、「この理論からは患者をこのように理解できる。どうだ！」の類であったように思う。私のスタンスは、「傷を負った者」が専門的技法を学ぶことで専門的道具を手にして、あたかもその道具を手にしたことで「私」は「傷など負っていない」者として、患者と関わろうとしていたように思う。

ありがたいことに勤務していた病院環境に恵まれ、病棟での種々の治療的関わりの仕事が徐々に増え、外来の面接ケース数も多くなっていった。そんな中、先の私でも、職場での出来事や、患者との関わりを通して、「自分をモニター」せざるをえなくなっていき、「自分をモニターする」ことの難しさと大切さを、私は実感するようになっていった。拙論（一九九〇）では（三十八歳時執筆）、心理面接における治療同盟の意味について、「面接者が自分を観察すること」を一つの軸として、導入期を中心に考察した。自己犠牲をよしとする救済者、傲慢な独裁者、刹那的で貪欲な快楽追求者、冷酷で邪悪な残忍者、卑屈で卑劣な従順者などが、患者との関わりの中で顔を出してくるので、それらの自分と私自身が折り合いを付ける、あるいは折り合えないことの苦労が続いていた。「一人前になる」には、自己モニター作業を行うしかないらしいと思っていた。「自己肯定感の低さ」あるいは「傷を負った自分」について、以前ほど目を背けることはなかったように思う。「私との面接場面で患者は、自分と向き合っている。面接という辛い作業を行っている。立派だな」と思えた。「それに比べて、面接者である私はちゃんと自分と向き合っていないではないか。毛染めをしている自分は人に嘘をついている」と感じていた。三十八歳頃から前髪の一部のみを白髪のままにした。毛染めすることは、人に対してまた自分に対しても、なにか偽っている気持ちになっていた。発病、病的体験あるいは「傷を負った自分」は、「劣等なもの」ばかりではない、と思い始めていたのであろう。しかし患者との関わりは、試行錯誤と悪戦苦闘とが続いていた。ちなみに、中井久夫（二〇〇九）は、事例検討会について、「患者との関わりの中での事例提示者の辛さを、検討会参加者が分かち合えるようなものにしたい」と述べているが、そのような検討会が増えればよいと私も思っている。

ある年の秋、学会会場に早く着き大学内を歩いていた。一人の小柄な女性が校内の道の端で時折腰をかがめている姿を目にした。「まさか」と思ったが、それは、大会実行委員長が朝早く会場内のゴミを拾っていたのである。「（病院の非常勤勤務時代）シーツ交換とかお手伝いできることがありましたらいたします」と著作（一九九〇）にあったことを村瀬は行っていた。また一つ、こんなこともあった。池田との勉強会のある日、電話が鳴った。池田が担当する統合失調症の患者が外泊中に警察に保護されたため、迎えに行くことになった。病院に到着して、二階の病棟に上がる階段の途中で、池田は「歩ける？　肩をかそうか。看護師さんに食事を用意してもらうように頼んだから」などと声をかけ患者の肩を抱えて階段を進んでいた。私は、主治医がこんな対応をしてくれると患者さんは安心するだろう、精神療法に長けた医師はこのように振る舞うわけだ、という思いでみていた。

ある研修会で私は、「心理療法、カウンセリングを先生ご自身の言葉で言い表すとどのようになるのでしょうか」と村瀬に質問したことがある。「あの『ピノキオの冒険』に出てくるコオロギでしょうか。私たちは、当然なことですが女神様にはなれませんしね。『眠り姫』の物語の最後に出てくる、あの新前の妖精でしょうか」と答えてくれた。このコオロギや新前の妖精の仕事を、心理臨床家が自分の臨床現場でさまざまな工夫のもとに、クライエントに対して、個別的に「つなぎ手」となること、そして、クライエントとの出会いについて、「クライエントに、自分を素材として提供する心づもりでお会いする」と、その研修会で述べていた。それらは、村瀬の著作（一九九五）に記されている。私は自分の臨床現場における工夫について考えさせられるところが多かったが、「自分を素材として提供する心づもりで」という言葉は、恐ろしさを感じていた。

神田橋條治（一九九〇）の、「支える」ことが援助の基本、「技法」は「主体」にとって異物、つまり「主体」にとって「抱え環境」の平和を乱すもの、という論述は、これまで私が抱いていた「技法」のイメージを上手く壊してくれた。なお、開業後に私は、「支持療法」についての滝川一廣（一九九九）と村瀬（一九九九）の論述に出会ったが、「支える」ことの大切さを再認識させられ、先の神田橋の論述を理解することにも役立った。

そして、池田の紹介で私が尊敬するある精神科医の個人スーパービジョンを三十八歳から五年間受けることができ、クライエントとの関わりでの、私のいくつかの癖、あるいは傾向がそれなりに自覚できたように思う。

十二年半の常勤として精神科病院臨床の経験は（単科精神病院の十年、精神科クリニックの二年半）おおよそこのようなものであるが、もう一点、それは、医学、精神科医療は大変な厚みを備え、その実践の幅は広く深いということである。また、とりわけ精神病圏の患者を前にしたときの臨床心理士の無力感である（われわれの無力感に比較できないほどのものを彼らは抱いているのであるが）。これらは、ある意味で臨床心理学の非力さに目を向けることができるし、心理臨床の難しさを実感させてくれた。臨床心理士は精神科医療の場をできれば経験したほうがよいと思う。とりわけ、開業を考えている場合は十年ほどの経験があってもよいように考える。

三　相談室を開設

開業を決意した一つの大きなきっかけは、クリニックに勤めて一年八カ月の頃（四十二歳）、内痔核の手術のための一カ月の入院体験である。心理面接を担当していた患者さんをはじめクリニックのスタッフに迷惑をかけた。申し訳なく思う。生死に関わる病気ではないものの、病室でいろいろなことを考えた。ニュートン的時間ではなく前後裁断的時間というものかもしれない。それを端的に示せば、「せっかく生れてきたのだから、自分が死ぬときに悔いなく終えたい」という気持ちである。外的には、社会経済的な意味で当時の精神医療において、臨床心理士は「必ずいてほしい人」ではない。いわば病院の「壁の花」である。私はそのことに、不満や怒りあるいは恨みや悲しさを感じていた。そして内的には、「傷を負って生れた自分」に対して、そのような運命に対して、不満や怒り、恨み、悲しさを抱いていた。これら二重の「自己愛の傷つき」が、「こんな私であっても悔いなく死にたい（生きたい）」という青年期心性に火を付け、「自分が学んできたこと」をもっと自分なりに実現したいという行動に掻き立てたと思う。「傷を負った自分」をそれなりに生き抜きたいという思いであった。これは中年期の危機であったのかもしれない。師匠の池田は、「食べていけるの？」と賛成しなかったが、隣県の開業臨床心理士の苦労話をきかせてもらうこと、どのように開業しているか面接室を実際に見せてもらうこと、開業の仕事場に出向くことを勧めた。私に現実吟味をさせた、ともいえる。私は退院後半年ほどかけて愛知、三重、静岡の七カ所の相談室を訪れた。

これまで岐阜県内の病院に勤務していたので相談室は岐阜市内の開設を考えた。県内では有料の心理相談室は初めてということもあり、親しい精神科医にはリファーの依頼を了解してもらっていたが、面識のある精神科医が勤務する精神病院、精神科クリニック、そして県の保健医療課、保健所（数カ所）に、開設前に出向いた。「私の力量の及ばないクライエントさんは当然いらっしゃいますので、その時はご紹介して宜しいでしょうか」という内容を話すためである。

「こころの相談室岐阜カウンセリング研究所」の概略について簡潔に記す。相談室は岐阜市内の（人口約四十一万人）中心地にある七階建てのオフィスビルの一室（四階にある）を借りている（自宅は名古屋市内にあり片道一時間半弱の電車通勤）。開設以来私一人で心理相談を行っている（受付事務等もすべて私が行う）。予約制で面接。初回面接は九〇分（一万二千円）、継続面接は五十分（八千円）、面接時間は午前九時から午後八時（休日は水曜日・日曜日・祝日）。面接室は約五×五メートルの一部屋、待合室はない。横が一メートル六十センチほどの大きめの机と大きめの椅子があり、いわゆる九十度対面法で面接を行っている。机の上には色鉛筆、文鎮、十種類ほどの小ぶりな置物などが置いてある。面接室には高さ二メートルほどの観葉植物が二鉢、三人掛けのソファー、電話台、書類などを入れる収納具、スタンドランプなどがある。机などの調度品は木製で、色調はほぼダークブラウン。なお、天井は三メートルと高く、先のスタンドランプと同じく蛍光灯は白熱色である。

来所されるクライエントは、九つのタイプを渡辺雄三（二〇〇二）があげているが、私のところへはその中の八つのタイプの人たちが来所されている。来所者の多い順に、むなしさや漠然とした悩みを持つ中年女性の人たち、恋愛、結婚生活の悩みがある人たち、いわゆる嗜癖症候群の人たち、対人緊張・対人恐怖とか引きこもりなどの人たち、抑鬱や燃えつきで苦しむ中年男性の人たち、いわゆる境界例の人たち、いわゆる神経症の人たち、そして個人スーパービジョンの人たち、となる。小学生から老年期と年齢の幅は広い。性別では女性がほぼ六割。なお、来所経路は医師、保健師などの紹介が七割ほど、面接は毎週あるいは隔週に一回がほとんどである。また、医療機関に通院している割合は五割ほどである。

クライエントが来談しないと私の生計は成り立たない。逆説的に聞こえるかもしれないが、クライエントの幻想をあまり膨らませないように心掛けた。トラブルを避けたいためでもある。私の限界を提示するといってもよい。前記したように、臨床心理学の非力さを自覚しているので、このことをまず大切にした。「残念なことだがカウンセリングは即効性がありません」、「カウンセリングを行っていると気持ちが落ち込んだりイライラしたり、症状のある人は一時的にそれが増えたりすることがあります」、「カウンセリングは高価な買い物をすることに似ています。あそこは、ここはどうだろうという、カウンセラーショッピングは、当然のことと私は思います。カウンセラーとの相性で選べばよいと思います。このカウンセラーなら自分の話ができそうだとか、自分のことをわかってくれそうだと思える人を選べばよい」などと相談面接のなるべく初期にこのような話をするようにした。クライエントに話すこれらの内容は事実でもある。

医療機関などへのリファーの際、「来談して馬鹿をみた」とクライエントが思わないように、リファーの理由を丁寧に説明する。

初回面接後の空き時間はなるべく「一時間」は確保するようにし、新規のクライエントは一日に一名まで。なお、継続面接の場合は次の面接まで「三十分」はあける。

これらは今も変わっていない。面接件数だが、私は、一日に六件が自分の限界と思っている。

四　臨床素材を示す形で、一つ事例を提示する

事例の提示意味を損なわない範囲で事実を加工してあることをお断りする。

面接者の失態によって、面接時、沈黙を続けた事例：小山紀香さん（仮名）

三十歳前半の女性。小学校教諭（講師採用）隣県からの来所。二カ月の中断が一度あったが、約三年半、百十八回の面接で、一応の終結となった。

初回面接で「なにをどう考えていいのかわからない」としくしくと涙を流し、面接は始まった。問いかけには応じてくれた。その内容は、幼稚園児の一人息子に暴力をふるってしまうこと、医療機関を受診したがその医師に理解してもらえず自ら治療を中断したこと、母親の知人の精神科医から当相談室を紹介された、である。私とのカウンセリングに期待することを尋ねると、「わからない。どうにもならない問題を抱えている。ここで話しても何ともならない。子どもを虐待するのはその問題があ

るからだ」と、再びしくしくと泣きながら語った。二回目面接時、「ここに来るのが何か楽しみだった。だけど、来ても何ともならない」と話し、その後の数回の面接でも「私の問題はどうしようもない」と語った。私は、「小山さんのいう、そのどうにもならない問題をできれば話してほしい」と応じていたが、六回目の面接で、「この世で起きた問題は、この世でなんとかなると思う」と話した。「なんとかなる」と断定的に言ってしまった、と私は思っていた。この断定口調は、前治療者、紹介してくれた精神科医に対する私の対抗意識（「私がなんとかする」）が関係している、と私は感じていた。また、「誘惑する・誘惑される」という雰囲気を私は感じてもいた。小山さんを誘惑したい気持ちも、（私とのカウンセリングを続けてみて）あってのことと思っていたが、小山さんに誘惑されているとも感じていた。その面接で、小山さんは、「どうにもならない問題」について語った。以前、身体の病気で治療を受けていた佐藤医師（仮名）に性的な誘惑を受け、男女の関係になったこと、半年ほどその関係は続いたが数カ月前からその医師は自分を拒否していること、「もう電話をかけるな」と怒鳴られた、という内容をこと細かに語った。

その後の数回の面接で、自分の人生をダメにした佐藤医師に仕返ししたい気持ちとともに以前のような関係に戻りたいという気持ちもある、医師に仕返しできないことを自分の子どもにやっているだけ、医師は教授選に落ちてばかりで可愛そうなど、と語った。小山さんは、葛藤を抱えるというより行動優位となる面がある、その医師への感情が全部私に向けられては厄介なことになる、先の断定的な口調から「なんとかなると言ったでしょ。カウンセリングが進展しない責任を取れ」と怒りが向けられても大変だ、と思っていた。私は、小山さんを怖れていたため、「断定的に言ってしまった」ことを面接場面で話題にできなかった。この話題にできなかったことを、失態と思っていた。

二十回目の面接で、「こんなに自分が悩んでいることを佐藤医師に話してほしい」と要求した。面接者がその医師に連絡を取り問題の解決役になってほしいと、小山さんは、その後の面接で執拗に繰り返した。私は「それはカウンセラーの仕事ではないと思う」と話していた。小山さんは面接で沈黙することが多くなり「私が来ない方がホッとするんでしょ。先生（筆者）も佐藤先生と同じだ」、「習いごとをしているので面接時間を（午後の）七時から三十分遅くしてほしい」などと語っていた。面接時間の変更は了承した。

二カ月ほどの中断が二回あった後の五十五回目の面接で、四十五分ほどの沈黙が続いた。面接料金を机に放り投げ、退室時、ドアの手前で「こんなにイライラして、帰りの運転で、車をどこかにぶつけて死ぬかも」と呟いた。椅子から立ち上がり、私は「そんな話をきいて、そのまま帰ってもらう勇気は、私にはない。予約日に来て下さい」と話し、ドアの内側で私と小山さんの二人は立ったまま、二十分ほど同じやり取りが続いた。二人の距離は五十センチほどである。一年前、私のクライエントが自殺していた。私は「このような時間延長になっても、今の私にできることは予約日の来談を約束してもらうこと」と考えた。それは、腹をくくったという思いであった。その後の二回の面接でも、同様のことが繰り返された。

五十八回目の面接で、私は、「どうしようもない問題を抱えていると小山さんが話したときに、私は、『この世でおきたことは、この世でなんとかなると思う』と断定的に話してしまったと感じていた。自分の価値観を小山さんに押しつけてしまった、と反省していた。しかし、カウンセラーの仕事は、小山さんが元気になる手助けをすることで、佐藤先生に連絡を取ることではないと思っている」と話した。ようやく話せたのである。小山さんはその後も、「なんで佐藤先生に連絡を取ってくれないの」という内容を繰り返したが、以前のように沈黙することはなかった。専門職の国家資格取得のために、六カ月前から勉強に取り組んでいること、この資格を取って佐藤先生を見返したい、佐藤先生も教授選で頑張っているだろうし、などと語っていた。

小山さんは、国家資格を無事取得した。しかし、仕事で知り合った社会的地位のある妻子をもつ男性と、男女の関係となった。その男性と妻が、小山さんの了解のもと、私の面接を受けに来所した。その男性は私とカウンセリングをすることになった。

小山さんは、多少の紆余曲折はあったが、取得した資格を生かした仕事を行うこととなり、一応の終結となった。

小山さんは、佐藤医師との出来事を面接中にいわば再演し、その男性を私に会わせることになった。

私がクライエントに（前主治医、紹介者にも）いわば見栄を張り、見栄を張ってしまったことに気づきながらも、「腕の悪いカウンセラーとして責任を取れ」とクライエントに責められる怖れを抱いてしまい、見栄を張ったことを面接場面で扱えなかった。この扱えなかった私の失態が、クライエントの長い沈黙と面接時間の延長をもたらしたものと思う。時間延長について、私は、「このまま帰ってもらう勇気は、私にはない」と、面接者の限界を示したことになる。「このようなことが繰り返されても、この小山さんと関わるしかない」と覚悟を決めていた。そして、その後の面接で、ようやく私の失態をなんとかクライエントに話すことができた。どのように攻撃されようが、そこで対応することが面接者としての私の仕事だ、と考えることができたためである。これらは、クライエントにとっては、「このカウンセラーなりに、私とちゃんと向き合っている、私を見捨てない」という気持ちを活性化させたもの、と考えられる。しかし、私が、私の失態と怖れの気持ち、そして小山さんの行動優位な傾向を、小山さんと面接場面で十分扱えなかったことが、面接の長期化と面接後半の男性関係の再演を、もたらした一因となったように考えている。

五　あらためて「私の仕事場」について

ある日の朝、私はいつものように面接室の机の引き出しを手前に動かした。ドスンと大きな音がした。一瞬、なにが起こったのかわからなかったが、引き出しが壊れ下に落ちたのである。私は「あっ」という思いがした。とりわけ開業という場合は勤務している臨床心理士と違って、もちろん現実的な条件の中ではあるが、自分で臨床の場を、私の場合は面接の場を設定することができる。私の面接室は「私」のいわば延長でもある。仕事場はもちろん面接室だが「私」でもある。いや、私の仕事場は「私」であるといったほうがよいであろう。

今回の出来事は私の仕事場の調度品が壊れたわけである。面接室でクライエントと面接するのだが、面接者は当然クライエントをモニターしながら、「自分をモニター」することをも行う。モニターしながら、ある意味私は「自分を壊している」という思いがした。クライエントを理解しその手助けをするという仕事は、面接者が自分を壊すこと、それも「ほどよく壊すこと」のように思う。ばらばらに壊れてしまっては大変なことになる。しかし時折、それに近い経験をすることもないではない。「ほどよく壊す」とは、過度な防衛を緩めることにより不安や怖れなどから少しは自由になれること、外部に排出・投影していたものを自分の中に取り入れること（投影の引き戻し）、あるいはその結果としての自己の修復、自己対象の確認や補強あるいは修正、もしくは自己のなんらかの意味での再統合がされやすい状況づくりなどを、もたらすかもしれない。ただし、自己の混乱を自分の中にもたらすことも、当然あるかもしれない。「自分をモニターし、ほどよく壊す」ことは、先の成田のいう「心を耕す」ことに通じるものと思える。もちろん、クライエントも面接者と同じように、自分を「ほどよく壊すこと」をしている。

前述の「自分の専門的部分と素としての部分がスパークする」こと、「理論が受肉化する」ことも、面接者は、「自分をほどよく壊す」中で、行われるものと思う。自分にはこのような特徴がある、自分とまわりの人との関係、自分と自分のまわりで起きる出来事との関係のその現われ方が、「ほどよく壊れること」で、面接者のそれまでのクライエント理解が変化するのであろう。対人援助職の一つである臨床心理士の道具は「私」であると前述した。その「私」を「ほどよく壊すこと」は、いわば援助道具の特性の把握、道具の精度を確かなものにする作業ともいえるであろう。このことは、われわれの専門性・独自性を考えるうえで、大切な事柄の一つと思う。

私は毛染めをしていた。自分をあるいは他者を偽っているような思いがして、三十八歳頃から一部のみをそのままの白髪にしたと前記したが、開業して四年目に（四十七歳）、師である池田が他界した。大変大きな喪失体験であった。その一年半後、私は毛染めをやめた。今思えば、これは、自分を壊したことの一つと思う。毛染めには、私の「傷を負った自分」、「自己肯定感の低さ」が関係しているが、「私は、こんな私です」、「自分は自分だ」ということが、多少はできるようになったのかもしれない。「傷を負った自分」を「私」の中に位置づけることが多少はできたのかもしれない。しかし、毛染めをしていたそれまでの自分に対して、人の目を気にする臆病者などと自分を責める気持ちはない。「あれはあれで、あの時の私だな」という思いである。

岸本（二〇〇六）は、「セラピストの発病と患者体験（セラピストが夢の中で病気の体験をする、セラピー中に心理的身体的症状を体験する、身内の看病、教育分析をいう。要は、病とか悩みを患者・クライエントの側から体験すること）の意義」を綿密に論じている。その中で、グッゲンビュール＝クレイグ（Guggenbül-Craig A.）を引用し、「治療者－患者」元型の観点の重要性を述べている。それに従うと、私が、自分のいわば傷を見つめられたこと、私が自分の中に「内的患者」を見ることで、クライエントが自分の中の「内的治療者」を活性化しやすいことになる。前項にも記したが、病院臨床の後半に、多少は「自分をモニター」する中で、私は「患者は（私よりも）自分を見つめている。（私よりも）立派だな」と感じていた。今思えば、私は患者の中に「内的治療者」を見ていたことになる。私は、それまでのように「肩書き（技法をも含む）」を付けることで、「自分の傷」などはないという姿勢、それは、「傷を負った自分」を患者に投影し、外部に排除することでもあるが、そのようなことではなく、その投影したものを自分の中に少しは位置づけられるようになりつつあったのであろう。

クライエントとの面接は、前述の事例のように、今も試行錯誤の範疇ではあるが、「自分を素材として提供する心づもりで」ということが少しはできるようになってきたのかもしれない。外に対して、また自分に対しても、少しはオープンになれたかもしれない。

なお、開業は、「悔いなく死にたい（生きたい）」という青年期心性が頭をもたげ、四十三歳で、いわば行動化した、つまり中年期の危機であるという一面はあるかもしれない。岸本は、セジウィック（Sedgwick D.）を引用し、「傷を負った治療者」には「死」と「自我肥大」の危機が布置されやすい、しかし、セラピストの発病や患者体験はこの二つの危機に「ブレーキ」の意味合いをもつ、と述べている。私は一カ月入院し、まさに患者体験をしたおりに開業を決めている。先の中年期の危機に「ブレーキ」をかけなかったことにもなりそうだが、そうともいえない。病院臨床後半から、「傷を負った自分」と向き合いだしていた。「傷を負った自分」が、入院体験、つまりまさに病を体験することで、この二つの危機に鈍感にならずに済んだのかもしれない、と考えているのだが、「傷を負った自分」と向き合っていることそのものが、「ブレーキ」として働いているのであろう。

この相談室を現在まで維持してきた。父親が自分の家族を守ると同じように、大切ななにかを守り抜くという中年期の課題を、私はそれなりにこなしてきた。開業臨床心理士として、「連携と覚悟」の重要性を自覚し、約束の時間にクライエントと面接することを、愚直に粘り強く続けてきたともいえるであろう。

そして初老期の今、人はさまざまな矛盾を抱えて生き抜いているという人間の強さと弱さ、必然的偶然・偶然的必然という計り知れないものがときに人に影響するということ、また、肩書き・資格などではなく、本来の意味での「権威としての理論」の支えのありがたさ、を感じている。

松木は、「思わしくない仕事」を論じる中で、「おそらく、私たち自身が悲哀の仕事をうまくやれていない……（中略）……そこで、遂げられなかった悲哀の仕事を達成したいという思いを抱えていたのであろう……（中略）……私たちはクライエントの悲哀の仕事につきあいながら、私たち自身の悲哀の仕事を進めようとしている」と述べている。私も、その一人であるように思う。この拙文は、いわば「傷を負って生れた」私が、「自己愛の傷つき」を、心理臨床という「思わしくない仕事」を行う中で、私なりになんとか対処してきた物語の一端を記したものである。松木がいうように、これは「悲哀の仕事」であり、岸本が述べるように、私は自分の中に「傷を負った自分」を、一応は位置づけられるようになれたのかもしれない。河合（一九八四）が、「治療者は弱点で勝負する、勝負させられる」と述べているが、その意味は重く、深い。

渡辺（二〇一一）は、精緻かつ綿密に臨床心理学を論じている。その中で、「私の中の私ならざるもの」を見つめる作業について述べている。「私とはなにか」というモニター作業は、どの領域で仕事をするにせよ、臨床心理士にとって、一つの大切な仕事でもあると思う。

大江健三郎が四十歳を過ぎてから自分の文体を変えた話は周知なことである。意図的に「自分を壊した」ともいえる。優れて創造的な人々はそのような作業を行っているのだろう。われわれが行う「自分を壊すこと」とは大変な違いがあるが、その本質は同じであろう。大江は、西洋の詩を日本語に翻訳するときのことを語っていた（二〇一一年の正月、NHKテレビ）。「英語の詩を翻訳しようと考えていて、使われている言葉を（英語を）頭の中に置いて、その国の文化、風習などを考えていると、教会の鐘の音が聞こえるんですね。そして、日本の文化などを考えながら、翻訳に、どの言葉にしようかと、この言葉かなどと、頭の中にあれこれ日本語を置いて考えていると、お寺の鐘の音が聞こえるときがある。そんなとき、この言葉にしようと決める。いい翻訳ができたかなと思う」という内容を語っていた。われわれが、「共感」を考える際の一つのヒントとなるように思えた。また、臨床心理士自身の「自分をモニターし、ほどよく壊す」作業は、大江がいう鐘の音のようなものを、運がよければもしかして、時折はきけるかもしれない。それは、いわば自分の通奏低音をきくことかもしれない。クライエントと臨床心理士自身の通奏低音をきこうとしない心理臨床、臨床心理学は意味をなさないように思う。昨今のマニュアル志向や統計学的標識に飲み込まれないためにも、臨床心理士が「私」を見つめる作業は必要と感じている。

還暦を前にして、このような機会を得た。自分の臨床経験をふり返り、少しは自分をモニターできた気持ちでいる。稚拙で散漫なものではあるが、心理臨床に携わっている方の何かの一助となれば大変ありがたく思う。

文　献

土居健郎（一九八〇）『精神療法と精神分析』金子書房
神田橋條治（一九九〇）『精神療法面接のコツ』岩崎学術出版社
河合隼雄（一九八四）『カウンセリングの実際問題』誠信書房

河合隼雄（二〇〇一〜二〇〇二）「臨床心理学──見たてと援助、その考え方」『臨床心理学』第一巻第一号〜第二巻第五号
岸本寛史（二〇〇六）「セラピストの発病と患者体験の意義」『臨床心理学』第六巻第五号、六〇六-六一一頁
小出浩之（一九九一）「精神療法について」『ぎふ精神保健』
松木邦裕（二〇〇六）「思わしくない仕事でのこころの健康」『臨床心理学』第六巻第五号、五八四-五八九頁
宮地幸雄（一九九〇）「面接治療が行き詰まった吃音の一症例──症状理解と面接の行き詰まりを中心に──」丸井澄子編『人格と臨床の心理』文化書房博文社
村瀬嘉代子（一九九〇）『心理臨床の実践』誠信書房
村瀬嘉代子（一九九五）『子どもと大人の心の架け橋』金剛出版
村瀬嘉代子（一九九九）「心理療法と支持」『こころの科学──心理療法における支持』八三、一〇-一五頁
村瀬嘉代子（二〇〇八）「心理臨床のこれから──パラドックスの中を模索してきて（上）」『臨床心理学』第八巻第三号、四三五-四四三頁
村瀬嘉代子（二〇〇八）「心理臨床のこれから──パラドックスの中を模索してきて（下）」『臨床心理学』第八巻第四号、五八九-五九七頁
村瀬嘉代子・中井久夫・滝川一廣（二〇〇九）「私が臨床で心がけてきたこと──精神科臨床と臨床心理学をめぐる考察」『臨床心理学』第九巻第二号、二六九-二八〇頁
成田善弘（二〇〇一〜二〇〇二）「精神療法家の仕事」『臨床心理学』第一巻第一号〜第二巻第五号
成田善弘（二〇〇一〇）「心理療法的関係の二重性」『ヘルメス心理療法研究』第十三号
滝川一廣（一九九九）「心理療法の基底をなすもの」『こころの科学──心理療法における支持』八三、二一-二七頁
渡辺雄三（二〇〇二）『夢の物語と心理療法』岩波書店
渡辺雄三（二〇一一）『私説・臨床心理学の方法』金剛出版

第八章　自己を語る場所として
──臨床心理士・長瀬治之の仕事場において

長瀬治之

はじめに

「ながせ心理相談室」は、名古屋市の北部、公営地下鉄と私鉄が乗り入れる駅から歩いて三分、マンションの一室にある。「開業をするなら利便性のいいところ」というアドバイスに従った。部屋の中には、中央に一つテーブルがあり、それを囲むように椅子が二つ、三人掛けのソファーが一つ置いてある。二つの椅子は九十度で向かい合い、たいていのクライエントはその椅子に座り、セラピストがもう一方の椅子に座る。週の内の半分はその椅子に座り、残りの半分は学校や企業に出かけている。

「相談室」を開いて八年になる。それまでは総合病院に勤めていたこともあり、クライエントに会う前には必ず精神科医の診察があった。精神科医が判断して心理療法の依頼をするので、依頼をする精神科医の考え方に心理療法が束縛を受け、クライエントが偏ってしまうことがあった反面、薬が処方され医学的な管理がなされているという安心感があった。その上、地域の基幹病院に所属していたので、病院という組織にも守られていた。広い敷地に大きな建物があり、体に変調があればどこに行くかなど迷いもなくその病院にかかり、夜間にお腹が痛くなれば救急外来にかかるなどして、クライエントにとって昔から馴染んでいた病院である。辞めてから感じたことは、病院という組織に守られていた以上に、地域の人たちが寄せていた淡い信頼感のようなものにも、クライエントとセラピストの関係が支えられていたところがあったように思う。

それに比べて、「相談室」は、クライエントとセラピストは一対一の関係になる。根ざした地域もなく、病院という組織の後ろ盾もなく、精神科医というフィルターもない分、直接クライエントと相対して、セラピストの存在そのものが問われる。クライエントとセラピストの関係そのものが心理的援助の枠組みとなる。

一　セラピストにできること

辻悟（一九九七）は、「精神・心理臨床の対象となっている人たちは、当人だけのものとして人生を生きているから臨床の対象になる。つまり病んでいるのではなく、一般化し共有し得る法則と当人のものとしての営みとの間のずれの故に病んでいるのである」と語る。人とうまく話せないと悩む人もいれば、話せないことなどで悩まない人もいる。人と話せないことを悩む人は、悩みを抱えている自分自身を責め、話せないことを恥じている。悩まない人は、話すのが苦手なら一人で居ても良いと考え、話せないのはただ苦手なだけで、そのことで自分を責めることもなく、人から拒否され否定されることはないという安心感を持っている。他人と共通の地盤に立っているので、皆と居ても話したくなければ黙っていることができ、話し掛けられれば、話すこともできるであろう。人との関係に違和感を持っている人が、手が震え始めたり、頻尿になったり、なんとなくやる気がなくなるなどの症状――人と関係のもてなさを悩みとして意識できないから症状化するといった方がいいかもしれない

――が出始めると、その症状を解決するために心理療法を求めて来る。来室する前にクライエントは人とのつながり、社会との関わりを、外的な関係としても内的な関係としてもすでに失っていることになる。クライエントは自分自身への信頼感もなく、その上、セラピストが何たるかも知らないで「相談室」を訪ねてくる。

セラピストにできることは、「相談室」を訪れたクライエントを労い、クライエントとセラピストの間で再学習できる場を整え、クライエントの話を聴き続けることであろう。成田善弘（一九九九）は、「私自身の経験に正直に聞いてみる限り、解釈が患者の治療に果たす役割は必ずしもそれほど大きくはない。患者がよくなるのには実にさまざまな要因があって、解釈がかりに有効だとしても、それは多くの要因のごく一部にすぎない。治療者が患者を一個の自立した人間として敬意を払い、患者が自身の問題に自ら対処できるようになることを信じ、何がそれを妨げているのか探究する姿勢が基本的に重要」と述べている。成田は、心理療法の中心をなす「共感と解釈」をめぐって、事例も交えながら解説する同書の中で、クライエントがよくなる要因は様々であると言い、解釈をどうするかの議論と同時に、人間としての敬意を払うことの必要性について触れている。また、成田は、フロイトの症例「狼男」の例も挙げ、フロイトに分析を受けた「狼男」は、フロイトの精緻な分析には触れずに、患者としてではなく共同研究者とみてくれたことを高く評価していたという。

クライエントとセラピストの間に流れる雰囲気は、言葉に表すのが難しい。セラピストは意識したことや、介入した言葉を覚えていて、それが変化のきっかけとなったと思っていても、クライエントは意識された言葉より、その時のセラピストから伝わる感覚的なニュアンスに影響を受けていたかもしれない。心理療法は言葉を介して成り立っているので、どうしてもクライエントが何を話し、セラピストが何を聴いて、どう介入したかに、目がいきがちになる。しかし、毎回高額の面接費用を払い、何年も通い続ける動機を考えると、悩みや症状の解消だけを一義的に追求していくだけでは、片手落ちのような気がする。現実の社会、家族の関係の中では決して体験できないことを、クライエントは求めているようにも考えられる。それは、セラピストとのやり取りの中で生まれる「一般化し共有し得る」時間の体験であるように思われる。その体験を通して、クライエントの存在が「当人のものとしての営み」から「共有し得る」存在へと変化し、現実の中につながりを見出していく過程となる。だが、「当人のものとして」生きている人が、簡単に共有し得る時間を体験できるはずもなく、その時間を体験できるようになるためには、クライエントは、セラピストの前で自分自身について語り続けなければならない。

本章では、精神医学的な症状はなく、社会の中で生きていくのにそれほど困難は感じていないものの、何かモヤモヤしたもの、何か生きにくさを感じている人が、「相談室」という場で、セラピストに向かって語り続けることで、自分自身を見出すことができた事例を紹介する。自分自身を見出したといっても、めざましい人格的成長を果たしたというわけでも、自律と自己統制の力を大きく発展させたというわけでもないが、クライエントがありのままの自己を（あくまでもほどほどにだが）受け入れることのできた事例である。

事例を紹介する前に、クライエントを支えるクライエントとセラピストの関係について、基本的な構造をまず吟味しておきたい。

二　心理的援助の中のクライエントとセラピストの関係

心理的援助の対象となる「こころ」は、モノとして対象化し実証できないことと、悩みを抱えているクライエント自身を通してしか、その「こころ」に接触できないことが特徴である。しかし、セラピストがその「こころ」に接触するためには、クライエントの中に悩みの原因を（はっきりと目に見える形では）発見することができないので、セラピスト側の拠って立つ援助方法や理論の枠組みに従って見立てなければならない。調子の悪さを訴えるクライエントに対して、職場環境にその原因を求めるか、マスクドデプレッションの一つの症状と考えるのか、エリクソンの概念を使いアイデンティティの拡散が背景にあると見立てるのか、母親への満たされない依存欲求が身体症状として表れているのかなど、さまざまな見立て（仮説）が可能である。クライエントを援助するためにはセラピストの見立ての枠の中ですすめざるを得ない。このように、クライエントとセラピストの関係は矛盾を内包した不安定な構造を持っているので、セラピストが何をしているのか自覚していないと間違いを起こす原因になる。

こういった状況の中で、クライエントに生じてくる負荷を「侵襲」という言葉で、鈴木啓嗣（二〇一一）は注意を促している。それをまとめるならば、「利用者の心理的問題を援助の対象とするのではなく、援助の素材として要求すること」「受け入れがたいほどつらい状況に追い込まれた時に、認められる反応そのものであるのに、抵抗や否認、回避、転移をクライエントの問題として理論的に評価してしまうこと」「心理的問題を意識することを求め、内省や言語化を求め利用者の話がいっそう混乱したり迂遠になったりするのも、セラピスト側の圧力を問題にするより、クライエント側の問題として把握されることが多いということ」、そういう現象がクライエントとセラピストとの関係には多々あり、その中で何が起きるかというと、「みずから限定したつもりの対象が見当違いのものであっても、ボタンのかけ違いに気づかないまま対応を続け、現実とは異なった自分だけのストーリーを展開してしまうという落とし穴がある。それに対する評価を専門的価値観のみによって行うために、狭い視野から脱することができず、自前のストーリーを専門用語によって説明し、納得してしまう可能性がある」ことになってしまう。

小学校で保護者の教育相談をしている時、申し込み用紙に「二年前に広汎性発達障害という診断を受けました。子どもが集中して勉強ができないのでどうしたら集中して勉強ができるようになるのでしょうか？」と書いてあった。母親に会い面接の動機を聞くと、勉強をやろうとしても落ち着かなくて、すぐにほかのことをやり出してしまうので、対応の仕方をアドイスしてほしいと話される。具体的に母親がどんな応対をされているのかを聞くと、子どものペースではなく、母親のペースで漢字のハネやトメを、かなり厳しく教えようとしていることが分かって来た。母親の勉強を教える態度そのものに、注意が向くように相談を進めていると、十分くらい経過した時に急に泣き出してしまった。どうされたのか聞こうとしてもそのすきさえ与えず、これ以上相談したくないと面接を打ち切り部屋を飛び出して行ってしまった。後日、教育相談担当の教諭に聞くと、母親は広汎性発達障害と診断されたものの納得がいかないため、もう一度その診断について確かめたかったという話であった。

母親を労うどころか、母親を怒らせてしまった面接である。しかし、母親の怒りをセラピストとクライエントの間で生じていることと考えるのではなく、一方的に母親の問題として考えてしまうことも可能である。例えば、母親が子どもの障害をまだ受け入れることができていないこと、子どもの対応について母親の態度に少しでも触れると感情的に反応してしまうこと、飛び出してしまうような態度でいつも感情的に子どもと関わっていると子どもの二次的障害が心配になること、などの視点から説明してしまうこともできる。そのどれもが正しい説明であったとしても、母親の怒りを引き出した原因は、セラピストの態度にまずは求められるべきであろう。セラピスト自身が、広汎性発達障害と診断を受けたことは母親にとってあまりにも辛い体験で、自分の傷つきとして感じることはできないであろうと、想像しつつ、母親のいら立ち、やうまくいかなさ、今までの子育ての中で経験してきたであろう様々な気持ちについて、話をする場所をどんな風に整えるかを考えながら進めていれば、随分違った面接ができたかもしれない。

セラピストに侵襲的な態度を取らせ、母親が話したかったこととは異なったストーリーが展開してしまうのは、セラピストがセラピストのまま何もしないで、クライエントの前に居続ける難しさもあると思う。クライエントがセラピストの前に現れた時、クライエントの持つ悩みや症状を解決してほしいと言う暗黙の圧力を感じることもある。何も変化のない面接を続けることは、クライエントの投影でもあろうが無力感に襲われることもある。ウィニコット（Winnicott, D., 1971）が、「その段階は何と呼ぼうと個人にとって存在することが行うこと以前に達成されなければならないがゆえに、その段階は重要な意味を持っているのである。〝私は存在する〟は〝私は行う〟より先行しなければならない、そうでなかったら〝私は行う〟が個人にとって全く意味を持たなくなる」と述べるように、何もしないでそこに居続ける状態を受け入れられないと、何もできない自分は無用なものと感じてしまう。無用なものと感じないためにセラピストのする行為が、解釈であったり意味づけであったりする。そこにセラピストがいて、クライエントが様々な話をしていくことそのものに意味があったとしても、セラピスト自身の存在が不確かであると感じる時、あるいは目の前に生じている現象が分からない時に不安になる。分からない現象に遭遇した時に意味を見出し、理論などに関係づけることで不安を解消していく。クライエントが問題にしたい現実とは異なるストーリーを当てはめてしまうのは、セラピストの不安を解消しようとする時に生じてしまうように思う。

クライエントの話を聴く行為が、セラピストとクライエントとの関係に大きく依存していることを見てきた。一歩間違うと、クライエントの話をしているようで、結局セラピストから見たクライエントであって、クライエントが感じていることと大きな隔たりが生じてしまうことがある。そうなってしまうのは、心理的援助の構造そのものに原因があり、クライエントの中に原因を見つけることができない時、セラピストの枠組みにとらわれて説明しようとするためでもある。

セラピストとの関係の中で、クライエントが語り続け、クライエントがすでに感じていたことに名前をつけ、自己の中に取り込んでいくプロセスを紹介したい。

三　ある男性の事例を通して

今回取り上げたのは、「相談室」をクライエントが自分自身を語る場として活用し、セラピストに話すことで、クライエントの「こころ」の中に生じていた母親への愛を確認し、母親への愛を断念した男性の事例である。

初回面接のカルテに逐語に近い記載があったのでそこから抜粋する。受診したのが大学三年生の秋、「やる気が起きないし、毎日が楽しめない、どこか精神的におかしいのではないのか」と思い相談に来たという。初診の精神科医はカウンセリングの依頼をして薬の処方をしていない。「将来どういった仕事につけばいいのかわからなくなったため、一年休学してアルバイトをしている」「四月から大学に復帰するつもりだけれどもやる気が出てこない」「精神的に問題なければ病院へ通うつもりはない、精神的に何か疾患があれば治療はしてほしい」と言う。礼儀正しくこちらの質問には答えるものの、自分自身のことを積極的に語ろうとはしない。家族のことを聞くと、どうしてそんなことを聞くのか分からないという表情はしつつも拒否することはない。母親を大学一年の時に亡くしていた。県内の大学ではあるが、大学の近くにアパートを借りて一人暮らしをしている。父親はサラリーマンであったが、工場が閉鎖されたため飲食店の調理師として働いている。五歳下の妹と三歳上の姉がいて、来年に姉は結婚の予定。「今の生活との関係でやる気が出ない理由について思いつくことがあるのか」というセラピストの質問に対して、「休学していて所属していたクラブの仲間と会わなくなったせいかもしれない」「将来どうしたらいいのか目標もなく不透明なせいで、もう一つやる気が出ないかもしれない」と答えている。そして「母親が亡くなっているのに生きているような不思議な夢をよく見る」と言い、セラピストが詳しく話してほしいと促すと、一つだけ思い出したのは、「朝いつも一緒に登校している友人と、授業が終わり学校を出ようとすると急に雨が降ってきて、ほかの生徒たちは傘をさして歩いているのに、二人は雨が降っているのも気にせず歩いていると、遠くから母親が和服のレインコートを着て傘を持って迎えに来てくれる、その時はすでに雨が上がっており、どうして迎えに来たのだと強気で怒っている」という夢であった。夢の連想を聞くと「ほんとうにあったことかどうか判然としない」とだけ答えながら、「何も精神的に問題がなければ通いたくない、精神科なので待っているのもちょっと気が引ける」と語る。セラピストのコメントとして、「二年前に亡くなった母親とのモーニングワークがまだ十分なされていないか？　母親の夢が出て連想を聞いた時に、面接を辞めたい旨の連想もするので自分自身のことを話すのに抵抗があるか？」とあり、面接は二回で終えている。

それから、「相談室」を開いて間もない時に二回続けて来室し、その後しばらくして一回訪れている。二回目の面接（通算面接回数は三回目）は、「相談室」に電話が入り「話を聴いてほしい」と言う。何となく名前は思い出したものの詳しいことは思い出せなかった。病院へ問い合わせると初診の頃から五年経過していることも分かった。カルテには「自分のことを話すのに抵抗があり」という記載があるが、今回は話すことへの抵抗は見られなかった。「誰かに話をしたいと思った時、セラピストの名前を思い出して電話をした」「大学時代から引き続き、時折母親の夢を見て、いつも生きている夢を見ていた、それなのに、葬式の時は悲しい気持ちがわくことなく、亡くなった実感もほとんどなかった。しばらくの間は家に帰ると、道路から狭い路地を通って玄関に入ってくるので、その路地から足音がすると、ありもしないと思いながらも、母親が帰ってきたと一瞬思った」と言う。セラピストに話した夢もよく覚えていて、「先生に何か連想することはないかと聞かれた時には、夢から連想をするってどういうことかわからなくて、変なことを聞くなーというくらいに思っていた。しばらくたって何気なく横断歩道を歩いている時、フッと夢のことを思い出した。あの時は夢だと話したけれど、傘の話は実際に中学校の時にあった話だった。恥ずかしかった気持ち、あの時は雨も止んで母親なんか迎えに来てくれる人はいなくて、でも、なぜか心のどこかで着物姿の母親が誇らしい気持ちやうれしい気持ちがどこかにあって、おふくろに嫌な態度をした自分が申し訳なかったなぁーとか、そんなことを思い出してから、よくおふくろとのことを思い出し考えるようになった」と話しつつ、「話したかったのは、最近夢の中に塔婆が出てきて、家にある過去帳を調べたら、おふくろの名前と同じ漢字と、妹というような字があって戒名を確かめたら同じ字があった」「この夢を見るしばらく前に、たまたま秋吉久美子の出演している『異人たちとの夏』を見て涙を流した」と語る。「特に最後の方にある二人でどじょう鍋を食べるシーンでは、人構わず涙が流れ声さえ出た。その映画は十二歳の時に両親を亡くした子どもが四十歳になり、当時の亡くした時のままの姿の両親が家にいて、その家を時折訪ね、お酒を飲んだり、話したり、どじょう鍋を食べに行く映画である」とこと細かに映画のシーンを見ているように説明をする。そして、「あんな風にもう一度母親と話をしたかった」としみじみと語り、高校の時に母親との約束をしたのにその場所に行かなかったことや、大学に合格したときに一緒にどこかで食事をしようと誘われたのに言下に断ってしまったことを回想して、「本当は映画のようにおふくろと時間を過ごしたかったことに今になってようやく気がついた」と言う。「妹や姉とおふくろは食事が終わるとよく話をしていたが、自分一人だけ勉強部屋に籠ってしまい、ほとんどおふくろと会話をすることがなかった」と言いつつ、「当時最終電車で帰ると十二時近くになってしまうがそれでも玄関から出て自分の帰りを心配そうに待っていたおふくろの姿が思い浮かぶ」と母親と距離を取っていたことと母親が心配していた両面について語る。「母親が亡くなった時も悲しくも何とも感じなかった、おふくろがある時何気なく言った〝あんたは冷たいね〟という言葉を思い出し、思いやりにかける人間と思っていたけど、映画を見てやっと母親を亡くした悲しみを実感できたかもしれない」と話すので、セラピストは「お母さんとの別れが長い時間をかけてやっとできたのですね」と伝えている。

その後何の音沙汰もなく四年ほど経った時に、また電話があり「話をしたい」と言う。面接室の椅子に腰かけるとすぐに語り始めた。「親父は工場に務めほとんど家にいることはなかった、朝早く出勤し夜遅く帰ってきて、日曜日も寝ている姿しか覚えていない。夫婦仲はそれほど悪いとは思っていなかったが、一度はおふくろが包丁を持って父親に迫り、怖くて何が起きているのか、何を話しているのか聞きたくなくて、布団をかぶって寝たふりをしていたこともある。非行に走り悪いことをすればもう少し自分たちのことを、心配してくれるかもしれないと布団の中で考えていた」と語る。「母親が旅館の仲居を始めたころから、こういった喧嘩がよくあり、朝早くに仕事に行き、夜遅くに帰ってくるようになった。時折、父親と喧嘩したのか母親が家を空けることがあったけど、何事もなかったように一日もすると帰ってきていた。ある時、二日たっても三日たっても一週間くらい帰ってこない時があった。どこに行ったのかわからず、不安でたまらなかったが、そのことについて姉は一言も触れようとしなかったので、どうも連絡を取り合い知っていたかもしれない。自分一人だけ取り残されたように感じた」といったことを一気に話し終わると、長い沈黙があり、「そう言えば先生が言ったようにあれからぱったりおふくろの夢を見なくなった、不思議ですね、母親から解放されたような気持ちになった」と言う。またしばらく沈黙した後ゆっくりと、「交通事故で亡くなったと聞かされ、下宿から急いで帰ってきたけど、事故の詳細について誰も教えてくれなかった。朝の新聞の記事を読むと、名前こそなかったがおふくろのことが載っていた。深夜、車に乗って事故に遭っている。それも家の方に向かう道ではなく、国道を家とは逆の方向へと走らせ事故に遭った記事を読んだ。男性と同乗していた」と母親の死にまつわるエピソードを話す。その話がいったん途切れると、今度は少し前にあった現実の話を始める。「妻の実家から車で帰る時、高速道路を下りて一般道路に入るところで、〝おふくろに愛されてなかった〟〝おふくろに愛してほしかったのだ〟という考えが急に浮かんだ瞬間に涙があふれてきた。夜だったので隣にいる妻は何も気が付かなかったけれど、この気持ちを話したかった。妻に話そうと何度も思ったけれど、どこから話していいのか、どこまで話すのか、おふくろが浮気していたこともなんとなく話すのが嫌だなーとか、話すことを決めたとしていつ話すか、かしこまって真面目に話すのも変だし、かと言って食事をしながら話す話題でもないしとか、話してしまえば何でもないことはわかっているつもりなのに、話すことより、話す前のことばかり考えてしまい、妻には話せないまま今日まで来てしまった、やっぱり今までのことが十分に伝わった上で話したいと思ったので結局相談室に来てしまった」と語る。「自分の中だけで考えていると、思いだけがフワフワしていて落ち着きがない、そうだろうなーと思いつつもう一つ確信が持てない。先生におふくろとの別れができたのですねと言われた時、ストーンと腹の中に落ちた。それから母親の夢も見なくなり、母親のことを考えることも全くなかった。友達に話すとマザコンと茶化されそうだし、妻に話すと話が違う方向に流れてしまいそうで、うまく言えないけれど自分の思っている深さと同じ深さで聞いてほしかった」と言い、今回も「本当に突然自分の中に沸き起こった感情だったので、また先生に話さなきゃと思った」と述べる。

四　自己を語る場所として

心理療法の中で話すという意味を純粋に教えてくれた事例である。五回目の面接の時に長い沈黙が生まれたあと、彼の中にある連想をそのまま口にするまでには時間がかかった。母親の浮気の連想である。クライエントにとって話しにくい微妙なテーマを口にする時、セラピストの態度が問われる。クライエントがセラピストの存在を意識すると話せなくなってしまう。かといって、セラピストを遠くの存在として感じると、クライエントは一人だけ取り残され、一人で立ち向かうことができなくなってしまう。二人の関係で生じてくるイメージの中で、話ができる場をどう整えるかも、臨床家の仕事の一つである。クライエントの頭の中に様々な考えが浮かんだり消えたりしていて、セラピストの不用意な介入で一番大切で話したいと思っていた言葉がスーと消えてしまい、思い出せなくなってしまうこともある。この言葉を口にしない限り、母親も一人の人間であったことを認めることはできない。新聞の記事を読んだ時に、母親が彼の母としてではなく、人間としての一面を持っていたことに直面したのであろう。葬式の時には、母親に愛されていなかったという感情と、捨てられたという気持ちが一緒になってしまったのだと思う。そのショックから立ち直り、人間としての母親を受け入れるのに、十年の歳月が必要であった。母親から解放されたと、途中で彼は言っているけれども、縛っていたのは彼自身である。母親から愛されないのは、自分が冷たい人間で、何かしらの欠陥があるせいだと思い込んでいた。いつまでたっても母親を忘れられないことになる。母親への愛を自覚することで、やっと母親の死を受け入れ、母親は母親として、彼は彼として、別々の人間であると思えるようになり、ようやく母親の浮気を受け入れることができたのであろう。

面接ではあまり具体的な現実的なことは、こちらから聞くことはなかった。本書に掲載する許可を得るため連絡した時、現実的な変化について聞くと、「おふくろとのことと、直接関係があるかどうかわからないけど、くだらない些細なことだけれど、あいさつが自分からできるようになった。前ならあいさつはこちらからするものではなく、あいさつをされたら返事として返していた。会社で誰かが評価を受けると、どうして俺があいつより評価が低いのだとか、どうしてあいつがおれより先に出世するんだとか、嫉妬心が強かったように思うけど、今は人からのアプローチを待つことより、自分から提案し人との関係で少しは積極的に関わることができるようになった。評価を気にせず、自分のやりたいことを中心に考えられるようになった」と話してくれたことが、印象に残った。

だれしも、重要な人物からの影響があり、それから自由になり自分自身の人生を手に入れていく。それが人間に課せられた大切な仕事の一つであると思う。職業選択においても、結婚相手においても、自分自身の性格においても、影響を受けており、親から引き継いだ何かをそれと知らないで生きている。彼は十年かかって彼自身の人生を手に入れたのであろう。

村上春樹（二〇一〇）は、ロングインタビューに答えて、「書いているうちに、だんだんわかってきたことがありました。幼年時代、少年時代に自分が傷ついていないわけでは決してなかった、ということです。人というのはだれであろうと、どんな環境であろうと、成長の過程においてそれぞれ自我を傷つけられ、損なわれていくものなんです。ただそのことに気が付かなかっただけで」と話している。人が人と生活を送れば、誰しも当たり前のように傷つき、それに気づいていないだけだ。村上は続けて、「自分がどれほど傷を負っていたかということがだんだんわかってきた。……親を批判しているわけではないんです。考え方も生き方もぜんぜん違うけれど、それはしようがない。ただそこから、その痛みから、乖離の感覚から、自分の内的な物語が生まれてくるんです」と話している。村上春樹は、傷つきの体験から、物語を生み小説を書き続けている。事例で取り上げたクライエントの彼も、傷つきへの自覚が当初はほとんどなかった。傷ついていないと思っていても、実際には両親が喧嘩することも、一週間にわたる母親の家出も、しかも彼だけ居場所を教えられていないことも、葬式の時に新聞記事を読んだことにも、傷ついていたのだと思う。だからこそ、葬式の時は悲しいという感情すらわいてこなかったのであろう。自分自身の人生を手に入れるためには、自分自身の目で、今、目の前に起きていることを、そのまま見ることができるようにならなくてはならない。たいてい多くの人は目の前に起きていることに対して、その人独自の見方から解釈してしまい、そのまま見ることは難しい。

ある夫婦面接の中で、喧嘩するといつも離婚を口にする妻がいた。妻は、夫がそうならないように、もっと近づいてほしいという願いを込めて、その言葉を口にしていた。その言葉でかえって夫は、一歩身を引くことになり、妻の意図とは反対の動きをすることになってしまった。しかし、「くっつき過ぎた時、離れるのが怖いのか?」「常に逃げ道を探しているのかもしれない」と、夫は自問しつつ、子どもの頃母親を亡くしたことを思い出し、別れることを連想させるような言葉に過剰に反応していたことに気付いていった。離婚を口にされることで、目の前でまた別れが再現されていたとしたら、妻から身を引かざるを得なくなる。目の前で起きていることを、そのまま見ることができるようになると、力の抜けた関係が作れるようになる。事例の彼もあいさつができるようになったと話していたが、母親から自由になることで、他者の意向を気にせず振る舞えるようになったのであろう。過去からの影響に支配された人生ではなく、自分自身の人生を手に入れられるように援助するのも、「相談室」の役割である。

彼の喪の作業は自分の中で問題を抱え、それに名前を付け、それを語るという一連の行為の中で進んだと思う。愛されたいと受身的に待ち続けるのではなく、母親に愛されたかったという気持ちを自覚すると同時に、その愛を断念しなくてはならなかった。そのためには自分の中にある思いについて、想像したり頭の中で考えたりするだけではなく、言葉にして人に向かって話さないと、形のあるものとして自覚し人とのつながりも生まれてこない。人が人に向かって話をすることがどれほど必要なことかを、教えてくれた事例である。

正月に一日電話相談を担当したことがあった。公共機関の電話相談はすべて開いていないので、「どこへも相談できないから、五分でもいいから電話に付き合ってくれ」と、利用者から懇願されたことがある。「人と話をしないと死んでしまう」と訴えた人もいた。「真夜中、眠れなくて突然孤独感に襲われ、自分ではどうすることもできなくて電話をすると、もしもしという声を聞いただけで、アッ、こんな時間でも起きている人がいると思うと安心する」と話してくれた人もいた。人は人とのつながりを求めている。

事例の中の彼も、自分の問題を解決するために「相談室」に来ていたというより、自分の気持ちを話したいために来室していた。抱えている悩みを解決するためではなく、抱えている気持ちを話したいからこそ、面接に来ていた。セラピストの方は解決を求めて来室していると思いがちであるが、クライエントは、こんな些細なことで悩んでいる自分、母親を許せない自分、そんなことをされても何も言えなかった自分について、何の修飾もせずそのまま語りたいのだと思う。セラピストの介入の仕方や解釈について、あるいは理論について議論するのは、クライエントとの間で起きていることに対して何らかの意味を与えないと、セラピストの「こころ」にうまく収まらないためではあるが、しかし、何よりもセラピストに必要なことは、クライエントを労い、話さないことも含めて面接時間中その場に居続けられるよう配慮することであろう。

人と関わり日々の生活を営んでいると、必ずそこには葛藤が生まれる。一方的に自分の頭の中で考えている解決を、相手に求めても解決されない。二人の考えを突き合わせて折り合っていかなければ解決が得られない。「解決」という言葉を使ったけども、今まで見てきたように、現実は何も解決しないにしても、自分自身の「こころ」の中で「抱える」「折り合いをつける」ことができたため、そのことが気にならなくなった、と言った方がいいかもしれない。「相談室」での仕事は、クライエントと向き合い、その人が抱える物語を紡ぎ出す作業といえる。それは、客観的な意味でのエビデンスには遠いのかもしれないが、クライエントの「こころ」の中の確かな出来事になろう。

おわりに

ここに取り上げた事例は、心理療法としては少々特殊である。セラピストとクライエントの関係性を軸にして面接を何回も積み重ねていく通常のやり方ではない。面接回数にして五回、十年にわたっている。それでも、社会の中での「相談室」の役割を垣間見ることができる。事例の彼は、病院へ来た当初はやる気のなさだけを訴え、精神的な異常がなければ精神科にかかる動機付けも低かった。もしも抗うつ剤が処方されていたとしら、うつ状態という診断名が与えられ、やる気のなさとがつながり、はっきりしない精神的な不調が続く精神科の患者になっていたかもしれない。彼のかかった精神科医に「精神科的には異常がない」と判断されることで、彼が問題性を自分自身の問題として引き受けるきっかけになった。母親の死、母親の夢、やる気のなさが、彼の中でバラバラに体験されていたが、それらを母親とのモーニングワークへと結びつけるためには、セラピストとの面接が必要であったと思う。一回目の面接で夢を聴き、母親の死に注意を向けることで、「こころ」の世界が大きく変貌を遂げていった。一方で忘れてはいけないのは彼の健康な現実生活である。一年の休学を経て、復学し卒業する時に、結婚相手を見つけ実家に帰っている。こうした現実的な背景や人間関係にも支えられ、話す場としての「相談室」が、彼にとってうまく機能した。

村上春樹は、小説を書くことで、「こころ」の痛みを抱えようとしている。クライエントの彼は、「相談室」で話すことで、母親との関係を受け入れることができたように思われる。人生の中で誰もが傷つき、その傷つきをバネに、誰もがさまざまな活動をしている。芸術であったり、スポーツであったりするかもしれない。「相談室」で話すという行為も、一つの大切な表現方法であるだろう。クライエントとセラピストの関係の中で触れたように、心理的援助をする時、セラピスト側がたくさんの準備をしておかないと、クライエントに多大な負担を強いる構造が、心理療法にはそもそも潜在している。それに注意を払いつつ、セラピストがセラピストのまま、クライエントの前に居続けることで、クライエントの語る言葉に、これからも丁寧に耳を傾けていきたい。

文献

村上春樹（二〇一〇）「村上春樹ロングインタビュー」『考える人』No.33　新潮社
成田善弘（一九九九）「共感と解釈――患者と治療者の共通体験の探索」成田善弘・氏原寛編『共感と解釈』人文書院
鈴木啓嗣（二〇一一）『子供のための小さな援助論』日本評論社
辻　悟（一九九七）『ロールシャッハ検査法』金子書房
Winnicott, D. W.（1971）Playing and Reality. Tavistock Publications Ltd. 橋本雅雄訳（一九七九）『遊ぶことと現実』岩崎学術出版社

第九章　分離の不安と転移の深まり
開業心理相談室の中での個人開業（その一）
――臨床心理士・早川すみ江の仕事場

早川すみ江

はじめに

臨床心理士の仕事は、医療・福祉・教育をはじめ、司法や産業領域など、今日ではさまざまな分野に広がっている。そして、仕事の内容も、臨床心理査定や個人心理療法だけでなく、コンサルテーションや地域援助、心理教育や災害時の心理的ケア、困難を抱える人々への支援、あるいは調査・研究など多岐にわたっている。私自身も、相談業務の中で心理査定や心理療法を行うだけでなく、教育や研究も仕事の中で大きなウエイトを占めている。

しかし私は、自分の仕事の中で、心理療法が一番好きだ。しかも私は、効率の悪い、精神分析的な心理療法を好んでいる。この方法は、いったん引き受けると終結まで長期間かかることが多く、しかも転移／逆転移に捲き込まれ、心理的にとてもしんどい思いをすることになる。それはよく分かっているけれども、それでもやめられない。それは、こうした時間をかけた丁寧な個人心理療法こそが、臨床心理士としての仕事の醍醐味だと私は思うし、またそうした深い関わりの中で、クライエントの内的世界が変化していく確かな手ごたえを感じることができるからである。

そして、こうした丁寧な個人心理療法をするためには、開業という場が最も適していると感じる。それは、私が開業心理相談室という臨床現場と並行して、他のいくつかの臨床現場を経験する中で実感したことである。ここでは、そうした体験から、開業臨床心理士の仕事場のある側面を描き出すことができたらと思う。

一　開業心理相談室の中での個人開業

まずは、開業心理相談室の中での個人開業とは、どういうものかを簡単に説明しておくことにする。私は、「小泉心理相談室」という開業心理相談室の部屋を間借りして、心理療法を行っている。つまり、小泉心理相談室のスタッフの一員ではあるが、スタッフとしてオーナーに雇われて給料をもらっているのではなく、クライエントからいただく面接料金の何割かを、部屋代としてオーナーに支払うという形で働いている。したがって、私個人が開業相談室を持ち、経営しているということではない。しかし、雇われているわけではないので、かなり私個人の自由裁量で、心理療法を行うことができる。もちろん、その代わりに、責任も私個人が負うことになる。

私は、普段は大学に勤務し、大学の心理相談室でも相談業務を行っており、小泉心理相談室では、週に数日、臨床活動をしている。つまり、仕事場が複数あるわけであり、しかも性質の異なる仕事場で心理療法を行っているわけである。またこれまでに、他にも病院臨床や学校臨床を経験してきた。どこの仕事場でも、その業務の中の一部で、必ず好きな個人心理療法を行おうと試みてきたが、その中で心理療法というものは、その仕事場の性質によって、少なからず影響を受け、異なるものになるということを実感してきた。

二　他の臨床現場との違い

ここでは、開業臨床の特徴を浮き彫りにするために、他の臨床現場との比較を試みる。例えば、学校臨床におけるスクールカウンセラーは、私の経験では、ケースをめぐって、その生徒をどう理解し、どう対応していったらよいかというコンサルテーションを、教師に対して行ったり、保護者からの相談に対して、ガイダンス的な関わりをしたりすることが求められた。また、心配な生徒に対して、治療的な心理療法を行うというよりも、社会化や適応を促進させる援助として、カウンセリングをすることが主な仕事だった。さらに場合によっては、登校できない生徒に対して訪問面接を行ったりもした。

しかし私は、学校臨床の中で、時には個人心理療法を試みたりもした。その際には、面接構造を構築し、学校という日常と、治療という非日常の区別をきちんとつける工夫を十分にした上で行ったのだが、それでもやはり難しさがあった。

スクールカウンセラーというのは、教師と生徒のどちらの集団にも属さない境界人として、学校社会の中に存在するということが、重要な特性の一つだろう。そしてセラピストというものは、そもそもこの境界性をもっており、クライエントにとってセラピストは、社会的な価値や規範から自由であり、クライエントの日常の世界には属さない人だからこそ、セラピーが可能になるのだとも言える。しかし、スクールカウンセラーは、あくまでも生徒が属している世界である学校スタッフの一員でもある。それでもスクールカウンセラーは、学校スタッフの一員でありながら、なおかつ境界人であり続けなければならない。ここに、スクールカウンセラーが、個人心理療法をしようとする際の難しさがある。そしてスクールカウンセラーが、学校スタッフの一員である以上、学校組織の力動にさらされ、親・教師・生徒・スクールカウンセラーなどの関係の中で生じる、複雑な転移／逆転移の渦中に捲き込まれる。その中で、いかにしてセラピストとしての境界性を保つかということに苦慮したのだった（早川、二〇〇二）。

一方、私は一般の方を対象にした大学の心理相談室でも相談活動をしている。こうした場で心理療法をする場合には、スクールカウンセラーとは違って、構造も守りやすいし、クライエントの日常と、治療の場という非日常は、明確に区別されているので、開業場面と何ら変わらないように思われるかもしれない。

しかし、大きく違う点として、大学の相談室では、料金をクライエントから直接手渡しでもらうわけではないということがある。当然、そこには受付があり、クライエントは、そこで事務員に面接料金を支払う。その上、大学の相談室の面接料金は、開業相談室に比べて、かなり安い。さらに、クライエントは、大学から支払われる私の給料が、この相談料金だけで賄われているとは、おそらく思わないだろう。そのため、私とクライエントの間に、お金というものが、生々しく存在することはあまりない。そのために、セラピストとクライエントとの間に介在している「お金」についての象徴的な意味や、「お金」をめぐる転移／逆転移は、表面に現れにくい。

また、学校にしても病院にしても、何らかの組織の中で心理療法を行う場合には、その組織の持つ特徴によって彩られた転移を向けられやすく、ある種の理想化が生じやすい。あるいは、その組織の中のさまざまなスタッフに転移が分割されてしまい、セラピスト個人に転移を収集しにくいという側面もある。つまり、ある組織の中の一員としてクライエントに出会う場合には、私という個人そのものとしてクライエントに出会うということは、なかなか難しいのである。これと似たようなことを、栗原和彦（二〇一一）も、自身の個人開業での長年の経験から、次のように述べている。「より一般的なセラピストの場合、そのセラピストは、まず個人としてよりも、その組織が担っている社会的機能という側面からクライエントに出会うことになるであろう」。すなわち、転移も、その組織の中にいる複数のスタッフに分散されるし、組織という中間項に肩代わりされてしまう故に、逆転移も激しいものになりにくいことを指摘している。

三　心理療法の基本としての開業臨床の治療構造

松木邦裕（二〇一〇）は、精神分析療法の基本から心理療法を帰納していった結果、「実際心理療法はその学派によってさまざまな形態があり、厳密さにおいて幅があるとしても、それが心理療法であるかぎり、《治療構造》と《治療技法》という二面から成り立つ」と述べている。そして、「心理療法の基本は、用いることになる技法も考慮に入れて、《構造》を創ることから始まる。まず〈外的治療構造〉を構築することである。しかし多様な臨床施設を考えてみるなら、さまざまな制約のために、この構築が困難な場合が少なくない。むしろ、理想的な外的治療構造が構築できることは割合的にも低いのかもしれない」と指摘している。

しかしながらその点、開業臨床では、かなり理想的な外的治療構造が構築できるのではないかと思う。もちろん、精神分析的な心理療法の設定としては、外的治療構造だけでなく、セラピスト個人の内的な枠組みとしての受け身性や中立性、分析的姿勢などといった内的治療構造の確立も、同様に、あるいはそれ以上に重要であることは言うまでもない。しかし、理想に近い外的治療構造が構築されているだけで、かなり精神分析的心理療法がやりやすくなることは間違いない。そうした意味でも、開業臨床は、心理療法を行うには、かなり恵まれた環境だと言える。そもそも、精神分析の祖であるフロイト（Freud, S.）も、開業臨床の中で精神分析の理論を発見し、構築していったのだから、精神分析的心理療法の基本は、やはり開業臨床にあると言ってもよいのではないかと思う。

四　転移の深まりを促す分離の不安

ところで、精神分析的心理療法において、「転移／逆転移」という概念は、無視できない重要なものである。ビオン（Bion, W. 1979）は、分析空間で何が起きるかということを説明する中で、次のような表現をしている。「ふたつのパーソナリティが出会うときに、そこに情緒の嵐が生まれます。おたがいが気づくほどに接触するなら、あるいはおたがい気づかないほど接触しても、その二人の結合によってある情緒状態が生み出されます。」ここで言うように、面接室で出会う二人、すなわちクライエントとセラピストの二人の間で起こる情緒の嵐は、まさに転移／逆転移によるものである。転移／逆転移が、精神分析理論の中で重要な概念となっているのは、「分析治療を行っている以上、転移体験は不可避なもの」であり、「そして、それは不可避であるだけでなく、治療が展開していくために欠くことのできない、治療の本質的な構成物」（松木、二〇一〇）だからであると言える。つまり、分析プロセスは、すなわち転移プロセスでもあると言える。さらに、逆転移は、この転移と必然的に連動して生じるものであり、それはまた、転移を理解する上で、重要な手がかりになるものでもある。

そして、この転移プロセスは、先述した外的・内的治療構造を確立することによって形をなしていき、さらに転移の深まりによって、分析プロセスを作動させていく。そのため、理想的な治療構造を確立しやすい開業臨床の場では、転移を形成しやすいということが言える。さらに、この転移の深まりを促すのは、分離への不安であると、メルツァー（Meltzer, D. 1967）は指摘している。すなわち、治療構造における分離の体験、例えば、各セッションの終わりや長期休暇による中断やセッションの休みなどが、転移を深めるよう作用する。

また、ここで前述した「お金」の問題が大きな意味をもつことになる。開業臨床の場で、クライエントから面接料金を手渡しで直接もらうということが，否が応でも，セラピストとクライエントの間が，料金を支払う側と受け取る側という異なる立場であることを明確にする。さらに，二人の間には「お金」が介在していること，セラピストは仕事として心理療法を行っていることをクライエントに直面化させ，一体感という自己愛的な関係への幻想を壊し，分離の感覚を刺激することになる。この意味でも，開業臨床では，他の臨床の場よりも，分離の不安が明確になりやすく，そのことが転移の密度をより濃くすることに寄与しているものと思われる。

五　私の仕事場での臨床体験

さて，これから，開業臨床の場で経験した事例を提示する。そして事例を通して，外的・内的治療構造を構築し，一貫してそれを維持することに努める中で，分離の不安が刺激となって，転移の深まりが展開していく様子を描写したい。そしてそれが，開業心理相談室の中での個人開業という仕事場における臨床体験の醍醐味を伝えることにつながるのではないかと思う。ただし，事例は，個人のプライバシーに配慮して，事例の本質を損なわない程度に，個人情報を改変または削除してある（「　」はクライエント，〈　〉は筆者の言葉。【　】は夢の内容）。

最初の事例は，二十六歳，会社員の独身男性の浜田さん（仮名）である。彼は，食事中に手が震えてしまうため，人と一緒に食事ができないという主訴で来談した。浜田さんは，自分の中の，気が弱くて，さみしがり屋で，くよくよと落ち込みやすいところを嫌い，強い劣等感を抱いていた。そのため，そうした部分は表に出さないように，明るく社交的に振る舞い，不安であっても強がって平気なふりをするというやり方で，これまで過ごしてきた。そんな浜田さんは，あるとき，小さな町工場から大企業の工場勤務へと転職した。大きな組織の中で劣等感を感じながらも、平気なふりをして頑張っていたが、人前でさいな失敗をしたことをきっかけに、対人緊張が高まり、手の震えという症状が出るようになったのだった。数回のアセスメント面接で、以上のようなことが明確になり、自分の中のこれまで見ないようにしてきた側面にも目を向けてみようということで、寝椅子による自由連想法を行うことになった。

ところが、浜田さんは間もなくして、そういう自分に目を向けるどころか、万能的な空想をべらべらと語るようになった。そして、私が内省を促したり、現実に直面させるような介入を行うと、彼は面接中に眠ってしまうということが生じ始めた。そうした中で彼は夢を報告した。

【貨物船みたいな船に乗ろうとする。行き先がフランスだったので、どうしても乗りたくて、乗組員ではないので、見つかったらまずいけど、見つからないように乗った。ばれずに出港したけれども、海の上で見つかってしまった。そして拷問を受け、水の中に顔を押し付けられた】

この夢を巡るやり取りの中で、私は、今の面接状況につなげて、〈気持ちのいい空想の中にいるときに、私に現実に引き戻されたり、気持ちよく眠っているときにその意味について考えるよう促されたりするのは、水の中に顔を押し付けられるような拷問と感じているのかもしれないですね〉と解釈した。浜田さんは、「いい空想ばかり話しているけど、実は悪い空想も同時に出てきている。でもそういうのを口にするだけで不安になる」と応えたが、これを機に徐々に、「自分は仮面をかぶってこれまでなんとかやってきたけど、本当はさみしがり屋で、一人になるのが怖い」と、自分の中の弱い面に目を向け、それを語るようになっていった。

また、面接を休んでも面接料金は全額支払うというシステムになっているために、彼は友人に遊びに誘われても面接を休めず、面接のために週末の趣味の時間がなくなることへの不満を述べ、面接頻度の減少を要求したりした。しかし私はそれに応じず、一貫してその意味を解釈として伝え返していった。するとあるとき、浜田さんはやってくるなり、「今日はこれから遊びに行くから面接は休む」と、私に面接料金をつきつけて帰って行った。その後の面接で、実は面接中も緊張し、とてもしんどかったこと、勇気を出して休んで遊びに行ったら、檻から出してもらって、束の間の休息をもらった感じだったと話した。それからしばらくして、再び夢が語られた。

【戦場で、自分の持っている機関銃の弾が切れてしまう。周りの味方は皆倒れて死んでいる。僕も死んだふりをするが、見つかって囚われの身となり、敵の上司のところへ連れて行かれ、「ああ、もうだめだ」と思った。しかしその上司は、「釈放して

やれ」と言って、逃がしてくれた。夢の中で、うれしくて感動して泣いてしまった】

この夢では先の夢と違って、超自我的な怖い対象が、許してくれる対象でもあるという形に変わっていた。その後は内省が進み、仮面の裏にある、抑えつけ、目を背けてきた自分をしっかりと見つめていくことができるようになっていき、「弱い自分を変えるのではなく、認めてあげたいし、そういう自分を隠さずに出していきたい」と語るようになっていった。そして日常の中でも、徐々に自分を自由に出せるようになっていき、「今の自分は飾っていないと思う。皆と話しながら食事をするのがこんなに楽しいなんて、ここへ来た頃には、思いもよらなかった」と語り、終結となった。

ここでは、面接初期の変化に焦点をあて、事例を描写した。浜田さんは、自分の中の怖い超自我対象によって脅かされており、それは彼自身を縛り、緊張したり不安になったりする彼を責め、結果として劣等感を感じ、無理をすることになっていたと思われる。そのため、彼が隠してきたさみしがり屋で弱い自己部分を開放するためには、彼の中の、この超自我対象の力を弱めることが必要だった。治療面接に入ると間もなくして、この超自我対象は、私や治療構造に転移され、「拷問を受けている」「檻に入れられている」と彼は体験し、そうした彼の内的状況が面接の中で展開されていった。彼は私に怖い超自我対象を投影したが、私はその転移対象に一致したやり方でふるまうわけではなく、外的・内的治療構造を守る態度を一貫して取り続けた。このことが、彼に自分自身の怖い超自我との間で折り合いをつけたり、私を転移的超自我対象として見るのではなく、現実の私の姿に目を向けていく機会を与えることになったのだろう。そうして、彼の中の迫害的な恐ろしい超自我対象は徐々に変形していったのだった。

次に不登校の中学一年の女生徒である貴子さん（仮名）の事例を紹介する。貴子さんは、成績は優秀で、良い子として育ち、先生からの信頼も厚かった。しかし中学生になると、気が付くと友達は一人もいないという状況の中で、中学一年の二学期より不登校となり，来談した。初回面接で貴子さんは，優等生らしく，来談した理由など，こちらの問いかけにきちんと答え，はじめのうちは，非常に好印象な態度だった。

　ところが，面接の最中に，あるトラブルから内線電話が鳴り，彼女に注がれていた私の関心や注意は，トラブルの対応へと向けられた。数分後，再び彼女に向き直り，話を再開したものの，彼女の態度は一変し，眉をしかめ，怒っているような雰囲気の沈黙が流れるばかりだった。ほんの数分のことではあったが，おそらく，その間の彼女の体験としては，私から放り出され，一人取り残されたように感じたのだろう。

　そこで私は，〈貴子さんは，ここに来て，はじめは話を聞いてもらえそうな良いところだなと感じたけれども，今は少し嫌な気持ちになっているんじゃないかな〉と介入すると，彼女はちょっと関心を持ったような表情に変わり，窓をじっと見つめて「窓が障子で囲まれてる。……家の窓はカーテン開いてて，外が見えるし，窓開けること多いし……」とつぶやいた。それに対して私は，〈今とてもここにいることが窮屈な感じがしていて，外へ出たくなっているのかな〉と返すと，彼女はにやっと笑って，うなずいた。そして部屋の中を見回し，天井の電気に目をとめ，「電気もなんか，普通より暗いし，やな感じ」と言うので，私は〈とっても暗いところに閉じ込められている感じがして，窮屈で外へ出たくなっているんだね〉と返した。すると彼女は，今度は観葉植物をじっと見て，「葉っぱがみんな光の方へ向いてる」とつぶやいたので，〈そうだね。葉っぱも明るいところへ出たいと思ってるみたいかな。今の貴子さんの気持ちと同じかな〉と私が言うと，彼女はようやくリラックスした様子で，ソファにゆったりと座りなおした。そして二人の間の緊張は和らいだ。

　その後，継続して心理療法を行っていくことになった。彼女は面接の中で私と話をしたり，時には折り紙をしたりして過ごしたが，あるとき，彼女の無理な要求に私が応えないという出来事があり，それを機に，彼女は徐々に私を無視し，私の問いかけにも，解釈にも応えず，一人であやとりをやったり，持参した本を読んだりするようになっていった。

　そして，祝日でセッションがお休みとなった次の回には，面接室に入ると，わざわざ私に背を向けて座り，鞄から編み物を取り出してやり始めた。私が何を言ってもまったく反応はしないが，彼女の様子にはどこか，「さあ，どうする？」というような挑発的な雰囲気が感じられた。私は，ここ数回，無視され続けてきた中で感じた逆転移感情を手がかりにして，彼女に次のように語りかけてみた。〈貴子さんが，ここで，こんなふうに一人で編み物をしていると，私は一人，放っておかれて，居場所のないような，淋しい，みじめな気持ちになるんだけど，もしかしたら，貴子さんも学校で，今私が感じているような気持ちをずっと味わってきて，それが学校に行けなくなった理由なのかもしれないなと思った〉すると突然，貴子さんの目からぽろぽろと大粒の涙が零れ落ちた。彼女は、慌てて腕で涙をぬぐいながらも、ぼそっと「うん、まあね」と答えた。

貴子さんにとって、周囲から関心を向けられず、一人放っておかれることは耐え難いことだったのだろう。しかし、さりとて自分から相手に近づいていくには、彼女はプライドが高すぎた。そのため、注目されない、関心を向けてもらえないという耐え難い状況である学校場面から、不登校という形で退避することで、彼女は、そうしたこころの痛みを避けていたのだった。

初回面接では、関心を向けてもらえずに、一人放り出されるという体験が、トラブルによって再演された。そのため、彼女は傷つき、私とのコミュニケーションから身を引き、いったん自分の中に閉じこもったのだった。しかし、彼女の気持ちを掬い上げていくやり取りをしていく中で、再び二人の間でコミュニケートが可能になっていった。

また、その後の面接でも、彼女の要求に応えない私という存在を体験したり、あるいは、毎回のセッションの別れと再会を繰り返し体験する中で、彼女は、放り出された、淋しくてみじめな自分を感じることになった。しかし、そうした感情に堪えられない彼女は、それを私の中に投影し、私を無視することで、一人ぼっちになる辛さを私に体験させたのだった。そして、私がその淋しさやみじめさを十分に味わい、それでもそこから逃げ出さず、彼女も感じてきたであろうその思いを、解釈として伝えたことで、私たちは再び触れ合うことができるようになったのだった。

最後の事例は、同胞の誕生を機に、夜驚が出現したために来談した、四歳の聡くん（仮名）である（早川、二〇〇二・二〇〇六）。

彼は、遊びの中で、敵と味方の区別がつかず、敵だったものが味方になったり、味方だと思っていたものが実は敵だったりと、敵と味方がめまぐるしくシフトしていくという不安定で混沌とした世界を展開していった。彼の中では、対象関係が安定せず、良いものと悪いものの境界が不明確なので、良い対象も、いつ悪い対象に変わるかもしれず、良い対象に安心して依存することができないでいるようだった。そのため、私に対しても、信頼や安心を感じることができないでいた。

しかし、面接を開始して一年ほど経つと、ようやく私との間で信頼関係ができていき、助けてくれる良い対象を思わせるマテリアルが、遊びの中に出てくるようになり、安定した良い対象が彼の中に確立されていった。そんな中で彼は、毎回面接終了後に、母親が私に面接料金を渡すことをひどく嫌がり、「どうしてお金を渡すんだ！」と地団太を踏んで怒るようになった。同時に、セッションの中では、私を脱価値化し、「弱っちい」役立たずとして攻撃するようになった。彼にとって、助けてくれる良い人であるはずの私が、母親からお金を受け取るのは、彼から良いものを奪う悪い人でもあるので、それは我慢ならないことなのだろうという解釈や、だから私のことを助けてくれる人ではなく、役に立たない人にしてしまおうとしているようだ、ということを私は伝えていった。

彼は、同胞の誕生によって、母親からの分離を強いられたと体験し、それに耐えがたかったために夜驚症を呈していたと思われた。そのため彼は、遊びの中でも分離の痛みをなんとか否認しようと躍起だった。あるとき彼は、「お腹にミルクタンクを持っているクモ」に攻撃すると、ミルクタンクにひびが入り、「栄養ミルク」が出てしまうという遊びをしながら、「僕、昔どこへ行ってたか知ってるよ。ずっと昔から幼稚園に行ってた。生まれてすぐ、一週間くらいして」と早すぎる分離に対する不満感を訴えた。そこで私が、〈聡くんは、それでお母さんの栄養ミルクをほんの少ししかもらえなかったと感じていて、怒っているんだね〉と返すと、彼は「ミルクなんてもらっていない。僕は僕が作って、僕が飲んでいたんだ！　赤ちゃんのときからミルクなんて飲んでなかったよ」と答えた。彼は、依存的な関係で感じられる苦痛な葛藤から背を向けるために、自給自足の空想を作り上げ、分離の哀しみを万能的に否認しようとしていたのだった。

その後、お正月の休みが入ったことをきっかけとして、彼は面接室に入ろうとせず、待合室の椅子で「寒すぎる」と言いながら、毛布にくるまってじっとして過ごすというセッションが数回続いた。私は、セッションが休みの間、私と会えずに一人で過ごしたことは、こんなふうに寒すぎて耐えがたかったのだろうことや、私と一緒に楽しく過ごすと、離れるときにより辛くなるから、私との時間をないものにしてしまおうとしているのだろうということを繰り返し伝えた。

こうした状態を経て、再び豊かに遊び始めた彼は、見違えるように元気になり、学校や家庭での適応も良くなり、安定していった。そして、この面接もそろそろ終わりにしてはどうかという話し合いが、親と聡くんと私との間でなされ、約半年後に終結するということになった。私との別れが現実的なものになると、彼は、再び破壊的・攻撃的な衝動や恐れが高まり、不安定になった。あるいは、「スイミングに通いたいから、しばらくここを休みたい」と言い出して、終わりをうやむやにしようとしたりした。私は、面接が終わることへの彼の怒りと哀しみに寄り添い続けた。

聡くんは、お別れのときが近づいてきたあるセッションで、「ここをやめるのは淋しいいし、先生も淋しがるんじゃないかと心配なんだ」と心の内を打ち明けた。私は、〈聡くんとさよならするのは、先生も聡くんと同じくらい淋しいけれど、でも聡くんが元気になって、ずっと元気で過ごすことができるのは、先生にとって同時にとってもうれしいことでもあるんだよ〉と話すと、聡くんは私の顔をじっと見つめて、「うん、そうだね。わかるよ」と答えた。そしてその後、小学二年生になった彼は、「学校ではどうしても負けちゃう相手がいるんだ」「僕は一年生にも負けちゃうんだ」と弱くて情けない自分をも認めることができるようになったことを話し、「ここに来るのはすっげーバトルの訓練になった。それで俺は強くなったんだ」と語った。そして最後のセッションでは、外から聞こえてきた犬の遠吠えを聞きながら、聡くんは「犬も哀しそうに泣いてるね」としんみりと別れの哀しみを味わった。

聡くんの母親は、親子関係や夫婦関係で葛藤を抱えており、彼の養育時には、情緒的に不安定だった。そのため聡くんは、母親との間で、安定した依存関係を十分に持つことができず、良い対象をしっかりと内在化するまでに至らないでいるところに、同胞が誕生した。彼にとって、同胞の誕生は、母親からの分離を強いられるような体験だったが、その分離に耐えられるだけの準備ができていなかったために、夜驚症を呈したものと思われた。彼は、敵と味方の区別がつかないような、非常に不安定な内的対象関係の中にいたが、徐々に良い対象と悪い対象が区別されていき、私との良い関係を通して、彼の中に良い対象が根付いていった。

しかし、次の段階として、理想化された良い人としての私だけでなく、私の現実の姿も見えるようになった彼は、母親からお金を受け取る私を発見することになった。ここで、理想的な良い対象だと思っていた私は、彼から良いものを奪う人でもあり、仕事として彼と会っているという事実に、彼は直面することになった。彼はこの事実に対して、私を脱価値化し、役に立たない、自分にはさほど必要でない対象にしてしまうという方法で、対処しようとした。これは、彼のそれまでの防衛の常套手段だった。来談当初、彼は母親と別の面接室に入ることに対して全く不安を示さず、そうした分離不安は、躁的防衛と否認によって防衛されていた。これは、後に現る「ミルクタンクをもつクモ」のような自給自足の空想からも明らかである。

ところが、もはや彼は、その防衛に頼り続けることはできなかった。聡くんにとって私は、悪い面を持っているにしても、良い対象でもあることを、彼はすでに知ってしまったし、繰り返される別れと再会や、時々入るセッションの休みによって、私と離れることへの不安や痛みを否応なく感じてしまうのだった。それでもこれ以上、そうした痛みを感じないように、私と触れ合うことをしないでおこうと、面接室に入るのを拒否したりもしたのだった。こうした、分離の痛みに対する彼の苦闘を、私は理解し、寄り添い、さらにそれを言葉にして伝え返していった。この苦闘を通過していく中で、彼は大きく成長していったのだった。

おわりに

精神分析的な心理療法においては、外的・内的な治療構造の構築と、分離の不安が両輪となって転移が深まり、面接プロセスを進展させていく。その意味で、開業心理臨床という場は、非常に恵まれた場である。個人心理療法を丁寧に行い、クライエントの心に深く関わる仕事をしたいと思う者にとっては、理想的な臨床の場ではないかと思う。

もちろん、私のような、開業心理相談室の中での個人開業というあり方は、言わば片手間な開業であり、本当の意味で個人開業とは言えず、背負っている責任や負担も、個人で開業している方とは比べものにならないだろう。そのために、臨床体験の濃度も薄まっているいることだろうと思う。それは少しさみしく、残念でもある。

文　献

Bion, W.（1979）Making the best of a Bad Job. In Clinical Seminars and other Works. London : Karnac Books.「思わしくない仕事に最善を尽くすこと」祖父江典人訳（一九九八）『ビオンとの対話――そして最後の四つの論文』金剛出版

早川すみ江（二〇〇二）「スクールカウンセラーとして関わった不登校生徒との心理療法過程」『心理臨床学研究』第二〇巻第五号、四五三－四六三頁

早川すみ江（二〇〇二）「毒を含む乳房から授乳乳房への変遷――夜驚症を呈した4歳男児の児童分析的心理療法から――」『精神分析研究』第四六巻第三号、八七－九四頁

早川すみ江（二〇〇六）「結合両親像の変容」『心理臨床学研究』第二四巻第三号、三五八－三六七頁

栗原和彦（二〇一一）『心理臨床家の個人開業』遠見書房

松木邦裕（二〇一〇）『分析実践の進展』創元社

Meltzer, D.（1967）The Psycho-analytical Process. Karnac Books. 松木邦裕監訳（二〇一〇）『精神分析過程』金剛出版

第十章　公的機関勤務から一室開業心理臨床へ開業心理相談室の中での個人開業（その二）

――臨床心理士・浅井真奈美の仕事場

浅井真奈美

はじめに

小泉心理相談室の一室を借りるという形での開業臨床に携わり、はや十年余が経過した。開業臨床以前、私は同様に十年ほどの期間、公的機関において心理臨床に携わっていた。公的機関における心理臨床の特徴としては、県民全体に開かれ、料金は無料、しかしある年数を経ると転勤により職場の変更が余儀なくされる。そのような場から一転、有料ではあるが、転勤等の外的な事情による面接の終了ではなく、クライエントの内的な作業に十分関わることのできる開業臨床の場へと、心理臨床の場を私は移したわけである。

公的機関から開業臨床へと臨床の場を移した経過や、その相違について語る中で、私なりの開業臨床について、皆さんにお伝えできればと思う。

一　公的機関における子どもたちとの出会い

私の心理臨床の始まりは、公的機関における心理臨床業務であった。公的機関における多くの子どもたちや親御さんとの出会いは、私の心理臨床の礎である。地域に根差し、無料である公的機関には、地域や学校関係者から多くの子どもたちが紹介され、来談してきた。私は、混乱や不安を抱え、学校や家庭でうまく適応できなくなっている子どもたちに対して、可能な限り継続的な心理療法を提供するよう心がけた。具体的には、週一回五十分のプレイセラピイやカウンセリングという枠の提供である。

しかし、公的機関において、特定の子どもたちに週一回の枠を提供することは、必ずしも歓迎されることではなかった。それにはいくつかの理由がある。まずは、公的な相談機関の役割としては、心理療法の提供だけではなく、地域との連携、ケースワーク、会議、講演等といったさまざまな活動が期待されているからである。毎週同じ時間帯を特定の家族のために空けておくことは容易なことではない。また、公的機関の役割としては、県民に公平にサービスを提供するという意識が強い。実際特定のクライエントと継続的に関わることにより、より多くの人々にサービスが提供できなくなるという批判を耳にしたこともあった。

そのような中、当時の私は、可能な限りの工夫をし、同じ曜日、同じ時間帯に継続的に心理療法を提供できるよう心掛けた。できるだけ子どもたちのこころに近づき、彼ら彼女らの混乱や不安や闇を理解しようと努めた。多くの子どもたちは、毎週の心理療法という枠組みの中で、理解される体験を重ねる中、主訴の改善がもたらされ、自信を取り戻し、相談所を卒業していった。こうした子どもたちは、もともとよい体験を取り入れる力を有している子どもたちであったのかもしれない。しかし、子どもたちの中には、回を重ねてもセラピストである私を遠ざけたり、同じ遊びをただ強迫的に反復し続けるだけで何の変化も望まないかのような、あるいは変化することを恐れているとすら思える子どもたちも少なからずいた。

ここで、ある事例について紹介をしよう。

小学三年生のA子は、友達関係の困難さを主訴に来談してきた。初回面接の中で、母親は、女の子であるA子を可愛く思えず突き放していることを語った。同性の友人との関係の困難さの背後には、母親との関係があることは明らかであった。私は、週一回五十分のプレイセラピイによりA子と関わることとした。A子は自分が占有できる対象を得た喜びで、来談当初は嬉しそうに訪れた。しかし、来談をして半年ほど経過した頃より、A子は私の存在を締め出すようになったのである。私が話かけると、A子は「黙っていて！」と怒鳴り、A子の様子を見る私に、「見ないで！　向こうを向いていて！」と遠ざけるのであった。A子は一人で黙々と遊び、取り付く島のない私はA子と背中合わせの場に位置するしかなくなっていった。傍らにはいても、口を閉ざし、石のように固まって居続けるしかなかった。そのようなプレイセラピイが数回続く中、私は、私が今A子の傍らにいて体験をしている孤独感、疎外感、硬直感は、母親との関係の中でA子が体験しているものなのかもしれないことを直観した。私がA子に投げつけられた拒絶的な言葉は、まさしくA子が母親から投げつけられている言葉ではないかと気づいたのである。表面的にはA子と私の関わりは絶たれている状態ではあったものの、A子の真の悲しさ・辛さに私が触れることのできた瞬間であった。

こうしたA子のような子どもたちとの出会いは、「遊びに治癒力がある」とする従来のプレイセラピイへの限界を私に突きつけることとなった。温かみのある楽しい体験をすること自体を恐れている子どもたちの心がそこにはあった。また、A子との間で体験をしたこうした孤独感・疎外感といった強烈な逆転移感情に対して、当時の私にはなす術がなかった。つまり、投影同一化によってもたらされた逆転移感情を、プレイセラピイの場でどう活用すればよいのか、当時の私にはその術がわかっていなかったのである。

A子のような子どもたちの心をより理解し、どう向かい合えばよいのか、そして私が体験をした逆転移感情をどう治療的に利用すればよいのか、それらの思いが私を精神分析の世界へと導いたのである。

二　精神分析との出会い

公的機関に勤務をしていた私が、開業臨床へと方向を変更した背景に、精神分析との出会いがある。

公的機関に勤務をしながら、私は、精神分析に関するセミナーに参加し、精神分析的な面接技法を学ぶための個人スーパービジョンを受けるようになった。セミナーにおいては、力動的理解や精神分析的心理療法に関して知的に学びを深めた。それにより、A子との間で私が体験をした情緒は、クライン派により発展をした投影同一化という概念であることを学んだ。その概念を知ることにより、クライエントが言葉を用いて語る以外のいまだ抱えられない心の一部分に、私が触れ理解することが可能であることを知った。

そして、個人スーパービジョンにおいて、バイザーBより青年期事例について、バイザーCにより児童への精神分析的遊戯療法について、実際の精神分析的関わりについて指導を受け始めたのである。

個人スーパービジョンにより、私が根本から考え直さざるを得なかったことは、治療構造に関する構えについてであった。公的機関において、できる限り定期的なスペースを提供してきた私であったが、公的機関におけるその場は、心の作業に向かう場としては、あまりに不安定で煩雑な場であった。大きなプレイルームには、箱庭、ボードゲーム、スポーツ用品、ブロック、ままごとセット、トランポリン等、あらゆる遊び道具が準備されていた。これらの玩具を用いて元気に遊ぶ中、改善する子どもたちも確かにいた。しかし、A子やその他の子どもたちにとって、雑多な玩具は一時的に躁的に心を明るくすることはあっても、根底にある混乱や不安に真に向かい合うには、不要と言わざるを得ない物ばかりであった。トランポリンやスポーツ用品といった玩具は、葛藤や不安を発散するにすぎない物であった。また、遊び道具のいくつかは常に壊れており、汚れがひどいものもあった。それは、安心して自らに向かい合う場としては、他者が容易に侵入する安全ではない場であった。そして、どれだけ配慮をしても、会議や緊急事案により面接時間等の変更を余儀なくされることもあった。それらもまた、心の奥深い部分に触れるには、不安定な設定と言わざるをえなかった。そして、三月末には私自身も予定にない転勤辞令が言い渡される可能性が毎年あった。面接の終了というセラピストとの別れ・分離にまつわる不安や葛藤を扱いきれぬまま、終了せざるを得ない状況がそこにはあった。

公的機関を訪れる子どもたちの中には、不安定な家庭環境で育ってきた子どもたちも少なくない。そうした子どもたちにとって、突然の別れは、「信頼をしても容赦なく見捨てられる」という環境の喪失の再現であり、私自身がそこに加担しているという事実に、私は目を背けることができなくなっていった。

公的機関に勤務をして十年ほどが経過したある春、私は退職を決意した。

三　開業臨床の仕事場へ

退職後、私は開業臨床という仕事場において心理臨床を再開することにした。心の奥深い部分に関わるのに必要な安定した治療構造を有する場として、最適な場であろうと思ったからである。幸運なことに、セミナー等でお世話になっていた本書の編者である小泉規実男の相談室の一室を、退職した翌月より間借りすることができた。そういう意味では、開業した他の臨床心理士のように、開業に向けての苦労はなく、相談室を形作っていく経験もない。相談料の減少は私自身の収入を左右はしても、光熱費等の苦労を感じることはない。開業臨床を継続する上での、ある部分の痛みを回避していることは事実である。そうした部分を差し引いての、私の経験であることをご承知おきいただき、読み進めて頂きたいと思う。

まず、公的機関における臨床と、開業場面での臨床の違いについて触れたいと思う。さまざまな相違点があるが、それらの中で、責任の所在、金銭的な部分、治療構造について、ここでは述べたいと思う。

責任の所在については、公的機関においては、そこに直属の上司がいて、所属長が存在する。私自身の臨床記録は全て回覧され、直属の上司から所属長までを含めて、数人ほどの印鑑が押され決裁される。また、当然ながら、すべての受理ケースは受理会議において全員に周知され、単発の助言で終了するのか継続して関わるのか、ケースワークが適当か等検討される。来談者に関する最終的な責任は所属長にあり、緊急ケースについては、組織全体で対応していくという構えは、公的機関の大きな特徴といえる。

開業臨床の場合、そこに大きな違いがある。クライエントの責任は私個人にある。開業という臨床場面で抱えることがそのクライエントにとってよりよい形なのか、医療機関との連携は必要か、他機関を紹介したほうがよいのかどうか等、基本的には私一人で考えることとなる。また、精神分析的心理療法を行った場合、心の痛みに触れ始めると、その痛みに耐えられず、一時的に行動化が生じたり、抑うつ的になる等の経過を辿ることも少なくない。その場合に、入院施設のない開業場面で、クライエントともに、その道程を越えて行けるのかどうか、初期の段階で見立てをしておくことが必要となる。

次に料金について触れてみよう。公的機関においては、もちろん料金は無料であった。一転、開業臨床においては有料面接となる。料金の受け取り方は、チケット制や振り込みという方法は取っておらず、毎回現金で頂く方式である。受付もないため、私が直接クライエントより面接の終了時間とともに受け取っている。クライエント側の反応の違いについて考えてみると、公的機関と有料機関を訪れる動機づけの違いもあるのであろうが、クライエント側の理由によるキャンセルは、無料面接に比べて格段に減少するように思う。料金を支払う分、クライエントがこの面接は不要と体験をすれば、すぐに面接は中断される。料金を支払うという行為により、面接を継続するか否か、クライエント自身が決定する度合いが増すのであろう。キャンセルをしながらも切れずに長々と通い続けるというあり方は、無料相談の場合よりも少ないように思う。

私側の反応としては、開業当初、一回に高額の料金を頂くことに、罪悪感と戸惑いの思いがあった。それは、無料の面接を行っていた私に、料金を頂く力量があるのかどうかという自信のなさによるものである。最近では、ここ数年の不況という時勢の中、給与の一部から面接費用を捻出する苦労をクライエントの方から話題にされることも増えた。クライエントより手渡される現金は、クライエントの背景にある生活そのものを映し出す。料金の受け渡しの瞬間に、私は、クライエントの背後に存在する家族や現実生活に触れていることをしばしば思う。

次に、キャンセル料について触れたいと思う。キャンセル料については、原則頂くことにしている。しかし、私の場合、キャンセルの理由により頂かないこともある。それは、国が指定をした伝染病疾患（インフルエンザ、麻疹等）の場合、クライエント本人が罹患した場合もそうであるし、家族（多くの場合子ども）の看病を理由にしている場合には頂かない。また台風等の警報を理由にした場合のキャンセルも同様に頂かない場合が多い。これは、公的機関に勤務をしていた私個人の経験によるものと思われる。つまり、公的機関においては、家庭的にネグレクト環境で育った子どもたちとの出会いが少なくなかった。その臨床経験より、クライエントが母親の場合に、発熱した子どもを家において相談室に来室することや、台風等の警報が発令される中、子どもを家において来室することを優先すること、それらはどちらが優先されるべきことなのか、という私の臨床的価値観が関係している。同時に、心を扱う場面においても、一定の社会のルールや常識の提示という意味合いもある。

次に、治療構造の違いについて触れたいと思う。

面接の構造については、言うまでもなく、公的機関におけるそれよりも安定したものとなる。毎週同じ曜日同じ時間に変わらず会い続ける。安定した治療的枠組を提供することが可能となる。それにより、小此木啓吾（一九九〇）が述べる治療構造の心的機能が機能することとなる。小此木は、「治療者をも含む治療構造が患者にとって対象恒常性を内的に確立する上で最も重要な機能を果たす」と述べている。安定した治療構造は、クライエントが自らの心の奥深い面に向かい、転移が展開する上で、重要な受け皿となる。小此木はまた、治療構造そのものが、クライエントの「内界を投影する対象」となることについても述べている。常に同じ構造を保つ中、構造そのものにクライエントの怒りや願望が映し出される。

さらに、安定した治療構造により、セラピスト側の逆転移の認識もしやすくなるといえる。なぜ自分は、このクライエントには、一、二分の延長を認めてしまうのか等、セラピスト側の陽性の逆転移、陰性の逆転移ともに自己点検がしやすくなるといえる。

治療構造が安定することにより、クライエント・セラピストの双方にとって、心の中身が映し出されやすくなり、両者の間で何が起きているのかを見極めやすくなるといえる。

四　開業臨床の中での心理臨床

ここでは、私の臨床実践について述べたいと思う。

開業場面において、私は主に精神分析的心理療法を行っている。また、力動的理解をもとにした支持的心理療法や、発達障害の方に対しては発達促進的な面接も行っている。

ここでは、力動的理解をもとに支持的心理療法を行った思春期事例について、紹介をしたいと思う。事例は、プライバシーに配慮し、改変が施されていることをご承知おきいただきたい。

【事例　D男】

D男は、初回来談時、中学一年生の男子生徒である。小学校高学年時より登校しぶりがあり、中学入学後、数カ月後から不登校となり来談をした。母親には持病があり、この数年間その治療のため、精神的にも不安定となることが少なくなかったという。

D男は苦虫を噛み潰したような表情で来談し、弱音を吐くことを拒み続け、セラピストである私に頼るまいとする態度が明らかであった。私は、「小学校高学年より、心に悩みが生じたにもかかわらず、持病のある母親を心配させまいとして頼りたくても頼ることのできないでいるD男、同様にここでもセラピストに頼りたい思いがあっても、頼るまいとしているようだ」という理解を伝えた。D男は、それに対して否定的な反応を示したが、次の回、突然部屋に横たわり，私に対して、一緒に寝て抱きしめてほしいのだと、甘えた表情をして訴えた。私は、椅子に座ったまま、「D男は本当は、母親やセラピストを頼りにしたいこと、しかし、中学生になった自分がどう頼ってよいのか、どう距離をとってよいのかわからず困っているのかもしれない。そしてそれを一緒に考えていくことがここの場であること」を言語化して伝えた。D男の表情は一転して、苦虫を噛み潰したような表情に戻り、その後は口を閉ざし、数回のちに来談を拒否した。

D男が来談しない間、隔週で父母面接が継続的にもたれ、私が担当をした。母親は思春期のD男への関わり方に悩み、持病のある罪悪感から、自分ができることは時にD男を抱きしめることしかない、と接していたことを語った。父母面接を継続するうちに、母親は自らの病に向かい合い始め、父親はD男をさまざまな趣味の場に誘うようになった。不登校は続いていたが、D男は外部の活動には参加するようになった。父母面接を継続して一年ほどが経過した頃、D男が再来を希望していることが父母より語られた。中学三年という自らの進路を考える時期に差し掛かり、人に頼れなかったD男がセラピストに頼ってみようという変化の兆しが現れはじめたものと理解できた。父母面接はいったん終了し、D男との週一回五十分の継続面接が再開された。

再来したD男は、苦虫を噛み潰した表情は変わらず、身体症状を主に訴え続けるのみであった。身体症状の背後にある心に触れたとしても、それらはつながりのないものとして扱われた。また、思春期に特有の父母への反抗心に触れると、それらもまた否定され、よい父母であることをD男は強調をした。母への不満を感じる心それ自体が、持病のある母親を傷つけることと同様の事柄のようであった。私は、D男の罪悪感と思春期心性を伝えつつ、同時に現実的な進路選択を支えていった。そして、父母からの心的自立に必要な、一人でいられる時間を保障する趣味の世界にも共感的に聴き入った。その頃、父母は心的に安定した環境をD男に提供できる器となり、父母の支えのもと、D男は高等学校に進学をした。

その後、大学進学後まで、D男との面接は継続された。その経過は次の通りである。

高校受験を成功裡に終えたものの、同年齢の級友との関係の困難さは続き、身体症状は治まらなかった。苦虫を噛み潰したように言葉を噛み潰していたD男は、次第に学校での体験や家族のことを面接内で語るようになった。身体症状と結びつかない心は、面接時間内に生じる身体症状に焦点をあて、「今ここで、身体の不調が生じたのはどういうことであろう」「こういう話をし始めると身体が不調になるようだ」と話し合う中、身体と心につながりが生じていった。持病のある母親を心的に見捨てて自立する罪悪感についても話し合われた。次第に、外の世界において、教師や級友達との関わりが増え、D男は、それに伴って生じる心の揺れに、自ら向かい合うようになっていった。年齢相応の対人関係が同性・異性ともに経験できるようになり、一人でふらりと旅行に行くようにもなった。

その後、D男は、将来の夢について語り始め、大学進学を果たした。初回来談から七年が経過をした時点で、D男は自ら面接の終了を決めた。

思春期・青年期という時期に関わる機会を得た事例について紹介した。力動的理解に基づき、時に解釈は伝えてはいるものの、年齢を考慮し自我支持的に思春期の成長と自立を支えた事例である。

公的機関においても同様の事例に出会うことはある。しかし、七年という年月は、転勤のある公的機関では継続困難な年月であり、D男のような事例の場合には、高校進学を果たした時点でいったん終了とされた可能性が高い。主訴の改善という点においては、高校進学とともに不登校という主訴は改善されたといえよう。しかし、D男が直視することを避けていた自らの心に向かい合うには、さらに四年の年月が必要であった。持病のある母親を心的に見捨てて自立することはD男にとって罪悪感や心の痛みが生じる事柄であったと思われる。心の現実を否認することにより、葛藤が生じる現実世界からも逃避せざるを得なかったのであろう。家族や現実世界に対する心の葛藤に触れ、セラピストである私との間で生じる心の揺れについて、「いま・ここで」向かい合う作業を通して、身体と心はつながり、青年期の課題である親からの心的自立と、自分らしさを問う過程を経ることが可能となった。

このように、開業臨床においては、公的機関に設けられているような年齢制限もなく、クライエントが必要とする年月関わることが可能である。D男との面接においては、思春期～青年期の課題をある程度達成したことをセラピストとしても確認し、面接を終えることができた。

さらにD男との継続面接を支えた開業臨床という場の器について考えてみよう。

D男との継続面接において、数回程度回を重ねた時点で、面接はいったん中断をしている。来談当初D男は、これまでD男が母親との間で用いてきた身体接触という方法において、セラピストと関わることを試みた。しかし、それはD男の年齢相応の仕方としては適当なものではなく、それがD男の困難さと関連しているものと理解できた。セラピストはD男に対して行動には応じず、「言葉」を通してD男のあり方を伝え、潜在的な主訴について言及し、面接の場は何をする場であるのかを伝えた。

どのクライエントにとっても、自分の心に向かい合う時期というものがあろう。D男は、出会った当初、中学一年生という年齢であり、自らをもて余し困惑しつつも、自らの心に向かう心の準備はいまだ不十分であったと思われる。それにより、いったんは中断となったといえよう。そして約一年後、D男は再来した。その間、父母面接が継続されてはいたものの、初回数回のセラピストとの関わりや構造が、対象恒常性をもち、D男の心に生き続け、再来に至ったと理解できる。

また、D男は毎回、自らセラピストに手渡す形で、面接料金を支払っていった。D男にとっての面接の場は、決して心を軽くするだけの場ではなく、毎回毎回が重みのある真剣さを求められる場であったと思われる。同時に、お金の背後にある家族の支援に触れる場であったとも思われる。

このように、最初の出会いの時点では、自らの心に向かい合う準備が不十分な場合も少なくない。初回来談時に、クライエント自身も意識化できていない潜在的な主訴を伝えておくことで、次に心に向かい合う準備が整った時、料金という犠牲を支払う覚悟の上、再来されるクライエントも少なからずみえる。その際、セラピストや構造が変わらずそこに在り続け、覚悟を引き受ける場、それが開業臨床という場であると思われる。

五　私にとっての開業臨床という場

公的機関から開業臨床へと臨床の場を移した経緯とその相違について、これまで触れてきた。公的機関にしかできない臨床があり、開業にしかできない臨床があるのはもちろんのことである。

D男との関わりは七年という年月であったが、開業の場において、五年～十年という期間関わらせて頂いたクライエントの方々が何人かみえる。その方々との関わりの中、私は、自分らしく生きることを模索することの大変さや、生きることの痛みの深さを知ることとなった。心の痛みに触れることは辛く苦しく、何度も揺れ動きながらも、自らに向かい合おうとするクライエントの方々に本当に多くのことを学ばせていただいた。

私の臨床の始まりは、多くの子どもたちとの出会いであった。公的機関における子どもたちや親御さんとの関わりから、子どもは親を選べないし、親も子どもを選べないことを知った。世代間伝達という言葉や、虐待の連鎖という言葉もその頃知った言葉である。当の本人だけではなく、援助者もその言葉を受け入れ、変わらなさに甘んじていた。

子どもたちも親御さんも、その連鎖やその家族の中で育ったという宿命に囚われない生き方を必死に模索している。それは時に、症状や問題行動という形で表現されることがある。そして、公的機関の場にも、開業臨床の場にも、自らの宿命からなんとか逃れんとして術を求めて来談される。公的機関においてはケースワークという手法が家族の助けとなることもあろう。そして、開業臨床の場においては、その宿命に自ら真正面から向かい合うことを援助する場となるのであろうと思う。

来談される方の多くは、一回～数回の面談で、心が晴れやかになることを求め、宿命から逃れる術を得たいという思いで来談される。しかし、実際には、数年という年月が必要となることも少なくない。自らに向かうことは決して容易いことではなく、宿命に直面化することの苦しさから、宿命に身を委ねてしまったほうが楽だと思うこともあろうし、運動や買い物・飲酒などの方法で心を晴れやかにしたほうが楽だと面接から逃がれたくなることもあろう。自らに向かい合おうとする時期と、面接から逃れたいと思う辛い時期を何度も繰り返すことを経て、いつしか、宿命との対決は、自らの心の中の宿命という名前の亡霊との戦いであることに気づいていく。

その道程は容易いものではなく、こうした心の作業を営む場として、開業臨床の場はあるのであろう。心の真実に向かい合う場として、治療構造が安定していることは必須である。そして開業臨床の場は、心的現実に向かい合う場でありながら、常に料金という現実が導入される場である。セラピストである私は、万能ではなく、料金と時間を介した限界のある者としてその場に居続けることに意味がある。

精神分析的関わりにおいては、宿命という亡霊への恨みや怒り、無力さという行き場のなかった感情は、セラピストである私に転移される。料金や時間という設定、そして万能ではないセラピストという存在に対しても、怒りや悲しみが向けられる。それらの痛みは、投影同一化という機制を通して、セラピスト自身に体験されることもある。セラピストは、その痛みを逆転移として体験しつつ、行動ではなく、言語を用いて理解を伝え続ける。

その作業を繰り返し続けることで、宿命という名の形にならなかった大きな亡霊は、クライエントにとって、考えることが可能な対象となり、対峙することが可能なものとなっていく。

最後に、私の携わっている一室開業について、若干触れてみたいと思う。

これまで、私は開業臨床の場が、私一人の責任でなされる場であることを述べてきた。しかし、私の開業する場は、何名かの臨床心理士が部屋を間借りし、開業するというスタイルの場である。複数のスタッフの存在により、私の臨床が支えられていることは言うまでもない。そして、それは私とクライエントという二者の空間に、常に第三者が存在をすることをも意味している。この第三者性の視点は重要な視点である。私自身がクライエントとの関わりについて自己点検をする際にも、自己満足的な関わりに陥っていないかをみつめる視点となる。また、同時にクライエントの方々にとっても第三者の存在を常に意識せざるを得ない状況がある。もちろん複数開業ではない二者の面接状況においても、第三者性は面接状況に否応なしに持ち込まれる。しかし、複数開業の場合には、第三者性がより浮かび上がりやすく、心理療法の場がセラピストとの二者間の自己愛的な世界ではなく、常にそこの場に他者が介入するという痛みに触れる場となろう。しばしばそこに両親とクライエントとの間の未解決の葛藤が展開することとなる。そしてそれは、第三の立場、つまり自分自身を客観的に観察する視点（Britton, 1998）へとつながる重要な観点ともなる。

おわりに

開業臨床については、正直まだ道半ばである。今後も多くのことをクライエントの方々や臨床心理士の仲間や先輩方から学ばせて頂くことと思う。今回、これまでの経緯を振り返らせて頂く機会を得たことに感謝するとともに、初心に立ち戻り一歩一歩前進していきたいと思う。

文　献

Britton, R. (1998) Belief and imagination. The Institute of Psycho-Analysis. 松木邦裕監訳（二〇〇二）『信念と想像：精神分析のこころの探求』金剛出版
藤山直樹（二〇〇三）『精神分析という営み』岩崎学術出版社
小此木啓吾（一九九〇）「治療構造論序説」岩崎徹也他編『治療構造論』岩崎学術出版社
山上千鶴子（一九九五）「メルツアーの児童分析理論の精髄」小此木啓吾・妙木浩之編『現代のエスプリ別冊　精神分析の現在』至文堂

第十一章　大学と開業心理臨床

――臨床心理士・大場登の仕事場

大場　登

はじめに

私が開業届を税務署に提出したのは一九八三年四月のことなので、本書が出版されるのはそろそろ開業三十年を迎える頃であろうか。もっとも、私の場合は、最初の二年間を除くと、その後はずっと大学教員も兼ねることになったので、本書の他のほとんどの執筆者の皆さんのように、自分を「開業臨床心理士」と名乗るのはおおいに憚られる。本書の執筆者の一人として加えていただいていいのか否かも自分としては定かではない。例えば、私にとって二つ目の大学である現在の大学に異動してからは、大学に届けた上で、基本的に週休日の二日間（裁量労働制が取り入れられているので週休日の設定も各教員に任せられている）を中心とした「心理臨床業務」としているので、いわゆるケースの数といった点から言えば、専門「開業臨床心理士」の皆さんとは比較にならないのではないかと思うのが正直なところである。

それでも、私が大学で「臨床心理学」の講義やゼミ、実習指導を行うにあたっては、その「質を担保」するためにも、自分自身が「心理臨床」を行っていることが必要条件となる。それは、文化人類学の研究者がフィールドワークを行い、医学部の教員が医療実践に従事すること、ロースクールのいわゆる実務家教員が「法曹実務」を行うこと、建築学の大学教員が実際に設計業務に携わり続けること、表象文化の研究者が何らかの表象芸術活動に関わり続けることとほとんど共通のことと言ってよいであろう。この意味では、今日の大学には、「研究」と「現場」が深くつながった「学問」というものが意外に多く認められるように思われる。

そこで、私は本章において、まさに「研究・教育」と「臨床」、「開業臨床心理士と大学教員」というテーマそのものをとりあげて、これと向き合ってみることにしたい。臨床にあてる時間数という点で言えば、「専門開業臨床心理士」の皆さんにははるかに及ばない実態だろうと思われるが、考えようによれば、私のようなあり方も「開業心理臨床」の一つのあり方ではあると思うし、例えば、「病院臨床と開業臨床」「グループ開業と個人開業」「福祉臨床と開業臨床」「まったく心理臨床と関連のない仕事と開業心理臨床」「子育て・介護と開業心理臨床」その他、今後、「開業」をめぐっていろいろな可能性を読者に考えていただく一つのきっかけになるかもしれない。それに、私の気持ちとしては、大学と心理臨床のどちらに比重を置いているのかと聞かれれば、五分五分と答えることになるだろう。そう答えたからといって、それは私が、大学教員としての業務を軽視しているということでも、また、心理臨床を軽視していることでもまったくない。右記に例として挙げたいくつもの「学問の研究者」たちも、おそらくこれには同意されるであろう。「大学における教育・研究」と「現場の実際」は深くつながっていて、どちらかに、より大きなウェイトが置かれているということはない、強いて聞かれれば、「どちらにも」としか答えようがないのではないだろうか。この点について、次節で少し異なる視点から検討を続けるところから本章を始めることとしたい。

一　「錬金術師の仕事場」

私はユング派分析家でもあるので、心理療法のオリエンテーションはユング派心理療法ということになる。図1（以下、図のタイトルは筆者による）をご覧いただきたい。ユング（Jung, C.G.）の『心理学と錬金術』（一九四四）に紹介されている図版の一つである。私は大学で教員もしていると書いたが、実は、ユングの「錬金術」関連の業績や考察に関しては一度も触れたことがない。何故《なぜ》かというと、ユング派心理療法に関心がある方々であっても、事《こと》、「錬金術」という言葉が出てくると、よほど本格的にユング心理学について学んでいる方を除くと、途端に「う～ん？」という「不可解」な表情を浮かべられることがほとんどだからである。私は理解していただけないことを語ったり、書いたりすることは可能な限り避けたいと思っているので、これまで、ユング派分析家であっても、「錬金術」については一言も言及しないで随分と長い年月を過ごしてきた。今回は、「心理臨床の実践」と「研究」というテーマを扱うことになったので、私としては、初めて、「錬金術」に触れてみることにしたい。但し、本章においては、「仕事場」についてだけであるが。図1は、ユングの説明によれば、錬金術師マイアー（Maier, M.）が一六七七年に刊行した『黄金の三脚台』の扉に掲げられた図であって、文字通り、「錬金術師の仕事場」を表している。この「仕事場」は、左右二つの部分からなっていて、右側には実際の「実験作業」に携わる錬金術師が、左側には、「書斎で議論する」錬金術師たちが描かれている。そして、この二つの面こそ、「錬金術」という「営み・作業《オプス》・仕事」が持つ二つの面、すなわち、実際の「実験作業《オペラチオ》、すなわちプラクシス」と「テオリア、すなわち、瞑想《メディタチオ》・想像《イマギナチオ》をも介した理論的研究」のことと理解される。図の中央、つまり「実験作業場」と「書斎」とのちょうど中間には炉があって、その上にフラスコを載せた三脚台が置かれ

図１　錬金術師の仕事場
（ユング著，池田紘一・鎌田道夫（訳）『心理学と錬金術』，人文書院，1976年，
図144より転載）

ている。このフラスコ内をよ～く見てみると、「翼を持つ龍」がいる。この「龍」というイメージ、あるいはヴィジョンは、この図の「書斎で議論する錬金術師」「実験作業に携わる錬金術師」の両者が取り組むことになる「最初の素材（「第一質量《プリマ・マテリア》」と呼ばれる）」の象徴である。ユングが理解するところによれば、錬金術においては、錬金術師の心の無意識が「実験作業」に投影されているので、それぞれの錬金術師によって、この「最初の素材」ももちろん実にさまざまな姿形をとることになる。この図1におけるように「翼を持つ龍」というイメージであることもあれば、図2のように、「『最初の素材』としての『火蜥蜴《サラマンダー》』」というヴィジョンであることもある。図3におけるように「『最初の素材』としての『混沌』」というイメージであることもある。

錬金術とは、本来、錬金術師の心の無意識にある「最初の素材」が、錬金術という「営み・作業・仕事《オプス》」を通して、あたかも「黄金」のように「貴重な存在」へと「変容」してゆくプロセスなのだと捉えていただければ、ユングが「錬金術」と「心理療法」「個性化過程」の間

図２　「最初の素材」としての「火蜥蜴《サラマンダー》」
（ユング著 池田紘一・鎌田道夫（訳）『心理学と錬金術』，
人文書院，1976年，図138より転載）

に深い類似性を見出して、これに大変な時間とエネルギーを投入して取り組み続けた理由を読者にもいくぶんかは理解していただけるのではないだろうか。ユングは『転移の心理学』（一九四六）において、「心理療法」と「錬金術」の関連について、さらにより詳細に考察を展開してゆくことになるが、本章では、その点にまで触れることは控えて、『心理学と錬金術』において、心理療法家・分析家ユングが「錬金術」というものに何故《なにゆえ》に大きな関心を抱いたかのごくごく基本的な言及に留めておくことにしたい。「錬金術」など（？）に不可解さを抱く読者がおられたとしても、図３「『最初の素材』としての『混沌』」を見ていただければ、錬金術における「最初の素材」なるものは、クライエントが心理療法家のもとを訪れた際に抱えている状態、心理療法の「器」（「仕事場」あるいは「フラスコ」）の中に投げ入れられる「心の状態・イメージ」と、意外にも驚くほど深いつながりがあるかもしれないと受け止めていただけるのではないだろうか？　もちろ

図３　「最初の素材」としての「混沌」
（ユング著，池田紘一・鎌田道夫（訳）『心理学と錬金術』，人文書院，1976年，
図162より転載）

ん、その「投げ入れられるイメージ」は、クライエントの心の状態を象徴するものではあるけれど、他方、あるクライエントがあるセラピスト・心理療法家を訪れて、その「出会い」「めぐり合わせ《コンステレーション》」の中で「器」内に現れるイメージであると言うこともできるであろう。心理療法とは、この「器」内に投げ入れられた、あるいは、現れ出た「最初の素材」を、クライエントとセラピストが共同して「見つめ」、その自律的な「変容」の過程《プロセス》に関わりつつ、見守る「営み・作業《オプス》・仕事」と表現することができるであろう。

本論でわざわざ「錬金術師の仕事場」という図版を紹介した理由もすでに読者にはご理解いただけているのではないだろうか？「実践の場」と「書斎」の中間に置かれた「炉」に、セラピストは「関心」という「熱」を注ぎ、「炉」上「フラスコ」内「素材・イメージ」の変容に「関わりつつ・見守る」ことになる。「関わりつつ・見守る」作業には、実際の「実験室」「面接室《プラクシス》」での作業と、「書斎」での

「テオリア、すなわち、瞑想《メディタチオ》・想像《イマギナチオ》をも介した理論的研究」の両者が必要と捉えることができる。「専門開業臨床心理士」という立場でなく、「片足：大学」「片足：臨床」というあり方も、ひょっとするとこの意味では十分に一つの「心理療法家」としてのあり方と言えるかもしれない。

二 ある「最初の素材」

それこそ「開業届」を出してからまだ年月がさほどたっていない頃、私はあるクライエントとのセラピーを始めることになった。そのクライエントとの初回面接《インテーク》後の第2回目のセッションに、比較的多くの夢が持参された。その中の一つに次に紹介するような夢があった。クライエントの許可をいただいたので本章で紹介させていただくことにしたい。

夢1「足が不自由な男の人と、その奥さん〔豊満な美人——男の人と、なんとなく不釣合いだという気がしている〕という夫婦で二人とも染色家らしい。奥さんがもともと染色の先生で〔小さな専門学校のようなところ〕そこにその男の人が〔車椅子を使っている〕染色を習いに来ていて、結婚したようだ。そこには、奥さんの姉妹と思われる人がいるらしく、割にガヤガヤした雰囲気。そこへ、私が絵などを持ち込んでみてもらっている。絵はDali.S.のリトグラフだと言って説明しているのだが、それでいて、油絵具を画布からこそげ落とすように、そのリトグラフから色をそぎ落としていて、画面には、もとの色の痕跡しか残っていない〔どうも、絵のもともとの色が気に入ってなかったらしい〕。その上に、自分でパステルで好みの色を塗りかけている。その足の不自由なご主人が、染色だけでなく、いわゆる〔骨董などの〕目利きで、絵から絵具を落としたことに関して何か言っている。そしてその人に言われて、自分のしたことの意味に気づき〔一応、少しは社会的に評価されていて、価値のある絵を、私がいじくったことで、絵としての価値がなくなっている〕、後悔らしき感情にかられている。〔後略〕」

ちなみに夢見手は抑鬱状態にあって初回面接までは精神科に通院もしておられた。この回に夢見手が持ってこられた夢の多くも、「暗い」「寂しい」「冷たい」「寒い」「不安」「孤独」「死体」といったイメージの方が圧倒的で、クライエント自身に選んでもらってセッションで取りあげた夢も「非常に寒々として、暗く、寂しい」ものであった。その意味では、「最初の素材」としては、いわゆる「症状」からも、夢イメージからも、この夢見手の場合にあっても、「不安」「寒い・冷たい」「寂しい」「孤独」というイメージの方が主であったと言ってよいと思われる。ただ、そのような「暗く、冷たい」イメージの中に不思議にもここに挙げた夢も入っていたということになるだろうか。先ほど紹介した図3の「『最初の素材』としての『混沌』」というイメージと少し似た印象と言えよう。それでも、この夢をここで「最初の素材」として取りあげてみたのは、この夢イメージが私にとって、抑鬱的なクライエントの「最初の素材」の中にあって、不思議な印象を残したからであった。当時の面接記録最後に記した「印象」の中にも、私は「抑鬱的で『色』を感じさせないこの人と『染色家』とのこれからは？」という言葉を残している。

読者は、この夢の中にだけでも実にいろいろなイメージが現れていることに気がつかれるであろう。夢見手が「染色の先生夫妻」のもとを訪れているのであるから、当然、いわゆる「転移」ということも考えられるであろう。そして、精神分析学派の方であったならば、まずは、クライエントのかつての個人的な重要人物《キーパーソン》（たち）との間のもろもろの感情がこの「染色家夫妻」としてのセラピストイメージに投げかけられていると捉えて、いわば「水平的な転移」をめぐってさまざまな検討がなされることになるだろう。夢の「染色家カップル」には、そのような「一面」も確かにあるのだと考えていいと思われる。ただし、それは、あくまで「一面」である。この染色家カップルが「足の不自由な夫と豊満な美人の奥さん」というイメージであることはなかなか面白い。ギリシャ神話に関心が深い読者であるならば、これと実にぴったり類似したイメージとして「美・愛欲・豊穣の女神アフロディーテと鍛冶を司る足の不自由なヘーパイストスという夫婦」を思い起こされるかもしれない。ただし、アフロディーテはゼウスの妻ヘーラーのように「結婚」の女神であるよりは、文字通りに「愛欲」の女神であって、軍神アレースと通じていた。ヘーパイストスは、火山と深い繋がりを持ち、鍛冶の神として天井の宮殿に「自分の仕事場」を持って、オリュンポスの神々に関する多くのものを造ったが、他方、醜い自分を海中に投げ落とした母ヘーラーには「座ると動けなくなる椅子」を、自分を裏切ったアフロディーテとアレースには、密会中の二人のベッドに「見えない網」をかけて復讐するといった、とても一筋縄ではいかない多様性・多面性を持つ「カップル」であった。つまり、「転移」という視点で見たとしても、この「足の不自由な男と豊満な美人」の「染色家カップル」には、クライエントのかつての個人的重要人物《キーパーソン》（たち）をめぐる感情・想いが投げかけられていると同時に、夢見手の心の中、そして人間の心の奥深くにある、個人を超えた、その意味で元型的な「カップル」、それも「美・愛欲・豊穣の女神アフロディーテと鍛冶を司る足の不自由なヘーパイストスという夫婦」イメージが投げかけられていると理解することもできる。クライエント周囲現実の個人的重要人物《キーパーソン》ということでなく、夢見手の心の中、そして人間の心の奥深くにある元型的イメージが投げかけられていると捉えられるので、この意味で、「垂直的な転移」と表現することができることになろう。少し付け加えるならば、『染色家』という「色の変容」にかかわるイメージ（「錬金術」においても、「黒《ニグレド》」に始まる「色の変容」が論じられている）、右記に私が増幅《アンプリフィカチオン》的に想像《イマギナチオ》した「ヘーパイストス」という「金属の変容」にかかわる『鍛冶師』イメージは、それ自体、ほとんど「錬金術師」のイメージとも、そして、「こころの変容」過程にかかわる「セラピスト・心理療法家」イメージとも深くつながるイメージであると言っても、読者もあまり違和感は抱かれないのではないだろうか。

さて、夢見手はこの染色家カップルのところに、ダリ（Dali, S.）のリトグラフを持ち込んで見てもらっている。しかも、まるで「油絵具を画布からこそげおとすように」リトグラフのもともとの色をこそげ落としてしまっている。「画面にはもとの色の痕跡しか残っていない」「どうも、絵のもともとの色が気に入ってなかったらしい」。その上に、自分でパステルで好みの色を塗りかけている」。夢の中では、夢見手のこの行為に対して、足の不自由な主人の方が、どうやら「一応、少しは社会的に評価されていて、価値のある絵を夢見手がいじくったことで、絵としての価値がなくなってしまった」ことを指摘して、夢見手は「後悔らしき感情にかられている」。夢のこのあたりをどう「読む」かについては、やはり、夢見手がどのような人物であったのか、初回面接とこの第二回セッションにおいて、どのようなことが語られていたのかに少し触れざるをえないであろう。なぜなら、夢見手がどのような人物であるのかによって、夢は異なって「読まれうる」（大場　二〇〇九ａ）だろうから。もちろんクライエントの語られた具体的なことは、本書のような一般書に紹介することは許されないが、夢見手が幼少の頃から、そして、成人してからも、いつも「他者の『世話』」をしてきた（もちろん実に複雑でさまざまな事情が重なってのゆえであったが）ことがすでにこの二回のセッションの中で明らかになってきていたことは挙げてもいいだろうか。

このような夢見手の背景のもとで、先ほどの夢見手の行為、すなわち、「絵のもともとの色が気に入っていなかった」ので、その「色」を「こそげ落とし、自分でパステルで好みの色を塗りかけている」イメージを見るならば、この夢見手の動きには、これまでの夢見手とは異なる、実に創造的で個性的な生き方の萌芽を読み取ることができるのではないだろうか。面白いのは、それこそダリという「他者」の絵を、この夢見手が、自分の「好み」で変容させようとしていること、創造的な「破壊」の上に、自らの世界を描きだそうとしていると言ってもいいだろう。「他者のキャンバス」にあった世界を破壊して、「自らのキャンバス」にしつつあると表現することもできるであろうか。

この点で言えば、染色家の夫の方が、この夢見手の行為を「一応、少しは社会的に評価されていて、価値のある絵を夢見手がいじくったことで絵としての価値がなくなっている」と指摘しているらしいことには注意しておかなければならないだろう。セラピスト像に投げかけられた染色家イメージが、この時点では、どちらかと言えば、「社会的な評価」（「他者の世話」ともつながるのであろう）という視点とも結びついてしまっているらしいことをセラピストは心のどこかに留めておいた方がいいことになる。

いずれにしても、この「最初の素材」には、「色」というものがとても重要なイメージとして現れ出ているということは間違いないだろう。夢見手が今後の心理療法の中でこの「色」とどのような関わりを持つことになるのか、どのような「色」がこの夢見手のキャンバスに現れ出ることになるのか、セラピストである私は深い関心をもって、その後の「変容の過程」を見守ることになった。

三　「最初の素材」の変容とテオリア

「色」はその後の心理療法プロセスの中で実際、実に「多彩」な展開を示すことになった。ただ、本書では紙数の制約もあって、その中のごく限られたいくつかの夢を紹介することしかできないのはやむをえないことであろう。

夢2（#4）「電車の中で細い葱《ねぎ》を洗っている。根の部分を指で切り取るのだが、切り取るやいなや、今指でちぎった部分が黒く変色し、たちまちくさってくる。それでまたその黒い部分を取ろうとちぎると同じことになる。」

夢見手は「最初の素材」からまだ間近なセッションに持参したこの夢に対して，以下のように語っている。「私，頭の中が萎縮して，こう，固く，黒くなってくるという感じがあって，夢の『葱を切っても切っても，その切り口がすぐ黒くなってしまう』というこの感じというのは，それを思い浮かべさせます」。夢のイメージは，前節で挙げた「最初の素材」としての夢と同時に持参された他の多くの夢イメージとむしろ似た感じのものであった。「葱をちぎってもちぎっても，たちまち黒く変色し，腐ってくる」というイメージから，夢見手は日頃感じている「頭の中の独特の体感」について語られた。同じセッションで，夢見手はいわゆる「離人感」についても語られていたので，「抑鬱状態」にあるクライエントが感じている心理的つらさ・苦しさ・違和感が夢を通してもセラピストである私によく伝わってきた。「頭の中が萎縮して，固く，黒くなって，その部分を切っても切っても，またすぐ黒くなってしまう」という体感は精神医学において古典的に「セネストパチー（体感症）」という言葉で表現されていたものと理解できよう。夢を通して，夢見手がこのような独特の感覚を面接の中でセラピストに語ることができることも大切なことだと思われる。この「黒」こそ，錬金術において，「最初の素材」として現れる典型的なイメージ，「黒《ニグレド》」と捉えることができるであろう。さて，暫くしてクライエントは以下のような夢を語ることとなった。

夢３（#７）「抱いている猫が私の指を噛んでいる。じゃれているだけと思って噛ませていたら，本当に噛みついてきて痛くてたまらない。猫の口をこじあけて指を引き出す。指先がつぶれたような形に変形していて黒っぽい血が流れ出ている。［場面変わって］猫が血を吐いて死んでいる。白い器の中の血は非常に濃くあざやかなピンクをしていて，お菓子のムースのようにふんわりしている感じだが，器のまわりの，こぼれている血はそれほど鮮やかな色ではない。」

印象を問われて（大場、二〇〇九b）、夢見手は「自分の指から出た黒い血と猫の鮮やかなピンク色の血が非常に対照的だった」と語っている。夢見手の指に噛みついて血まで流させた「猫」だが、夢見手自身に向かっているとはいえ、夢見手の心の中にこのような動物的で攻撃的、そして、ある意味ではエネルギーに満ちたイメージが動き始めていることに私は心を動かされた。夢見手も「猫が吐いた血」の色を「鮮やかなピンク色」と形容している。私が、「黒」ということでは夢2にも「黒」が出ていたことに言及すると、夢見手は、「あの夢の葱の白というのが脳みその感じだった」と応えている。「血」は「生命」そのものの象徴でもあり、また、「女性」とは切ってもきれないものでもあるだろう。夢見手自身の「黒い血」と「猫の吐いた鮮やかなピンク色の血」。「色」にも「変容」が始まっていることは確実であるようだった。

夢4（#14）「パステルで線描きのような絵がある。自分で描いたのかどうかわからない。女の人のようだと思っている。その時点になって、ようやく私は、対象だけ描いて、バックを塗ることをなおざりにするから、この絵はきれいなピンク系の色を丁寧につけようと思っている。」

プロセスの中では夢を素材に、その後、実にいろいろなことが語られ続けた。そのような中で持参されたのが、この夢4である。クライエントは実際にこの夢を描いてみたというので、次の回に持って来ていただいた。前景に女性の顔の輪郭が現れてきたこと、そして、「バック・背景」に夢3の「猫の血」を思わせる「ピンク系」の色が塗られたことがとても印象的であった。ちなみに、これは直接「色」と関連することではないが、この「顔・Face」と「背景・Back」の夢イメージを一つのきっかけとして、私は、「テオリア、すなわち、瞑想《メディタチオ》・想像《イマギナチオ》をも介した理論的研究」を重ね、後に「Face & Back――フロイト派精神分析とユング派分析心理学の接点」

（一九九九）、そして、『ユングのペルソナ再考』（二〇〇〇）さらに、「ペルソナとゼーレ（ソウル）」（二〇〇三）、「ペルソナ（面・顔）とゼーレ・ソウル（心・たましい）」（二〇一一）という一連の論考を執筆することになった。土居健郎（一九七六）は「日本語の古語において、オモテは顔を、ウラは心を意味していた」と重要な指摘をした。ただし、残念ながら、土居はこの「オモテとウラ」に対応する欧米語はないとも書いている。私は右記のいくつかの論考で述べたが、実は、「オモテとウラ」にぴったり対応する英語があって、それは「Face & Back」と思われる。その意味でも、この夢4で言えば、『女性の顔』の輪郭」が現れてきたこともとても大切なことだが、さらには、この顔・Face、つまり、オモテが現れてきただけでなく、Back、すなわち、背景・ウラ・心に、あの「猫の吐いた鮮やかな血の色」、すなわちピンク色が丁寧に塗られることになったことにも実に深い意味があると言えるであろう。

さて、クライエントはプロセスの中で「色」に関して、実に「多彩」な分化・深化を見せたが、本章では、その中からもう一つだけ夢を選んで紹介してみることにしよう。

夢5（#22）「油絵だと思ったのだが、よく見ると厚みがあり、絵と彫刻の中間のようなもので、『キエフの門』という言葉を思い浮かべさせるような東欧調の不思議な色で彩色されている。鳩時計のように、屋根のような庇《ひさし》があり、鳩時計の時計の部分にあたるところが、くり抜かれていて、向こう側が見える。それが掛けられているのは、教会の入り口のような感じのところで、事実、そのくり抜かれた部分から、礼拝堂の中が見える。」

「キエフの門」という言葉を思い浮かべさせるような絵と彫刻の中間のようなもので、東欧調の不思議な色で彩色されたイメージである。「キエフの門」について問われて、夢見手は、ロシアの作曲家ムソルグスキー

(Mussorgsky, M.) の組曲『展覧会の絵』第十曲「キエフの門」を連想している。実は、この『展覧会の絵』は、ムソルグスキーが友人の画家ハルトマン（Hartmann, V.）の「追悼」展覧会に触発されて作曲したものである。そして、「キエフの門」そのものは、現在のウクライナの首都キエフの町の境界に十一世紀に建てられたものだったが、十三世紀にモンゴル帝国の軍勢によって破壊され、ようやく一九八二年に復元されたものである。実際に、門であって、かなりの奥行を持つ建造物として知られていて、キエフがキリスト教国であることを示すためにも、門上には受胎告知教会が造られている。夢の「絵と彫刻の中間のようなもの」も、「鳩時計のように庇《ひさし》があり、鳩時計の時計の部分にあたるところがくり抜かれていて、向こう側が見える」「そのくり抜かれた部分から礼拝堂の中が見える」というイメージであるので、どうやら、このイメージはかなり明確に「あちら側の世界」「宗教的な世界」「死と深くかかわる世界」への「入り口」、あるいは、「鎮魂のための門」のように感じられると言っても読者もあまり抵抗を覚えられないのではないだろうか。夢見手の個人的背景をほとんど紹介していないので、読者が夢イメージとクライエント自身との具体的かかわりを理解しにくいとは思われるが、しかし、「あちら側の世界」「死と深くかかわる世界」への「通路」は、特別の個人にだけ関係するものではなく、人間という存在にとって普遍的に与えられているものではないだろうか。実際の「キエフの門」が「黄金の門」と呼ばれているといった外的事実よりも、夢の「東欧調の不思議な色による彩色」という表現の方が、この意味では、私にとって、「あちら側の世界」に通じる、実にこの方らしい「色」の現れ方であると感じられた。

さて、当時、私はここに僅かだけ紹介したクライエントの夢の他にも、「色」に関して実にさまざまな内的イメージを示すクライエントの方々との「めぐり合わせ《コンステレーション》」の中にあった。「色」が、まさに私の周囲に布置《コンステレート》されていたと言えよう。ちょうど、小さな大学に勤務することになったので、私は時間を見つけては、大学の図書館に籠って「色」についてのテオリアと取り組んだ。志村ふくみさんの『一色一生』（一九八二）に出会ったのもこの頃であった。大学には家政科も付属されていたので、幸いにも蔵書として、植物染色に関する大型本が多数収められていた。また「色」という文字・漢字の意味や歴史、「色」に関わる神々や仏たち、「神話」、さまざまな文学や宗教における「色」とも取り組んだ。テオリアをしては、また、面接室《プラクシス》において日々のクライエントの心から創出される「色」と向き合った。さらに自然の豊かなスイスに滞在した二年間は、森で木の実や樹皮を集めては、実際に「植物染色」とも携わってみた。四季を通じての動物や小鳥たちの「羽毛」「皮膚の色」の変化を改めて観察しては新鮮な驚きを覚えていた。そのような中で一九八七年には、「色」をめぐっての当時の私の研究の集大成「色・植物染色・覆《おお》い／殻・エロス――日本における『色』イメージを手がかりに（Farben - pflanzliche Färbung - Hülle/Schale - Eros — anhand der "Iro" - Vorstellung in Japan dargestellt.)」が、分析家資格取得論文としてチューリッヒのユング研究所に提出された。この論文は文字通りに、第一部が「色」に関しての「テオリア、すなわち、瞑想《メディタチオ》・想像《イマギナチオ》をも介した理論的研究」、第二部は「色」に関わる「実験作業《オペラチオ》、すなわちプラクシス」、つまりは、実際のあるクライエント（本章でごく一部を紹介させていただいた方とは異なるクライエント）との心理療法過程に関する詳細な事例研究であった。事例という「生きた素材」に関する研究が二つの柱のうちの一方を成しているので、この論文はユング研究所図書館の奥に所蔵され、許可を得た限られた方にしか閲覧は許されていない。もちろん、日本では未公開のままとなっている（テオリアのごく一部は「色に見るエロス――ユング派分析心理学的接近」（一九九四）として日本でも公表したが）。

四　「落とし穴」、そして、今後の課題

「大学と開業心理臨床」というあり方は、心理臨床家としての一つの可能性であることが読者の皆さんにも少

しはお伝えできたであろうか。ところが、ここに大きな落とし穴があった。それは、大学教員には、「研究」「教育」だけでなく、「大学運営」というもう一つの重い業務も課せられているということである。実際、私が現在勤務している大学に異動することになったのは、大学院に「臨床心理学プログラム（＝専攻）」を立ち上げるという、かなり負担の重い課題と取り組むためであった。しかも、大学の性格上、一学年につき、沖縄から北海道まで併せて四十名の院生を育成・教育するということとなり、専攻という機構の運営、面接授業や全国での実習のアレンジ、学内での専攻の存在《プレゼンス》を維持・確保するための絶えざる活動等に甚大なエネルギーを費やすことになった。立ち上げ準備から十年を経て「専攻」がどうやら軌道に乗ったかと思われた二〇〇九年秋、私は過労のため体調を崩すことになってしまった。ふと周囲を見回してみると、いつの間にか大学は辞して「開業心理臨床」に専念している仲間たち、逆に、「大学」に専念している仲間の存在に気づくようになった。二〇〇九年というのは、個人的なことで恐縮だが、私が還暦を迎えた年であった。私の「身体」が私に大きな「問いかけ」をしたのは明らかである。「大学と開業心理臨床」というあり方からは辞して、「開業心理臨床」に専念するのか、あるいは、もし、そうでなく「大学と開業心理臨床」というあり方を続けるのならば、根本的な「仕事の仕方の変容」が必要なのだと思われる。私の「人生の午後六時」はおそらくすでに回っていることであろう。分析家になるための研修の時期に随分と取り組んだ以上に、私は、「自分の生き方」「自分の身体」「自分の心」と、そして私自身の「キエフの門」と、今、あらためて正面から向き合うという大きな課題を与えられていることは間違いない。

文　献

土居健郎（一九七六）「オモテとウラの精神病理」荻野恒一編『分裂病の精神病理4』東京大学出版会、一－二〇頁
Jung, C. G. (1944) Psychologie und Alchemie. 池田紘一・鎌田道生訳『心理学と錬金術Ⅰ・Ⅱ』人文書院

Jung, C. G. (1946) Die Psychologie derÜbertragung. 林道義・磯上恵子訳（二〇〇〇）『転移の心理学（新装版）』みすず書房

Maier, M. (1677) Tripus aureus, hoc est, Tres tractatus chymici selrctissimi, S. 377. Jung, C. G. (1944)より引用.

Ohba, N. (1987) Farben - pflanzliche Färbung - Hülle/Schale - Eros — anhand der "Iro" - Vorstellung in Japan dargestellt. Diplomthesis am C.G.Jung-Institut Zürich.

大場　登（一九九四）「『色』にみるエロス――ユング派分析心理学的接近」上野学園大学90周年記念論文集、一一七－一三〇頁

大場　登（一九九七）「開業心理療法における『器』」京都大学教育学部心理教育相談室『臨床心理事例研究』第二三巻、一一－一三頁

大場　登（一九九九）「Face & Back――フロイト派精神分析とユング派分析心理学の接点」上野学園大学95周年記念論文集、八二－九五

大場　登（二〇〇〇）『ユングの「ペルソナ」再考――心理療法学的接近』（心理臨床学モノグラフ第一巻）日本心理臨床学会

大場　登（二〇〇三）「ペルソナとゼーレ（ソウル）」『ユング心理学――夢・神話・昔話・イメージと心理療法』放送大学教育振興会、四一－五二

大場　登（二〇〇九a）「セラピストの『読み』」『心理カウンセリング序説』放送大学教育振興会、七九－八九

大場　登（二〇〇九b）「『読み』と『問いかけ』『語りかけ』」『心理カウンセリング序説』放送大学教育振興会、九一－一〇二

大場　登（二〇一一）「ペルソナ（面・顔）とゼーレ・ソウル（心・たましい）」大場　登・森さち子（編）『精神分析とユング心理学』放送大学教育振興会、一五四－一七〇

志村ふくみ（一九八二）『一色一生』求龍堂

第十二章　開業心理療法クリニックでの二十年の体験から考えていること
——臨床心理士・佐野直哉の仕事場

佐野直哉

はじめに——開業心理療法に至る歴史

1　音楽療法との出合い

私は一九九二年四月に静岡県三島市という人口十万人の地方小都市で心理療法クリニックを開業して現在に至っている。はじめに開業に至る私の心理療法家としての歴史を書いてみたい。

一九六九年に日本大学大学院心理学専攻修士課程を修了して、当時統合失調症（当時は精神分裂病といっていた）の精神分析的心理療法を積極的に実施していた山梨県にある山梨日下部病院に専任の臨床心理士として就職した。この病院は山梨県の中部の果樹農家が多い地域だった。病院は病床数二二五床の中規模の単科精神病院だった。この病院に勤務するに当たってはそれ以前にあるエピソードがあった。一九六六年に心理学部の三年生だった私は卒業論文に「精神分裂病者への音楽療法」というテーマを選んだ。当時はまだ音楽療法そのものがまだ一般的ではなくて文献を探すのに苦労したことを覚えている。たまたま山梨日下部病院で精力的に音楽療法を実施しているという話を聴き私は早速病院を訪れた。アポイントをとらずに行ったところ、私が聞いていた音楽療法を行っているという医師は「松田先生」でその先生はすでに退職していなかった。仕方なく病院の玄関を去ろうとしたときある長髪の中年の白衣を着た男性がたまたま偶然に玄関を通りかかり私に話しかけてきた。そこで私が音楽療法に興味があるとわかるとその医師はすぐに私を院長室に呼んで「音楽療法は私が行っているし、松田先生の指導を行っていた。音楽療法に興味があるならば私が指導しましょう」とおっしゃった。玄関でのわずか二〜三秒の違いで私は音楽療法と出合えなかったのかもしれなかったのである。その医師は話をしていてわかってきたことであったが山梨日下部病院の院長松井紀和先生だった。松井先生はその後の私の臨床心理士として、心理療法家としての第一の師匠とも呼べるスーパーバイザーとなった。松井先生の好意でその日から松井先生のご自宅に泊まりこみ病院実習や研究会に参加させていただいた。

卒業論文は開放病棟のある病室に入院している慢性統合失調症者十名の集団に毎週二回夕食後二時間行った音楽療法をテーマにした。この集団を実験群として、音楽療法を行わない集団を統制群として一年間の音楽療法実施に際して音楽療法開始時と中期と終了後の三回にわたり対人関係の質と量をソシオメトリーを実施して測定した。

この結果は測定方法に問題があったが明らかに実験群の対人関係が増加して他者への関心が増加していた。この結果を通して私は統合失調症者への心理的関わりが重要であり心理的関わりに治療的意義があると考えるようになった。

その後大学院を修了してすぐに私は山梨日下部病院に就職をした。さて、山梨日下部病院がどのような病院かを少し紹介したい。病院は入院患者の八十%が慢性統合失調症者という当時どこにでもある典型的な地方の単科精神病院であった。しかし、院長の方針でなるべく薬を投与しないでその代わりに人間的接触を重視するという方針を採っていた。当時は抗精神病薬が使われ始めて薬物療法が全盛になり始めた時期であった。そして病院自体の治療方針としては精神分析的オリエンテーションを重視していた。

私自身はそれ以前から精神分析学には深い興味を持っていた。私と精神分析学の出合いについては後に詳しく述べることにする。

もちろん精神病院に勤務する臨床心理士としては音楽療法だけを行っているわけにはいかない。私の興味はさまざまな関わり方を通して統合失調症者との対象関係（まだそのころは対象関係論はわが国にはあまり導入されていなかった）を樹立することに向いていた。例えば絵画療法やサイコドラマやリコーダーの合奏やスポーツやさまざまな作業療法的な関わりであった。しかしもっとも私が興味を持ちエネルギーを注いでいたのは面接による心理療法的接近であった。私が就職してすぐに十名の慢性統合失調症者を担当することになった。私はこの十名とは毎日面接を行った。週五回である。すでにほかで話したことがあるがその当時の私の心理療法家としてのアイデンティティを決定付けた印象的なあるエピソードをここでお示ししたい。

2　猫柳の芽体験

患者さんは洋子さん（もちろん仮名）。当時三十代後半で発病して十数年経過していた。洋子さんは閉鎖病棟の片隅に終日うずくまって食事とタバコの時間だけデールームにのそのそと現れ、誰とも口を聴かないという患者さんであった。もちろん面接室になどこない。そこで私は毎朝決まった時間に病室訪問をすることにした。うずくまっている洋子さんの傍らに私も座り、自己紹介と朝の挨拶をしても洋子さんは振り向きもしない。まるで私は道端に転がっている石ころか枯れ木のようになった気分であった。そのようなことを約五一日ほど続けた。

その過程で私の内面にはさまざまな空想や葛藤が交錯した。例えば、「やっぱり統合失調症者は自閉の壁にこもっていて交流など持てないのだ」とか「やっぱり統合失調症者の心理療法なんて実施することは無理なんだ」とか「洋子さんにとって私はただの石ころや枯れ木のような存在で意味なんてないのだ」とかであった。私は絶望していた。その当時の精神医学の教科書には精神分裂病（統合失調症）は自閉の厚い壁に引きこもり関わりがもてないし、了解困難であると書いてあった。関わりを樹立したいと言う私の切実な思いはもろくも打ち砕かれようとしていた。そのような朝の挨拶を始めて五十数日が経ったある日に絶望的な気持ちを抱えていつものように朝の挨拶と自己紹介をしていたときに一瞬だけ私の顔を見て洋子さんは「先生の目は猫柳の芽に似ているね」とささやくように語った。私はその言葉に今までの苦しい葛藤的な気持ちが吹き飛ぶように感じた。「関わりがもてた！」私の今までの重い気持ちは一瞬のうちに吹き飛んだ。どのような人格水準の人とでも関わりがもてるのだという信念のようなものが私の内面には沸きあがってきた。今までに私は四十年近く心理療法家として多くのクライエントに出会ってきたが、洋子さんとのその関わりの中で感じた私の信念のような思いは心理療法家としての根源的な自信となって私を支え続けてくれた。

3　『治療者としての患者』をめぐって

この体験は後に述べるがサールズ（Searles, H. F.）のいう「治療者としての患者（patient as therapist）」という概念で説明ができる。つまりその二人の関係性の中で私はサールズのいう葛藤や絶望という「自我欠陥（ego deficit）」を抱えた「患者」であったといえる。その私の「自我欠陥」を洋子さんは短い言葉で解消、比喩的には「治療」してくれたといえる。洋子さんは私の「治療者」であったということができる。サールズはこの力動を重視している。この力動は乳児と母親の間にも生起する。乳児の微笑みによって母親の苦しみ、つまり

「自我欠陥」が解消されたり、乳児の一言で母親の気持ちが軽くなったりということは母子関係においてはよく起こることである。

そのときに重要なことは気持ちを軽くしてくれた乳児に対する感謝の気持ちであろう。母親に感謝されることで乳児の自信や自己価値は形成されるといえる。クライエントとの関わりの中ではこのような力動がしばしば生起することは感覚の鋭い心理療法家なら体験できるであろう。私はもちろん心から洋子さんに感謝をした。そのエピソードがあったあとは、洋子さんは毎日病棟から面接室に通ってくるようになった。私は洋子さんとの毎日の面接を十五年続けた。病棟の厄介者であった洋子さんは面接開始から三年後には病院のさまざまなグループワークや作業療法に参加するようになり十年後には病院から毎日弁当を持って街のパン工場に外勤作業をするようになった。

さて、私はここで事例報告をするつもりはない。本題に戻りたい。私がどのような心理的歴史（story）を通して開業臨床心理士になったのであろう。私の自己分析による自己開示をもう少し続けたい。まず始めに私のフロイト（Freud, S.）との出会いについて述べたい。

４　フロイトとの出会い

私が高校二年の夏、私の父は四十四歳で亡くなった。長男であった私は「父の死」という辛い現実に直面することがなかなかできなくて、勉強もしないで山登りと新宿のジャズ喫茶に入り浸るという生活を送っていた。そして後に思うと軽い離人感と軽いうつ状態であったと思える。その頃から私は定型夢とでもいえる悪夢を毎晩のように見ていた。まだ精神分析もフロイトも知らない私であったが毎朝目が覚めると夜のうちに観た夢をノートに記録していた。その夢は「大きなぶよぶよとした塊に包まれて、その塊に締め付けられて息苦しくなって」目が覚めるというものであった。私なりにその夢の意味を知りたいと思い幼稚な分析をしていたが、さっぱりその意味はわからなかった。そのような生活の中で私を癒してくれたのは山登りと音楽であった。一人で山に入り風の音と木々のこすれる音につつまれて無心になることに癒しを感じていた。そして加藤文太郎とか松濤明という単独登山者の書いた山の記録をよく読んでいた。音楽はジャズとバロック時代のクラシック音楽をよく聴いていた。とくにカナダの孤高のピアニスト、グレン・グールドに耽溺していた。グールドの独特な楽曲解釈に憧れのような気持ちを持っていた。端整で審美的なグールドのバッハを聴き、単独登山者にあこがれながら一方でジャズはアート・ブレーキーなどの情熱的なファンキージャズをよく聴いていた。私の内面には一方で静かな孤独を愛してそこに沈潜している自分と、他方では情熱と汗を撒き散らしはじけるような自分がアンビバレンツにせめぎあっていたのであろう。これはよくある青年期心性と思い、今でもその頃の自分を懐かしく思い出す。

そのような頃、高校の近くの神田の一軒の古本屋でフロイトの『夢判断』という本を見つけた。フロイトについても夢分析についても何も知らなかったが、『夢判断』というタイトルに惹かれて購入した。今読んでも書かれていることは難しいがそのときは全くわからなかった。私にはとてもうれしい発見であった。夢の意味がわかるのだと言うことはわかった。しかし、なんとなく夢は分析をすることでその意味がわかるのだと言うことはわかった。私にはとてもうれしい発見であった。夢の意味がわかるということに大変感動した。無論私の不安夢の意味はその後何年もたってやっと「どうやらこんな意味があったのだ」とわかってきたのだが、「夢は分析可能なものでそうすることで意味がわかる」ということがわかっただけで私の離人感や軽いうつ状態は軽くなった。その意味では私にとってフロイトはある意味では「最初の治療者」であったのだろう。私は心のうちでは「今まで求め続けた治療者」を見つけられたというような気持ちであった。

5 私の幼児期体験をめぐって

さて、私はさらに考えた。「私はどうしてこんなに治療者を求めているのだろう」と。私の心の内面を辿る旅はまだ続いた。心の探求をしているうちに私の頭に鳴り響く歌が浮かんできた。曲名も作曲者もわからないがメロディーは覚えている。しかもその曲はジャズでもクラシックでもない。どうやら歌謡曲のようである。

私はジャズやクラシック音楽は好きでよく聴くが歌謡曲はほとんど聴かない。さらに考えていくとその曲は演歌のようであった。私は厚い演歌の楽譜集を買って調べた。するとどうやらその曲は古賀政男作曲、近江俊郎歌の『湯の町エレジー』だということがわかった。そしてそのメロディーを思い浮かべるときには空を焦がす赤い炎が浮かんでいた。さらにその光景を思い浮かべると私は薄暗い風呂場に裸で一人でいる。風呂は大きな五右衛門風呂、外には激しい風がビュービューと叫ぶように吹いている。外には消防車のサイレンや半鐘が響き渡っている。風呂の窓からは暗い夜空を焦がすように真っ赤に燃えている景色が見える。隣の家からは何かもの哀しい音楽がかすかに聞こえている。どうやら、この音楽が『湯の町エレジー』らしい。そして私は大声で母や父を呼んでいる。しかし誰も応えてくれない。これらの光景を思い起こして再構成してみると、季節は冬、夜父と風呂に入っていて近くで大火があり父は風呂を飛び出して火事見物に私を一人風呂に残して行ってしまった。不安になった私は家人を呼べども誰も答えてくれない。薄暗い風呂場に一人見捨てられて不安に慄いている。

この光景が単なる私の空想なのか事実なのか私は考えた。私は幼児期は山形市に住んでいたので、多分この出来事は山形市に住んでいた頃の一歳から九歳までのことであろうと考えた。どうやらその出来事を体験している私は小学生にもなっていない幼児であるらしい。

私はこの出来事を検証しようと山形市に赴いて山形県立図書館や山形新聞社や消防署を訪ねてまわった。幸いどこでもとても丁寧に私の調査に協力してくれた。図書館では消防車の出動記録まで調べてくれた。私は自分の過去を探索する探偵になったような気分であった。そしてその出来事は昭和二十一年十一月二十一日午後七時頃の大火であることが判明した。私が三歳八カ月のことであったことが判明した。私はこの出来事が単なる私の空想や夢ではなくて客観的事実であったことに安堵した。

さてこの体験は心理的にはどのようなものであったのだろう?

私は一人取り残されていわば「見捨てられ不安」を感じながらいわゆる「精神病不安」のようなものを感じていたのだろう。そしてその不安を共感し癒してくれる対象を求めていたのであろう。しかしその対象はなかなか現れなかった。いわば私の根源的な不安として私の内面に内在化されたのであろう。そしてさらに自分こそがそのような不安を解消してあげる対象になりたいという思いが私の内面に刷り込まれたのであろう。この内在化された私の願望が後にフロイトの著書との出合いを通して心理療法家としてのアイデンティティ形成につながったのだろうと思っている。

また。こんなことも考えた。面接室を訪れるクライエントも私が感じたような不安を感じて共感的に対応してくれる対象を探し求めているのであろうと。私が三歳八カ月の冬に求めても得られなかった対象に自分が少しでも近づけたら私自身の「治療」になるだろうと思っている。

二　私のOne decade

1　長いdepressiveな時期

私は山梨日下部病院に十五年勤務して退職した。私は退職するつもりはなかった。一生勤めて統合失調症や重症境界例の精神分析的心理療法を行うつもりでいた。ところが病院が経営上の問題からそれまでの精神分析的方向付けの治療方針からより管理的、閉鎖的な治療方針に変節していった。私にとっては大変悲しいことであったし、臨床心理士が病院の中ではもっとも弱い立場にあることを痛切に感じた。私は退職して静岡県にあるM病院という単科精神病院に勤務することになった。私にとっては理想に近い治療を行っていた山梨日下部病院が崩壊するということは大きな対象喪失であった。

私は一九六九年に山梨日下部病院に勤務してからおおむね十年単位で勤務形態を変えてきた。山梨日下部病院には十五年勤務した。その後のM病院での八年間は私にとっては長いdepressiveな時期であった。その八年間はあたかもmanic defenseをするかのように研究会を行い学会発表を毎年行った。研究会は毎月多いときには五回行っていた。東京、三島、静岡、浜松、名古屋で行っていた。私の長い勉強の期間であったと思う。

2　個人開業へ

二十三年病院という医療機関に勤務してみて私が医師ではないことや、病院という治療機関はいわゆる「医療モデル」にのっとって治療が進められているということを痛切に感じた。医師ではない私にはとても居心地の悪さを心の中では感じていた。例えば「患者」という言葉を何気なく使っていたが「患者」という意味は「わずらう人」という意味である。「医療モデル」による治療の形態は患部を発見し、その患部を除去するといえる。現在の精神医療においては患部を除去する手段は多くの場合薬物であろう。その際に「患者」の個別性や個としての存在意味はあまり重視されないことが多い。もちろん私は薬物療法を否定しているわけではない。「非医師」である精神分析的心理療法家としての私はもっと「患者」の個別性や個性や固有の実存的意味を大切にしたい。私の日本心理臨床学会の発表論文のタイトルを見ていただくと少し私の考えがおわかりになるかもしれないのでちょっと長くなるが書いてみることにする。

「開業心理臨床クリニックにおける精神分裂病者への心理療法的関わり――聴くこと、読み取ること、関わること」日心臨十三回大会　一九九四

「精神分析的精神療法における〝読み取り〟と〝解釈〟をめぐって――非言語的交流への感情移入と〝ことば〟で伝えることの意味」日心臨第十四回大会　一九九五

「精神分析的精神療法における退行の意味するところ――再演するクライエントと〝期待された対象としての治療者〟の関係性をめぐって」日心臨第十五回大会　一九九六

「精神分析的精神療法における終結の力動をめぐって――いつまで分析するのか、どこまで分析するのか」日心臨第十六回大会　一九九七

「精神分析的心理療法における逆転移の力動をめぐって――転移の一形態としての〝誘惑〟とその源泉としての心的外傷」第十七回大会　一九九八

「『行動化　その意味の読み取り』をめぐって――良性行動化と悪性行動化の精神力動」第十八回大会　一九九九

「精神分析的心理療法における退行・転移・行動化の相互連関性について――現在から過去へ、それとも過去から現在そして将来へ」第十九回大会　二〇〇〇

『精神分析的心理療法における〝物語〟構築をめぐって――固有の歴史を共有する作業』第二十回大会　二〇〇一

「長期にわたる面接における治療目標をめぐって――二十年にわたる治療経過において心理療法家として行なってきたこと」第二十一回大会　二〇〇二
「精神分析的心理療法における面接中断から見えてくること――その機序と力動をめぐって」第二十二回大会　二〇〇三
「精神分析的心理療法の終結における治療者の悲哀と感謝――《Patient as therapist》としてのクライエント」第二十三回大会　二〇〇四
「心理療法経過中の陰性治療反応をめぐる転移／逆転移――状態悪化によってクライエントが伝えようとしていること」第二十四回大会　二〇〇五
「境界例治療における終結をめぐる諸問題――自我の統合過程の力動」第二十五回大会　二〇〇六
「精神分析的心理療法の予後をめぐって――面接終了後のクライエントはどのように自我を統合してきたか」第二十六回大会　二〇〇七
「クライエントにとっての治療者　治療者にとってのクライエント――治療者の『Pygmalion complex』をめぐって」第二十七回大会　二〇〇八

3　個人開業への決断

私は山梨日下部病院でのひりひりするような刺激的な臨床体験をしながらも、自分は何を一番望んでいるのかということを常に考えていた。実は私は一九八二年から東京の青山にある北山研究所で週一日だけ面接を行っていた。山梨日下部病院の治療環境がじわじわと変化し始めてきた頃、故小此木啓吾先生の紹介で北山研究所の北山修先生にお会いして毎週土曜日に一日だけ面接をさせていただくことになった。毎週、山梨から青山まで通い、一日五〜六ケースの面接を行っていた。私が望んでいた臨床家とはこのようなものだったのだと感じていた。だから、私にとって開業臨床とはそれほど遠いものではなかった。しかし現実的にはクライエントはどの位来るのかとか収入はどうなるのかとか頭は痛かった。しかし家族、特に妻の勧めもあったし、私自身今まで病院臨床を通して学び体験してきた精神分析療法をクライエントと一対一で実践したいという気持ちを抑えられなかった。開業心理療法への道筋をつけてくださった小此木啓吾先生と北山修先生には心から感謝している。しかし今までのような給料収入を一切たって一人ひとりのクライエントからの面接料だけで生活するという現実にはとても緊張をした。私が四十九歳のときであった。面接室を探すのも大変だった。幸い親しい不動産業者が私の仕事をよく理解してくれて現在の面接室を紹介してくれた。そのとき彼が言った言葉が印象的であった。「先生のような仕事は質屋と同じで、にぎやか過ぎてもいけないしそっと入れるような場所がいいんですよ」と。

面接室は一般住居のあるマンションの半地下の一室である。いろいろな事務所が五室ある空の見える一室で防音壁で仕切られて面接室と待合室に分かれている。予約制なので待合室はほとんど使われない。来所するクライエントは道路から階段を下りてくる。何人ものクライエントが「階段を下りるとこれから心の深いところに入っていくような気分がする」となかなか評判がいいようだ。

私は特に近隣の精神科クリニックへあいさつ回りもしなかった。幸いにも非医師の心理療法専門の面接室は静岡県で初めてということで新聞の取材があり、報道されたことがいい宣伝になった。

4　そして開業してみて

開業当初は新聞報道の効果か多くのクライエントが来所したが多くのクライエントが次のように語ったことが印象的であった。「私が求めていた心の治療とは自分のことを聴いて欲しいし、話したい。長時間待たされて薬をたくさん出される治療ではないのです」と語ったのが印象的であった。

現在は私は毎週月曜日は東京の明治学院大学大学院でスーパービジョンと講義を行い、火曜日はやはり東京の南青山心理相談室で主にスーパービジョンと個人分析を行っている。水曜日から土曜日が三島の私の面接室での面接を行うことになっている。昨年（二〇一一年三月）大学を定年退職して開業当初とは違った気持ちで「やっと自分の思い描いてきた臨床の場面にたどり着いた」という感慨を深く感じた。とても新鮮な気持ちで面接に望めるようになった。すでに述べたように長い個人的歴史を辿ってやっとここまで来たなという感じであった。私は来月二月で六十九歳になる。この長い年月を私と関わってくださった同僚、後輩、先輩、スーパーバイザーの先生方に深く感謝の気持ちを捧げたい。そしてもっとも私が感謝を捧げたいのは私と共に無意識の世界に踏み入って共同の旅をしてくださった多くのクライエントである。心理療法という目に見えない心の中を共に探求した体験は私にとっても何にも替えられないものであった。Patient as therapistとしてのクライエントのときに鋭くときに柔らかく投げかけてくれた言葉にとても新鮮な驚きと感動を覚えたのは数えることができないほどあった。三歳八カ月の十一月二十一日から始まった私の旅はようやく落ち着くところに落ち着いたようである。初学者の頃に学んだ精神分析理論が今は改めてとても新鮮に思えるようになった。私が三十代後半の頃、大変苦労をして六年間週三回の面接を行い六年かかって終結したある境界例のクライエントが終結後十年経って私を訪ねてきて『精神分析って自分の中に治療者を作るプロセスなんですね』と穏やかに語った。彼女は今は小学生の娘と夫に囲まれて母として妻としてそして一人の女性として静かに暮らしている。私との心理療法という地図のない共同の旅の道連れとなってくれたことに心から感謝を捧げたい。

文　献

小此木啓吾（一九八五）「パウル・フェダーン博士紹介――その自我心理学と精神病の精神療法について」『精神分析の成立ちと発展』弘文堂

佐野直哉（一九九三）「逆転移、患者を理解し育むもの――特にOedipal loveをめぐって」『精神分析研究』第三七号第三号

佐野直哉（一九九八）「精神分裂病の精神分析的心理療法」心理臨床の実際4　金子書房

佐野直哉（二〇〇四）「手首自傷の精神分析的心理療法――特に転移と行動化の読み取りをめぐって」『現代のエスプリ』四四三号　至文堂

佐野直哉（二〇〇九）「臨床心理士という仕事」佐野直哉編『臨床心理士という仕事』『現代のエスプリ』四九八号　至文堂

佐野直哉（二〇〇九）「臨床心理士になってみて」佐野直哉編『臨床心理士という仕事』『現代のエスプリ』四九八号　至文堂

佐野直哉（二〇一〇）「臨床心理士の行なう心理療法―特に精神分析的心理療法をめぐって」『現代のエスプリ』五一六号　至文堂

あとがき

大変に残念なことですが、是非にと予定していた、ユング派分析家の立場で個人開業されているベテランの臨床心理士からの原稿を、ご本人のどうにも致し方ない個人的な事情のために、本書に掲載することができませんでした。そのためもあって、本書の構成上、精神分析的なアプローチに拠る開業臨床心理士の方々が、少々目立つことになりましたが、これは、編者が積極的に意図したものではありません。

本書を編集するにあたって、ユング心理学も含めた広義の精神分析的アプローチにとどまらず、認知行動療法などさまざまな臨床心理学的方法論によって、職人のごとく「地道に、また丁寧に」、個人開業心理臨床を実践している開業臨床心理士の方々に参加していただきたいと考えていました。しかし、「地道に、また丁寧に」という、この極めて素朴な、またそれだけに難しくもある条件で、臨床実践を続けている開業臨床心理士についての情報が案外に少なく、編者の元々の人付き合いの狭さによる限界も加わって、結果的にこのような構成になりました。

ただ、現代の開業心理臨床の現場では決して珍しいケースではないでしょうが、第一章で平井正三が紹介している「自分がまるで心のない道具のように扱われているようで激しい憤りを臨床心理士自身に強く喚起するクライエント」、あるいは第二章で亀井敏彦が紹介している「臨床心理士への一方的な挑発、攻撃、無視が五年間以上変化することなく続いたクライエント」などと、向き合い続ける大変さ、厄介さを考えますと、我田引水だと言われるかもしれませんが、筆者が「序章」において述べた臨床心理学（臨床心理士）の原則、ことに「クライエントと臨床心理士との関係の中で」、そして「臨床心理士自身のこともつねに含み込んで」の原則を、たとえ力動的な理論的立場には拠らないにしても、学問的、職業的方法論にしっかり組み込んでいないと、とくに開業心理臨床の場では、仕事としてクライエントに会い続け、心理療法を遂行するのは、非常に難しい作業になってしまいます。

ときには臨床心理士を荒々しく罵倒するほどの、また臨床心理士を徹底的に馬鹿にし価値下げを行うほどのクライエントについても、それを引き起こしているクライエントの「こころ・からだ」を、クライエントが置かれている状況性、クライエントがこれまでに辿ってきた歴史性、クライエントが生まれて以来経験してきた他者との関係性、クライエント自身が抱える個体性、そしてクライエントは何を探し求めているのかという希求性などを総体的に把握することによって、クライエントへの理解と共感が、少し可能になります（拙著『私説・臨床心理学の方法』）。加えて、そのようなクライエントとかかわることによって、臨床心理士自身に引き起こされる深い無力感、激しい怒り、投げ出したいほどの惨めさなどについても、クライエントとの相互関係の中で理解し、臨床心理士自身の個人的問題としても考え、また同時に、そうした無力感、怒り、惨めさはクライエント自身が体験してきたことでもあるのではないかとの（理論や経験に裏打ちされた）想像力を持てることによって、ようやく臨床心理士は、それを専門的な仕事として、悪戦苦闘しながらも、遂行し続けることができるように思われます。人と人とが深くかかわることによって、ほとんど必然的に手助けする側（セラピスト）の身にも生じる、このような深い無力感、激しい怒り、投げ出したいほどの惨めさに対して、それを、手助けする側の人間性や愛情に頼るのではなく、あるいは手助けされる側（クライエント）の問題に押しつけずに、専門的職業として、また専門的技術として、愚直なほどに対処できるのは、医師や教師などの他の専門家の方々には叱られるかもしれませんが、「臨床心理士」という職業をおいて他にはないのではないでしょうか。

しかし、そうした真にプロフェッショナルと呼べる「臨床心理士」が、むしろ時代遅れとして、臨床心理士界全体の中でも、だんだんと少数派になっていくのではないかという危惧を、筆者は抱いています。その危惧が、「序章」でも触れたように、この書を企画、編集する一つの契機になっています。第一章から第十二章までの十二人の開業臨床心理士の仕事場からの報告は、クライエントに対する個人心理療法を揺るぎない中心軸に据えて、あるときは我が身をさらけ出し、あるときは思索の井戸を深く掘り下げながら、自立した専門的職業人としての「臨床心理士」のモデルをそれぞれに提示しています。

現代という時代を生きるさまざまなクライエントに対して、「地道に、また丁寧に」仕事として向かい合い続け、心理療法を実践することに関しては、筆者は、どうしても力動的な深層心理学の立場に与したい思いになりますが、それについて、認知行動療法を始めとして他の臨床心理学的な方法論に拠って個人開業されている臨床心理士の方のご意見や反論を是非とも伺いたいと思っておりますし、学派に囚われない自由な討議の場が開かれることを期待しています。

最後になりましたが、とても丁寧な編集の作業をしてくださり、いろいろと助けていただいた金剛出版・出版部　弓手正樹さんにこころよりのお礼を申しあげて、本書の結びといたします。

二〇一二年五月五日

編者を代表して　**渡辺雄三**

編者略歴

渡辺　雄三（わたなべ・ゆうぞう）

1941年生。名古屋大学工学部中退。精神科病院勤務を経て1987年渡辺雄三分析心理室開業。現在，人間環境大学大学院特任教授。

著書：『心理療法と症例理解』（誠信書房），『病院における心理療法』（金剛出版），『夢分析による心理療法』（金剛出版），『夢の物語と心理療法』（岩波書店），『精神分裂病者に対する心理療法の臨床心理学的研究』（晃洋書房），『夢が語るこころの深み』（岩波書店），『私説・臨床心理学の方法』（金剛出版）他

亀井　敏彦（かめい・としひこ）

1946年生。中京大学文学部心理学科卒。はこ心理教育研究所所長。

著書：『箱庭研究１』（共著，誠信書房），『心理療法ケース研究３』（共著，誠信書房），『心理療法――言葉／イメージ／宗教性』（共著，新曜社）

小泉規実男（こいずみ・きみお）

高卒後５年間の音楽活動を経た後，日本福祉大学で社会福祉学を学び，名古屋大学学部研究生として２年間臨床心理学を修めた後，1981年に南豊田病院臨床心理室に勤務。1990年小泉心理相談室を独立開業し今日に至る。1987年より日本精神分析学会後援を得て東海中部精神分析セミナーを現在まで主催する。この間，日本内観学会編集委員，愛知県臨床心理士会研修部長，日本精神分析学会教育研修委員などを歴任。臨床心理士。日本精神分析学会認定心理療法士スーパーバイザー。日本福祉大学大学院心理臨床専攻非常勤講師。

著書：「精神分析の立場からみた開業領域の内的・外的現実」『人間援助の諸領域』（共著，ナカニシヤ出版），『精神分析研究』誌，他。

執筆者一覧

序　章	**渡辺　雄三**	（渡辺雄三分析心理室／人間環境大学大学院）
第1章	**平井　正三**	（御池心理療法センター／NPO法人子どもの心理療法支援会）
第2章	**亀井　敏彦**	（はこ心理教育研究所）
第3章	**栗原　和彦**	（代々木心理相談室）
第4章	**小泉規実男**	（小泉心理相談室）
第5章	**手束　邦洋**	（手束心理言語臨床研究所）
第6章	**鈴木　　誠**	（くわな心理相談室）
第7章	**宮地　幸雄**	（岐阜カウンセリング研究所）
第8章	**長瀬　治之**	（ながせ心理相談室）
第9章	**早川すみ江**	（小泉心理相談室／日本福祉大学）
第10章	**浅井真奈美**	（小泉心理相談室）
第11章	**大場　　登**	（放送大学／PraxisOHBA）
第12章	**佐野　直哉**	（佐野臨床心理研究所所長）

開業臨床心理士《かいぎょうりんしょうしんりし》の仕事場《しごとば》

2012年9月10日印刷
2012年9月20日発行

編　者　渡辺雄三，亀井敏彦，小泉規実男
発行者　立石正信
発行所　株式会社金剛出版
〒112-0005　東京都文京区水道1-5-16
電話　03-3815-6661
振替　00120-6-34848

印刷　平河工業社
製本　誠製本

ISBN978-4-7724-1268-1 C3011

私説・臨床心理学の方法

いかにクライエントを理解し，手助けするか

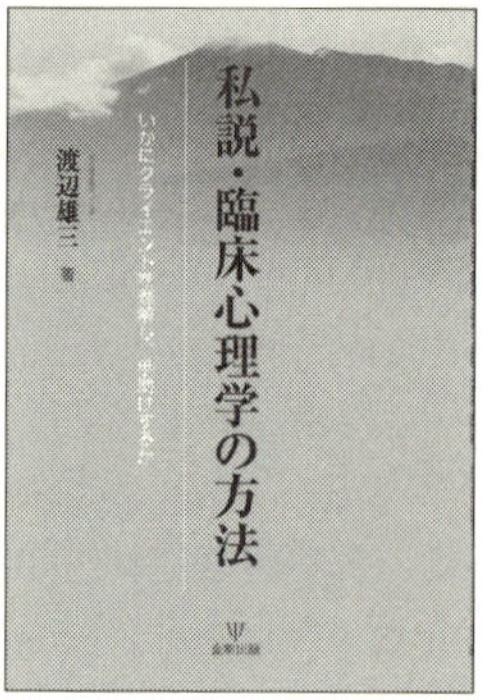

渡辺雄三著

Ａ５判　408頁　定価6,090円
ISBN978-4-7724-1188-2

本書は，精神科病院と開業心理療法オフィスの二つの心理臨床現場において，長年にわたって心理療法を実践し，たぐいまれな経験と深い思索を積み重ねてきた著者が，臨床家人生の集大成として，「臨床心理学の方法」を書き下ろしたものである。

「臨床心理学の方法」，すなわち「いかにクライエントを理解し，手助けするか」をめぐり，「理解・見立ての方法」と「手助け（心理療法）の方法」について，きわめて実際的，臨床的に丁寧に説明すると共に，その基盤となる，臨床心理学という学問の独自の方法論や，臨床心理学を実践する臨床心理士の専門性について，示唆に富んだ思索を展開している。
臨床心理学という学問の独自性と，臨床心理士の職業的専門性の，その大道を照らし出す貴重な指南の書として，現場で苦闘する臨床心理士と，臨床心理学を学ぼうとする多くの人たちに，お薦めする。

■おもな目次

価格は消費税込み（5%）です